Harlich H. Stavemann

Im Gefühlsdschungel

Emotionale Krisen verstehen
und bewältigen

Anschrift des Autors:
Dr. Harlich H. Stavemann
Institut für Integrative Verhaltenstherapie e.V.
Osterkamp 58
22043 Hamburg

1. Auflage 2001

© Psychologie Verlags Union, Verlagsgruppe Beltz, Weinheim 2001
http://www.beltz.de

Lektorat: Sabine Köster
Herstellung: Jutta Benedum
Umschlaggestaltung: Federico Luci, Köln
Umschlagbild: Bavaria Bildagentur, München
Graphische Realisation: ROBS – Robert Szecówka, Hamburg
Satz, Druck und Bindung: Druckhaus „Thomas Müntzer", Bad Langensalza
Printed in Germany

ISBN 3-621-27497-9   ND-2-9-03

Inhalt

1. Einführung

1.1 Worum geht's?

In wenigen Worten: Sie erfahren hier, wie man sich mit krank machenden Denkweisen und damit einhergehenden belastenden Gefühlen den gesamten Alltag „versaut" ... und wie man es bleiben lässt.

Sie erkennen am Modell der Kognitiven Verhaltenstherapie, wie emotionale Probleme entstehen und bestehen bleiben, und Sie erleben an zahlreichen Fallbeispielen, wie sehr unser Denken das Gefühlsleben und Verhalten bestimmt, wie und wodurch krank machende Gedanken, Gefühle und Verhaltensweisen entstehen und was *Sie* dagegen machen können.

Konkrete Übungsaufgaben und Tipps erleichtern es Ihnen, die gewonnenen Einsichten auf eigene Probleme zu übertragen, und sie helfen Ihnen dabei, Ihre selbst gesetzten Veränderungsziele zu planen und zu erreichen.

Für einen Laien ist es oft schwer, sich in der Vielfalt psychotherapeutischer Richtungen, der Unmenge an Selbsthilfebüchern oder Psycho-Gruppen zurechtzufinden. Nun gibt's noch ein Buch. Wozu das? Soll das schon wieder etwas Neues sein?

Um mit Letzterem zu beginnen: Nein. Es ist nichts Neues. Ich beschreibe auf der Grundlage meines Therapeuten-Fachbuchs (Stavemann, H.H.: Emotionale Turbulenzen, Weinheim 1999) ein bereits gut bewährtes psychotherapeutisches Verfahren, das besonders im letzten Jahrzehnt starke Verbreitung gefunden hat und heute sehr erfolgreich angewendet wird.

Mit diesem Buch wende ich mich an *Betroffene*, also an diejenigen, die unter emotionalen Problemen wie Angst, Aggression, Depression oder Verzweiflung leiden, die an sich arbeiten und ihre belastenden Gefühle loswerden möchten. Auf Fachausdrücke und Psychologenkauderwelsch werde ich weitestgehend verzichten, um auch psychologischen Laien Einblicke in die Ursachen und Zusammenhänge ihrer Schwierigkeiten zu vermitteln und ihnen die notwendigen Veränderungsschritte für eine Problemlösung nahe zu bringen.

1.2 Wem und wobei nutzt dieses Buch?

Dieses Buch ist gedacht für *psychologisch interessierte Laien*, die Einblicke in ihr Gefühlsleben gewinnen möchten, die eigene emotionale Probleme wie starke Angst, Wut, Scham oder Niedergeschlagenheit verstehen wollen und die sich entschieden haben, diesem Leid ein Ende zu bereiten. Es ist daher auch hervorragend geeignet als *Therapie-Begleitbuch* für die, die mithilfe der Kognitiven Verhaltenstherapie ihre Probleme bearbeiten.

Dieses Buch wird Ihnen eine sehr wirksame Möglichkeit aufzeigen, krank machende Denkweisen und damit verbundene emotionale Probleme gezielt anzugehen und abzubauen. Es ist so konzipiert, dass auch bzw. gerade Leser ohne psychologische Fachkenntnisse damit an eigenen Problemen strukturiert und zielgerichtet arbeiten und persönlich davon profitieren können.

Es erhebt aber *nicht* den Anspruch, *jeder* könne damit auch garantiert *alle* denkbaren psychischen Störungen loswerden. Oft wird die angelesene theoretische Einsicht allein nicht ausreichen, um dauerhafte Änderungen im gewünschten Sinne zu erzielen.

Wer wüsste nicht, dass Einsichten leichter zu erarbeiten als umzusetzen sind?

Wer wüsste oder ahnte nicht bereits, was er oder sie *eigentlich* zu tun oder zu lassen hätte? Gäb's da nur nicht diese Angst, oder wär's doch bloß nicht so lästig und so schwer!

Bücher können in der Regel keine Psychotherapie ersetzen. Sie sind aber nützlich, um Wissen und Einsichten zu vermitteln und einen fruchtbaren Boden für therapeutische Ansätze und Veränderungsprozesse zu schaffen.

Der Sinn und Zweck dieses Buchs ist daher hauptsächlich in der systematischen Vorbereitung und Einleitung von Veränderungsprozessen sowie ggf. in der Unterstützung einer psychotherapeutischen Behandlung zu sehen.

Es vermittelt die Grundgedanken und Möglichkeiten der Kognitiven Verhaltenstherapie, ist jedoch sicherlich nicht umfassend genug, um für jedes spezielle Problem auch jedes Wenn und Aber hinreichend zu beantworten.

UND JETZT SIE:

Warum lesen *Sie* dieses Buch? Wenn Sie den Eindruck haben, zu sehr oder zu häufig unter bestimmten Gefühlen zu leiden: Schreiben Sie diese Gefühle auf und suchen Sie typische Beispielsituationen dafür. Versuchen Sie einzuschätzen, wie häufig Sie davon pro Woche betroffen sind.

1.3 Wie ist das Buch aufgebaut?

Nach kurzer Einführung und Begriffsklärung stelle ich dar, wie nach dem Modell der Kognitiven Verhaltenstherapie emotionale Probleme entstehen und bestehen bleiben und wie sehr unsere Denkweisen unser Gefühlsleben und Verhalten bestimmen.

Hierzu beschreibe ich im ersten Teil des Buches, wie Sie mithilfe der beschriebenen therapeutischen Werkzeuge und Beispiele eigene verinnerlichte, teilweise schon automatisch ablaufende, krank machende Gedankengänge, Gefühle und Verhaltensweisen *erkennen* können.

Im zweiten Teil des Buches lernen Sie dann die Methoden und Verfahren der Kognitiven Verhaltenstherapie kennen, um die zuvor erkannten Probleme zu *bearbeiten.* Sie üben, die im ersten Teil herausgearbeiteten Denk- und Verhaltensmuster daraufhin zu prüfen, ob sie sinnvoll und auf die persönlichen (Lebens-)Ziele ausgerichtet sind oder nicht, und Sie werden sehen, wie man unsinnige, krank machende Denk- und Verhaltensweisen mithilfe spezieller Trainingsprogramme durch angemessene ersetzen kann.

Im Anschluss daran beschreibe ich die häufigsten Probleme und Hindernisse im Veränderungsprozess und die günstigsten Strategien, mit denen Sie diese Stolpersteine überwinden können.

Ebenso wie das Verfahren der Kognitiven Verhaltenstherapie selbst lege ich in diesem Buch großen Wert auf Klarheit, Strukturiertheit und inhaltliche Logik. Denn oft haben Menschen mit psychischen Problemen genau diese Fähigkeit verloren: Gefühlsstürmen präzise, zielgerichtet und geplant zu begegnen.

Mir kommt es besonders darauf an, Ihnen diese Fähigkeiten zu vermitteln, damit Sie den eigenen inneren roten Leitfaden wiederherzustellen lernen.

Übungsaufgaben. Innerhalb der einzelnen Kapitel finden Sie Übungsaufgaben. Die Leser, die sich nicht nur einen grundlegenden Überblick über die Thematik verschaffen wollen, sondern selbst an eigenen Problemen verändernd arbeiten möchten, haben dadurch die Möglichkeit, zur Vertiefung und zur besseren Umsetzung der eigenen Veränderungsziele für jedes einzelne Kapitel Übungen durchzuarbeiten.

Gleichzeitig dienen Ihnen diese Aufgaben zur Prüfung, ob Sie die gelernten „Rezepte" auch noch nach einigen Wochen parat haben. Denn ähnlich wie bei Kochrezepten reicht es nicht, die einzelnen Schritte zu verstehen. Für die Anwendung im Alltag muss man sie im Kopf haben, um sie erfolgreich anwenden zu können. Das gilt auch für die hier vermittelten Einsichten und Strategien.

1.4 Kognitive Verhaltenstherapie – was ist das?

In den letzten 30 Jahren sind explosionsartig unterschiedlichste psychotherapeutische Schulen entstanden. Sie traten und treten mehr oder weniger begründet mit dem Anspruch an, etwas völlig Neues gegenüber bisherigen Verfahren darzustellen und bei der persönlichen Reifung oder Bearbeitung psychischer Probleme Entscheidendes zu bewirken.

Ich möchte an dieser Stelle nicht einzelne therapeutische Richtungen und Schulen beschreiben oder bewerten. Aufgrund langjähriger wissenschaftlicher Begleitforschung wurde jedoch die Wirksamkeit und Effizienz verhaltenstherapeutischer Verfahren eindeutig nachgewiesen. Bislang haben drei unterschiedliche Psychotherapierichtungen eine Zulassung zur Abrechnung mit den gesetzlichen Krankenkassen erhalten: Die Psychoanalyse, die Tiefenpsychologie und die Verhaltenstherapie (VT). Zu Letzterer zählt auch die Kognitive Verhaltenstherapie (KVT).

Die Verfahren der Verhaltenstherapie basieren auf den *Lerngesetzen* und werden ebenso wie diese bereits über 80 Jahre beforscht und angewendet.

Die Lerngesetze beschreiben, wie wir neue Informationen verarbeiten, unter welchen Bedingungen wir besonders leicht neue Erfahrungen behalten oder vergessen und unter welchen Umständen wir einmal Gelerntes leichter ablegen oder verändern können.

Verhaltenstherapeuten gehen davon aus, dass es sich bei den meisten emotionalen Problemen entweder um Defizite bei bestimmten Lernerfahrungen handelt oder dass gelernte Denk- und Verhaltensmuster unangemessen und problematisch sind. Das heißt: Einige für die alltägliche Lebensbewältigung oder Lebenszielsetzung notwendige Dinge wurden bisher nicht gelernt oder das Gelernte ist sozial ungünstig oder psychisch ungesund. Verhaltenstherapeuten werden nun genau hier ansetzen, indem sie mit speziellen Übungsprogrammen helfen, fehlende Fähigkeiten aufzubauen oder unangemessen verarbeitete Lernerfahrungen zu löschen oder zu verändern. Das bedeutet:

 In der verhaltenstherapeutischen Arbeit geht es darum, angemessene Denk- und Verhaltensweisen zu erlernen oder bereits gelernte ungünstige Denk- und Verhaltensmuster zu verändern.

Verhaltenstherapeuten benutzen hierzu die vielfältigen Möglichkeiten, die die Lerngesetze bieten. Die Patienten üben anhand eines speziell für ihr Problem erstellten Arbeitsplans neue Verhaltensalternativen. Durch den Aufbau dieser neuen Verhaltensmöglichkeiten, die damit verbundenen Erfahrungen und Erfolgserlebnisse und das dadurch steigende Selbstvertrauen und Selbstwertempfinden sollen bestehende krank machende Denkweisen und belastende Gefühle nach und nach abgebaut werden.

Im Gegensatz zu anderen psychotherapeutischen Richtungen sind Verhaltenstherapeuten stets auf streng *naturwissenschaftliches Vorgehen* bedacht: Es gehen nur objektiv messbare Ergebnisse in die Erklärung psychischer Zusammenhänge ein. Sie sollen wiederholbar, jederzeit durch andere überprüfbar und auf andere Personen übertragbar sein.

Alle subjektiven Größen, unüberprüfbaren Hypothesen, Spekulationen, Deutungen und Ursachenzuschreibungen, die nicht durch Messergebnisse eindeutig belegbar sind, werden bei der Erklärung psychischer Merkmale ausgeschlossen.

Bis heute ist es jedoch nicht gelungen, alle für das psychische Erleben wichtigen Faktoren objektiv und nach naturwissenschaftlichen Kriterien korrekt zu erfassen, wie zum Beispiel Gefühlszustände, Denkvorgänge oder Wertmaßstäbe. Nun wird heute niemand ernsthaft behaupten, man könne auf das Erfragen dieser wichtigen Einflussgrößen verzichten.

Das Wort „Erfragen" zeigt dabei deutlich, dass der Therapeut hierzu auf die Mitarbeit des Patienten angewiesen ist und dass dessen Aussagen über Gefühlszustände, Gedanken oder Normensysteme somit grundsätzlich – bewusst oder unbewusst – manipulierbar sind.

Kognitive Verhaltenstherapie. Im Gegensatz zur herkömmlichen Verhaltenstherapie nimmt die Kognitive Verhaltenstherapie die mögliche Beeinflussbarkeit der Diagnose durch den Patienten in Kauf (kognitiv heißt: das Erkennen, Wahrnehmen, Denken betreffend). Sie verzichtet also auf einige naturwissenschaftliche Forschungskriterien, um bei der Erklärung psychischer Probleme nicht auf wichtige, nicht messbare Bereiche verzichten zu müssen. Denn gerade die Art und Weise unseres Denkens, unsere Normensysteme und Wertmaßstäbe einerseits und die damit einhergehenden Gefühle andererseits sind Kognitiven Verhaltenstherapeuten besonders wichtig, da sie einen direkten Zusammenhang zwischen Gedanken und Gefühlen sehen.

Nun, auch diese Einsicht ist ebenso wenig neu wie psychische Probleme selbst. Bereits im letzten Jahrhundert v. Chr. hat der griechische Philosoph Epiktet in seinem „Handbüchlein der Moral" die Bedeutsamkeit der inneren Werturteile und Normensysteme für unser Fühlen und Verhalten erkannt und beschrieben. Als Beispiel hierfür steht sein Ausspruch:

Die Menschen werden nicht durch Dinge beunruhigt, sondern durch die Ansichten, die sie darüber haben.

In den sechziger Jahren dieses Jahrhunderts begann man, diese alten Einsichten und Erkenntnisse systematisch auszuwerten und in die psychotherapeutische Behandlung emotionaler Erkrankungen einfließen zu lassen.

Aus diesem Bemühen heraus entstand die Kognitive Verhaltenstherapie. Sie legt besonderes Gewicht auf das Erkennen und Überprüfen von Wertmaßstäben, verinnerlichten Normen und häufig ablaufenden Gedanken. Denn wenn daraus offensichtlich gefühlsmäßige Probleme entstehen können, wird ihr Hauptziel in der Überprüfung und gegebenenfalls in der Veränderung eben dieser Wertmaßstäbe und Normen liegen.

Im Unterschied zur herkömmlichen Verhaltenstherapie bemüht sich der Kognitive Verhaltenstherapeut daher zunächst um eine Veränderung der krank machenden Gedankenmuster. Dann geht auch er daran, mithilfe eines strukturierten Arbeits- und Übungsprogramms die gewonnenen Erkenntnisse von der Einsichtsebene in geänderte, zielgerichtete Denk- und Verhaltensweisen umzusetzen, um so das zunächst noch theoretische Wissen durch neue Erfahrungen auch glauben zu lernen.

Der Ausdruck „Kognitive *Verhaltens*therapie" mag manchen zu der Schlussfolgerung verleiten, es ginge bei der Bearbeitung psychischer Probleme hauptsächlich und in erster Linie um die Änderung von Verhaltensmustern. Das hieße jedoch, Ursache und Wirkung oder Problem und Symptom miteinander zu verwechseln.

Wenn wir als Erwachsene bestimmte Fähigkeiten, Verhaltensweisen oder Fertigkeiten nicht gelernt haben, liegt das meist daran, dass wir dies stets für zu gefährlich, zu lästig oder zu peinlich hielten und es aus Angst oder Bequemlichkeit vermieden haben, uns damit zu beschäftigen.

Sollten wir bestimmte Dinge nur *nicht gelernt* haben, wäre das allein kein Grund, sofort zum Psychotherapeuten zu gehen, denn wir könnten ja heute damit beginnen, unser Verhalten zu ändern. So könnten wir zum Beispiel lernen, Kritik angemessen auszudrücken, zu ertragen, mit dem Alkoholtrinken oder Rauchen aufzuhören, Vorträge zu halten, uns Freunde oder Partner zu suchen, auf dem Eis Pirouetten zu drehen oder im Mittelpunkt einer Menschenmenge zu stehen. Es sei denn, irgendetwas hielte uns davon ab, beispielsweise die Angst vor Blamage oder Ablehnung, Scham, Trauer oder ein Minderwertigkeitskomplex.

Meist vermeiden wir wegen dieser unangenehmen Gefühle, uns mit Situationen, Personen oder Sachen so auseinander zu setzen, wie es zum Aufbau angemessener Verhaltensweisen notwendig wäre.

Dadurch entstehen Defizite oder unangemessene Muster, die längerfristig zu psychischen Beschwerden und nachfolgend zu weiteren Verhaltenseinschränkungen führen können.

Grundsätzlich gilt daher auch für die Kognitive Verhaltenstherapie:

 Psychische Probleme sind immer auch gefühlsmäßige Probleme.

Therapeutisch steht daher stets im Vordergrund, die emotionalen Hindernisse für die notwendigen Lernerfahrungen zu bearbeiten. So müssen auch Patienten mit psychosomatischen, körperlichen Symptomen (wie zum Beispiel häufigem Erröten, Herzrasen, Magenbeschwerden, Schwindelanfällen) erst einmal akzeptieren lernen, dass es sich dabei nicht um körperlich bedingte Erkrankungen oder um Verhaltensdefizite handelt, sondern um (Begleit-)Symptome gefühlsmäßiger Probleme.

In den folgenden Kapiteln wird beschrieben, was Gefühle sind, wie sie entstehen und wie wir lernen können, sie zu beeinflussen. Wir werden typische Bewertungsfallen und krank machende Denkstrukturen betrachten und Möglichkeiten kennen lernen, diese unangemessenen Bewertungen und Normensysteme dauerhaft zu verändern.

WAS IST MIT MIR LOS?
Gefühle unter der Lupe

2. Das ABC-Modell der Gefühle

2.1 Was sind eigentlich Gefühle oder Emotionen?

Das Wort „Gefühl" verwenden wir in der Alltagssprache oft mit recht unterschiedlicher Bedeutung. Bevor wir nun den Zusammenhang zwischen Gedanken und Gefühlen genauer betrachten, werden wir deswegen zum besseren, eindeutigen Verständnis zunächst eine Begriffsbestimmung vornehmen.

Die seelischen Gefühle (oder Emotionen) des Menschen unterscheiden sich meist nicht oder nur unwesentlich von denen höher entwickelter Tiere. Sie lassen sich auf wenige Bereiche begrenzen und beschreiben (s. Abbildung S. 13): Freude und Zuneigung als angenehme Empfindungen, Gleichgültigkeit als neutrale, Angst, Ärger, Scham, Trauer, Abneigung und Niedergeschlagenheit als unangenehme.

Gefühlsintensität. Eine Vielzahl weiterer Begriffe zur Beschreibung von Gefühlszuständen sind entweder Mischformen aus diesen Emotionen (wie z.b. Eifersucht) oder sie dienen zur Bestimmung ihrer Stärke, der Gefühlsintensität.

Unter Angst können wir so z.B. Bezeichnungen wie Besorgnis, Bammel, Ängstlichkeit, Schiss, Angst und Panik einordnen, unter Ärger die Begriffe Unzufriedenheit, Hass und Wut.

Diese Bezeichnungen sind vom jeweiligen Sprachgebrauch geprägt und besitzen deshalb häufig eine subjektive, unterschiedliche Bedeutung.

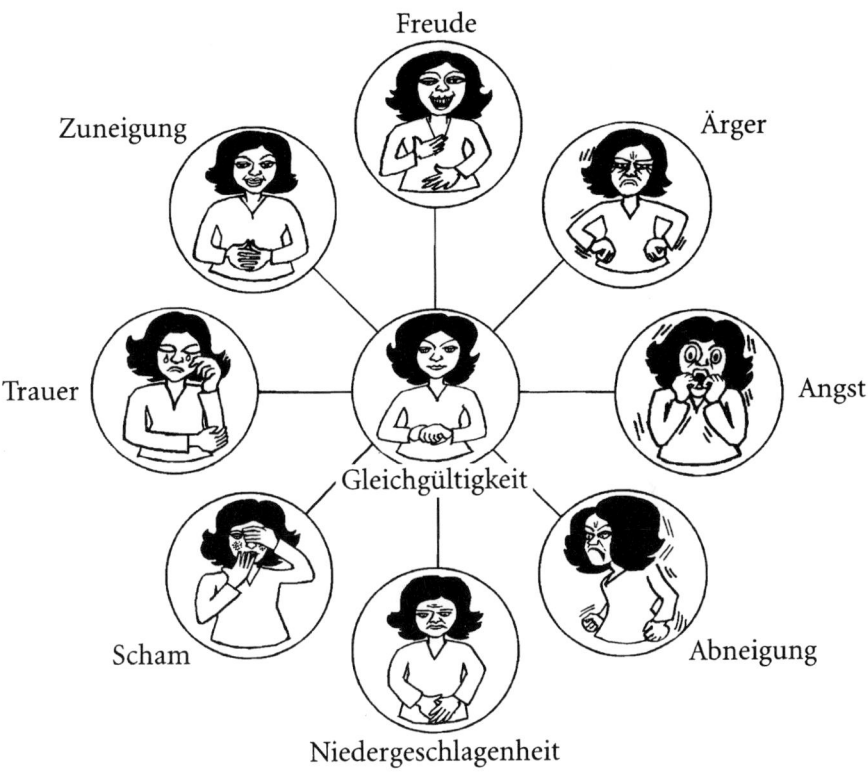

Freude

Zuneigung

Ärger

Trauer

Angst

Gleichgültigkeit

Scham

Abneigung

Niedergeschlagenheit

Gefühlsdimensionen

   Der nachfolgende Gefühlsstern (s. Abbildung S.-14) zeigt *eine* mögliche Einordnung dieser Begriffe in die unterschiedlichen Bereiche. Da sich die Wortbedeutungen und Wortschöpfungen einer Sprache meist regional, schicht- oder altersabhängig unterscheiden, könnte die Reihenfolge auf den einzelnen Skalen auch anders aussehen. Neue Benennungen könnten hinzukommen, andere wegfallen.

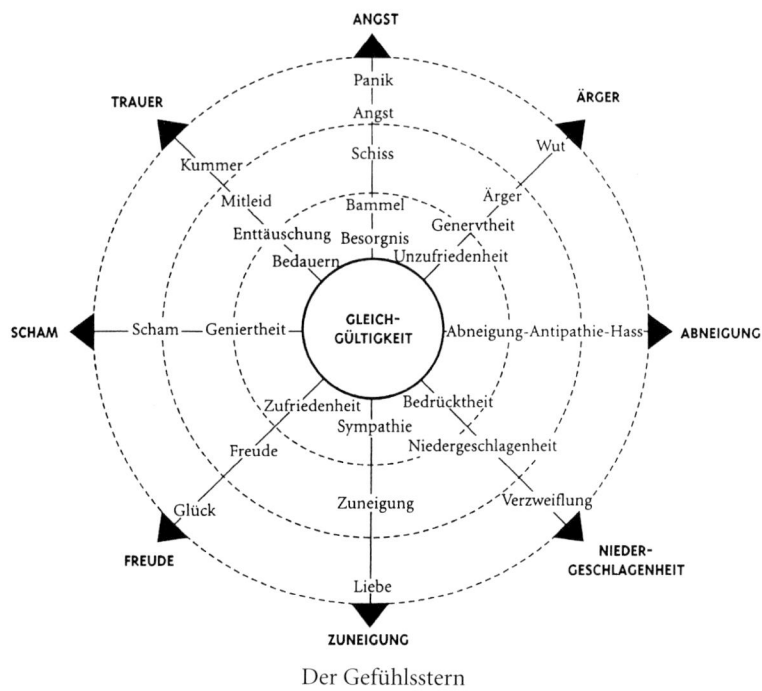

Der Gefühlsstern

Gefühle in der Alltagssprache. In der Alltagssprache benutzen wir häufig die Bezeichnung „...gefühl" für etwas, was nach der obigen Begriffsbestimmung nicht als eigenständige Emotion einzuordnen ist. Das können körperliche, *physiologische Begleiterscheinungen* von Gefühlen sein (wie das „Gefühl", in Ohnmacht zu fallen, zu ersticken, zu erröten) oder *Gedanken* (Ich hatte das „Gefühl", der lacht mich aus, der verarscht mich, dem kann man nicht trauen usw.) oder *Körpergefühle* (wie Schmerz, Hunger, Durst, Wärme und Kälte).

Um dies künftig besser auseinander halten zu lernen, gibt nachstehende Aufstellung eine grobe Übersicht der einzelnen Bereiche:

Gefühle	Begleitsymptome von Gefühlen	Gedanken, Einschätzungen	Körpergefühle
Freude	Erröten	Unsicherheit	Hunger
Zuneigung	Schwindelgefühl	Misstrauen	Körper-
Gleichgültigkeit	Ohrensausen	Unglaubwürdigkeit	schmerz
Hass	Herzrasen	Freiheit	Kälte
Zufriedenheit	Herzstiche	Vertrauen	Durst
Scham	Schwitzen	Einsamkeit	Druck
Besorgnis	Zittern	Sicherheit	Müdigkeit
Enttäuschung	Atembeschwerden	Verbundenheit	Wärme
Angst	Harndrang	Abhängigkeit	
Kummer	Übelkeit	verhöhnt werden	
Nieder-	Kreislaufstörungen	verpflichtet sein	
geschlagenheit	Verstopfung	ohnmächtig sein	
Trauer	Kopfschmerzen	ausgeliefert sein	
Unzufriedenheit	Muskelspannung	gemocht werden	
Panik	Erblassen	ausgelacht werden	
Wut	in Ohnmacht fallen	abgelehnt werden	
Liebe			
Ärger			
Ablehnung			

UND JETZT SIE:

Erstellen Sie nun Ihren eigenen Gefühlsstern, indem Sie Ihre eigenen Begriffe für Emotionen in die acht Gefühlsbereiche einordnen.

Erregungsniveau. Aus eigener Erfahrung wissen wir, dass Gefühle mit mehr oder weniger großer Aufregung, dem Erregungsniveau, einhergehen. In der Regel empfinden wir Emotionen umso stärker, je höher die sie begleitende Erregung ist. Ausnahme: Beim Gefühl der Niedergeschlagenheit nimmt das Erregungsniveau ab, je intensiver die Deprimiertheit wird.

In nachfolgender Abbildung (s. S. 16) bezeichnet der grau unterlegte Kreis in der Mitte des Gefühlssterns das Grunderregungsniveau und den Gefühlszustand, den wir erleben, wenn wir eine Situation als neutral ansehen. Was dann gerade geschieht, finden wir weder gut noch schlecht für uns. Es ist uns egal. Wir nennen dieses Gefühl Gleichgültigkeit.

Je weiter die Gefühle nun nach außen auf den Strahlen angesiedelt sind, umso höher ist das sie begleitende Erregungsniveau. Mit wachsender Entfernung vom neutralen Gefühl nach innen schwächt es sich ab. Es liegt dann unter dem Normalniveau. Die eingezeichneten Kreise stellen diese unterschiedlichen Erregungsniveaus dar.

Um die einzelnen Gefühlsintensitäten allgemein gültiger und vergleichbarer wiedergeben zu können, werde ich künftig auf Bezeichnungen wie z.B. Besorgnis – Bammel – Schiss – Angst – Panik auf der Angstskala verzichten und dafür die Erregungshöhe auf einer Skala von 1 bis 10 angeben.

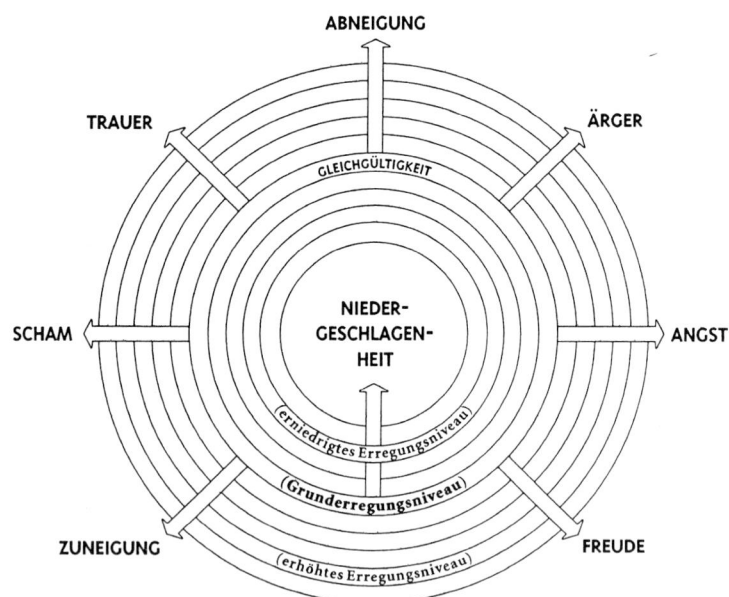

Gefühlsstern mit Einteilung nach dem Erregungsniveau

2. Das ABC-Modell der Gefühle

So wird aus Unzufriedenheit nun Ärger (1), Wut entspricht Ärger (10). Auf der Angstskala stehen statt Besorgnis, Bammel, Schiss und Panik nun beispielsweise Angst (1), Angst (2), Angst (4) und Angst (10). Entsprechend werden die anderen Gefühle in 10 Intensitätsstufen unterteilt.

Häufig können wir das Phänomen beobachten, dass sich ein Gefühl leichter in ein völlig anderes auf gleichem Erregungsniveau verändern lässt, als dass es selbst abgeschwächt werden könnte. So haben wir wohl alle schon bei uns oder bei anderen erlebt, dass es einfacher ist, zwischen Liebe und Hass, zwischen Trauer und Wut oder zwischen Angst und Wut hin und her zu pendeln, als eine starke Deprimiertheit, Trauer, Angst oder Wut in weniger intensive Gefühlszustände zu verändern.

 Grundsätzlich ist es leichter, ein Gefühl in ein anderes auf derselben Erregungshöhe zu verändern, als das Erregungsniveau innerhalb einer Gefühlsdimension zu verringern und das Gefühl weniger intensiv zu empfinden.

Körperliche Begleitsymptome. Je höher aber das Erregungsniveau ist, umso intensiver fallen die damit verbundenen körperlichen (physiologischen) Begleitsymptome aus. Dies sind beispielsweise Herzrasen, Schwindelanfälle, Erröten, Zittern, Schwitzen oder Verkrampfen. Und je ausgeprägter diese Reaktionen ausfallen, desto größer ist auch der Stress, den wir unserem Organismus zufügen.

Wer sich häufig und ausgiebig auf hohen Erregungsniveaus tummelt, wird daher über kurz oder lang mit psychosomatischen Reaktionen rechnen müssen. Hierbei handelt es sich um Erkrankungen, die zwar körperlicher (somatischer) Art sind, ohne aber eine solche Ursache zu haben. Verantwortlich für die somatische Erkrankung ist hier der psychische Stress, die ständigen, hohen emotionalen Erregungsniveaus.

Es ist dabei unerheblich, um welches Gefühl es sich handelt. Ob Liebe, Freude, Angst, Hass oder Ärger: Stress ist Stress und er führt langfristig zu denselben Resultaten. *Wie* der Organismus auf Dauerstress reagiert, ist wiederum abhängig von der Konstitution der betreffenden Person. In der Regel reagiert man zuerst mit dem Organ, das momentan am wenigsten Widerstandskraft besitzt. So wird der eine Magenbeschwerden bekommen, der andere Herzschmerzen, Darmerkrankungen, Migräne, Asthmaanfälle oder Kreislaufprobleme.

Dies verdeutlicht noch einmal, dass uns mit der Veränderung eines Gefühls in ein anderes auf demselben Erregungsniveau überhaupt nicht gedient ist. Wenn wir beispielsweise lernten, statt mit großer Angst nun mit immensem Ärger zu reagieren, so bliebe das langfristige Resultat in Form psychosomatischer Erkrankungen doch das Gleiche.

Fassen wir also zusammen:

> Unser Ziel ist es, häufige oder extreme Erregungshöhen abzubauen.
> Wir werden uns nicht zu oft und zu lange auf diese Stressniveaus begeben.
> Und wenn wir denn doch einmal wieder dort gelandet sind, werden wir uns dort nicht unnötig lange aufhalten.

2.2 Wie entstehen Gefühle?

Wir haben bisher erfahren, dass psychische Probleme grundsätzlich auch gefühlsmäßige Probleme sind, und wir haben festgelegt, was wir künftig unter Emotionen oder Gefühlen verstehen wollen. Nun sollten wir überlegen, wie oder wodurch Gefühle denn überhaupt entstehen und wie sie aufrechterhalten werden. Denn wenn es uns gelingt, dieses „Rezept" oder „Strickmuster" herauszufinden, können wir leichter und gezielter verändernd eingreifen.

Wir wissen schon, dass Philosophen bereits vor über 2000 Jahren den Zusammenhang zwischen Gedanken und Gefühlen erkannten. Anhand einiger Beispiele wollen wir nun Epiktets Aussage genauer betrachten. Er stellte ja fest, dass wir nicht durch Dinge oder Situationen beunruhigt werden, sondern durch unsere Einstellungen, die wir zu ihnen haben. Anders ausgedrückt besagt dieser Satz:

Unsere Gefühle werden durch die Art und Weise unseres bewussten oder unbewussten Denkens und Einschätzens, durch unsere verinnerlichten oder spontanen Werturteile gesteuert.

Je extremer dabei die Einschätzung einer Situation, Person oder Sache ausfällt, umso ausgeprägter ist das daraus hervorgehende Gefühl.

Betrachten wir hierzu das Beispiel auf Seite 20: Wir sehen, dass Maxine nach ihrer Bewertung „Oh, wie schön!" keine Wahl mehr in ihrer Gefühlsreaktion hatte: Sie *musste* sich einfach freuen.

Wenn jemand etwas schön, toll oder in irgendeiner anderen Weise positiv findet, wird das entsprechende Gefühl Freude sein, in welcher Intensität auch immer. Wenn wir etwas als egal ansehen, werden wir neutral mit Gleichgültigkeit reagieren. Bei negativen Einschätzungen wie: „Das wäre entsetzlich! Sauerei! Schade. Wie peinlich! der ist ja ätzend!" oder: „Das ist alles ganz entsetzlich und hoffnungslos", werden wir Angst, Ärger, Enttäuschung, Scham, Abneigung oder Niedergeschlagenheit empfinden.

Folgen wir der Einsicht, dass unsere Werturteile unser Gefühlsleben bestimmen, kommen wir zwangsläufig zu dem Schluss, dass auch belastende, krank machende Emotionen wie starke

Augenblickliche *Situation*:
Ich treffe Max.

Meine *Bewertung* in dieser
Situation:
Ich denke: „Oh, wie schön!"

Mein durch diese Bewertung
ausgelöstes *Gefühl*:
Ich freue mich.

Mein *Verhalten*:
Ich sage: „Hallo Max!"
Ich reiche ihm die Hand.

Max und Maxine

Angst, Wut, Niedergeschlagenheit oder Scham durch unsere Bewertungen hervorgerufen und aufrechterhalten werden. Das bedeutet letztendlich:

> Für unsere Gefühle, einschließlich der belastenden und unwillkommenen, sind nicht bestimmte Personen, Ereignisse oder Situationen verantwortlich, sondern unsere eigenen Werturteile, die wir bewusst oder unbewusst darüber gefällt haben.

Wenn wir aber davon ausgehen, dass wir grundsätzlich selbst entscheiden können, wie wir eine Situation, Person oder Sache finden, ob wir etwas als toll, peinlich, gefährlich, angenehm, egal oder schade beurteilen, dann bedeutet dies auch, dass wir damit selbst bestimmen, wie wir uns in dieser Situation fühlen.

Als erwachsener, selbstständig denkender Mensch können wir nicht zu irgendwelchen Werturteilen gezwungen werden. Wir *können* uns zwar mehr oder weniger bewusst und wohl überlegt bestimmten Normen und Meinungen unserer Umwelt anschließen, *müssen* es aber nicht.

Da andere uns nicht vorschreiben können, wie wir etwas beurteilen, ob wir es gut, egal oder schlecht für uns finden, können sie logischerweise auch nicht für unsere Gefühle verantwortlich sein.

Wir selbst sind es, die entscheiden, was wir von einer Situation, Person oder Sache halten. Folglich sind wir auch für die daraus entstehenden Emotionen haftbar, egal, ob es sich dabei um angenehme oder unangenehme oder gar um belastende, krank machende Gefühlszustände handelt. Fazit:

> Da wir unsere Gefühle durch unsere Werturteile selbst bestimmen, sind wir auch für sie verantwortlich.

Wir allein entscheiden durch unsere Art zu denken, ob wir uns fröhlich, ängstlich, traurig, ärgerlich, wütend, gelassen oder niedergeschlagen fühlen.

Diese Schlussfolgerung ist natürlich recht unbequem. Denn wenn andere nicht für meine emotionale Situation verantwortlich sind, keine Schuld an meinem miesen Gefühlszustand haben ..., ja, dann müsste ich ja wohl selbst etwas verändern ...

Womöglich sind auch einige über dieses Fazit ärgerlich. Denn Panik, Niedergeschlagenheit, Trauer, Wut oder Scham sind ja nun wirklich nicht gerade angenehm. Sie denken dann vielleicht:

„*Ja, aber ...!!! Der spinnt ja wohl!!! Warum zum Teufel sollte ich mich selbst depressiv, ängstlich oder traurig machen, mich selbst in Panik oder Wut versetzen???*"

Ja, warum ...???

Sinnvolle Gründe, weshalb wir uns selbst gefühlsmäßig belasten *sollten,* gibt es wohl kaum. Aber einige, wie wir es *können,* ohne es zu wollen:

Entweder wir treffen Bewertungen und fällen Werturteile, ohne deren belastende Auswirkungen und Gefahren für unser Gefühlsleben zu erkennen, oder wir bewerten unbewusst auf eine Art und Weise, deren Schädlichkeit wir zwar kennen, ohne aber zu wissen, dass wir selbst so denken.

Oder wir erkennen sogar, dass wir eine schädliche Bewertung getroffen haben, wissen aber nicht, was wir dagegen ausrichten können.

Oder wir wollen es vielleicht auch gar nicht erst versuchen, weil es so mühsam ist.

Halt! Stopp! Einwände!

„Aber es gibt doch auch belastende Situationen! Da kann man doch gar nicht anders fühlen. Jeder hätte sich da so gefühlt." ?!

Betrachten wir zu diesem Einwand einige Umstände, die wohl die meisten von uns besonders schlimm oder katastrophal finden: Krieg, Mord, Vergewaltigung, Kindesmisshandlung, Inzest, Tod einer Bezugsperson oder Krankheiten wie Krebs, Aids, Leukämie ... Vermutlich werden 99% oder mehr der Betroffenen hierzu Bewertungen fällen, die zu negativen Gefühlen führen. Es müssen dabei aber nicht notwendigerweise bei allen dieselben Gedanken ablaufen und identische Gefühlskonsequenzen eintreten.

Kriege werden beispielsweise von denen, die sie angezettelt haben und gut davon profitieren, ganz anders bewertet als von denen, die in der ersten Reihe kämpfen sollen.

Aber auch Zusatzbezeichnungen wie *Befreiungs*krieg oder *Heiliger* Krieg machen nur zu deutlich, dass es auch Menschen gibt, die so etwas positiv sehen.

Auch der Tod ist objektiv weder gut noch schlecht, aber wir haben die Möglichkeit, ihn so oder so zu *finden*. Denken wir an die, die im Tod eine Erlösung sehen, oder die, die dadurch eine Verbesserung ihrer Situation erhoffen, wie zum Beispiel die Heiligen Krieger, die meinen, direkt in den Himmel zu kommen, und jubelnd in den Kugelhagel laufen.

Wir können tagtäglich beobachten, wie unterschiedlich Menschen mit Krankheiten oder Unglücksfällen umgehen. So sitzt zum Beispiel der eine Querschnittsgelähmte in der dunkelsten Ecke seines Zimmers, hadert mit sich, seinem Schicksal und der Umwelt und verfällt nach und nach in immer tiefere Depression. Ein anderer beginnt nach einiger Zeit zu überlegen, wie er sein Leben noch ausfüllen und genießen kann, und trainiert vielleicht sogar für die nächste Behindertenolympiade.

Halten wir daher fest:

> **!** Auch in Extremsituationen gibt es grundsätzlich verschiedene Bewertungsmöglichkeiten. Auch diese Situationen sind objektiv weder gut noch schlecht. Sie stellen lediglich das dar, was sie sind.
> Wie wir das finden, entscheiden wir selbst (unter Berücksichtigung unserer persönlichen Zielsetzungen).

Ist ein Ereignis in irgendeiner Weise schlecht für unsere Ziele, werden wir angemessenerweise ein unangenehmes Gefühl haben. *Welche* negative Emotion in welcher *Intensität* das ist, entscheiden wir wiederum selbst durch unsere Betrachtungsweise.

?! *„Soll das etwa heißen, dass Erziehung und Lebenserfahrungen völlig ohne Auswirkung auf unser heutiges Denken, Fühlen und Verhalten sind?"*

Nein, das soll es natürlich nicht heißen. Es widerspräche den Grundannahmen der Verhaltenstherapie, wenn wir die Einflüsse der persönlichen Lerngeschichte auf unser Denken, Fühlen und Verhalten bestritten. Aber betrachten wir doch einmal genauer, was Erziehung und Lebenserfahrungen bedeuten:

Die in der Kindheit, in der Jugend und im Erwachsenenalter vermittelten, bewusst oder unbewusst gelernten, verinnerlichten Normen, Glaubensgrundsätze und Verhaltensmuster bilden unseren Erfahrungsschatz, die Gesamtheit unseres Wissens und Könnens. Auf ihn greifen wir gewohnheitsmäßig zurück, wenn wir uns über bestimmte Dinge, Personen oder Sachen eine Meinung bilden, wenn wir Vergleiche anstellen, Erfahrungen verarbeiten, vermeintliche Chancen und Gefahren abwägen.

Dieser Prozess des Erinnerns ist vergleichbar mit dem Abruf des Speicherinhalts eines Computers. Darüber hinaus sind Menschen aber grundsätzlich auch in der Lage, aus diesen Inhalten mehr oder weniger logische Schlussfolgerungen zu ziehen.

Aber ist das Erinnern und Verarbeiten von Wissen, Glaubensgrundsätzen und Informationen etwas anderes als Denken? Und dass die Art und Weise unseres Denkens unsere Gefühle bestimmt, haben wir ja bereits festgestellt.

Wenn wir also heute in Gefühlsstürme geraten, weil wir in unserer Lerngeschichte, sei es durch das Elternhaus, die Schule oder durch wen auch immer, bestimmte wichtige Informationen, Normen oder Verhaltensmuster nicht oder falsch vermittelt bekommen haben, ... sehr schade! Es wird uns heute zu schaffen machen.

Spätestens aber mit dem Eintritt ins Erwachsenenalter sind wir grundsätzlich in der Lage, etwas gegen diesen Zustand zu tun.

Erinnern wir uns: Der Veränderungsprozess besteht in erster Linie aus dem Erlernen angemessener oder dem Umlernen unangemessener Denkweisen und Strategien. Und wer sollte uns nun zwingen, die erkannten Lücken oder schädigenden Normen beizubehalten und weiterhin zu glauben?

 Unabhängig davon, was wir bislang lernten und glaubten und wie sehr wir darunter auch gelitten haben mochten: Es liegt an uns, *heute* etwas zu unternehmen, um gezielt das Notwendige nach- oder umzulernen.

Ebenso wie sich die meisten von uns irgendwann einmal entschieden haben, nicht mehr an den Weihnachtsmann, den Klapperstorch oder den Osterhasen zu glauben, könnten wir heute auch an der Veränderung der übrigen unangebrachten, belastenden Normen und Denkmuster arbeiten.

Wir können nun endlich auch diese letzten verbliebenen „Klapperweihnachtshasen" daraufhin prüfen, ob sie realistisch sind und unseren persönlichen Zielen dienen. Falls nicht, können wir sie durch Neu- oder Umlernen entzaubern oder verändern.

Klapperweihnachtshasen und andere Gedankenmonster

 „Wollen Sie mir damit etwa sagen, dass ich an meinem ganzen Leid und Unglück nun auch noch selbst schuld sein soll?"

Wir haben gesehen, wie emotionales Erleben und auch Leiden durch die Art unseres Erinnerns und Denkens gesteuert werden. Natürlich sind wir nicht verantwortlich dafür, was man uns als Kind beigebracht hat und was nicht.

Die Frage nach der Verantwortung ist ohnehin so eine Sache für sich. Meist ist darin mehr oder weniger deutlich eine Schuldzuweisung enthalten. Betrachtet man verantwortlich allerdings im Sinne von ursächlich, dann kann man schon sagen, dass die Eltern, die Lehrer und Freunde mitverantwortlich für das sind, was Kinder lernen.

Wenn darin aber auch eine moralische Schuldzuweisung enthalten sein soll, muss man sich fragen, wozu diese dienen soll, wenn nicht zu unserer vermeintlichen Entlastung.

Wir könnten uns dann zurücklehnen und fordern: „Die sind schuld an meiner Situation. Nun sollen die mal sehen, was sie alles angerichtet haben und wie sie es wieder gutmachen."

Schön wär's.

Da aber andere nun schlecht für uns etwas neu- oder umlernen können, bleibt uns lästigerweise nichts anderes übrig, als das selbst zu besorgen. Es sei denn, wir möchten uns noch ein wenig in Selbstmitleid oder in Anschuldigungen verlustieren. Denn auch hier gilt:

Andere können zwar verantwortlich für unsere Lernerfahrungen und damit auch mitverantwortlich für die daraus entstehenden Gefühle sein.
Ob wir diese aber so aufrechterhalten oder verändern, bestimmen wir weitgehend selbst. Denn nur wir allein können eigene Defizite durch Neu- oder Umlernen beseitigen.

Eltern, Erzieher usw. können natürlich nur das an Kinder weitergeben, was sie selbst gelernt haben. Egal, wie katastrophal, falsch oder unangemessen dies auch immer gewesen sein mag.

Schuldvorwürfe helfen hier nicht weiter, da sie die Situation nicht verändern, sondern nur eine Kette von „Verursachern" für unseren heutigen Zustand schaffen: Dass die Eltern uns Kinder nicht besser zu erziehen wussten, ist „Schuld" der Großeltern, weil sie es ihnen nicht besser beigebracht haben. Andererseits sind daran dann wieder die Urgroßeltern schuld, da sie es den Großeltern ja auch nicht vermittelten ... usw.

Ja, und nun?

Da hilft uns nur die Erkenntnis:

 Aus welchem Grund auch immer wir heute emotionales Leid ertragen müssen: Es ist so, wie es ist. Ob es so bleibt oder ob wir versuchen, es zu ändern, entscheiden wir selbst.

2.3 Lassen sich Gefühle beeinflussen?

Wenn wir nun davon ausgehen, dass die Art und Weise unseres Denkens und Bewertens maßgeblich unsere Gefühlslage bestimmt, und wenn wir unterstellen, dass Menschen ihre Bewertungen und Normensysteme durch Um- oder Neulernen verändern können, dann ergibt sich daraus logischerweise, dass veränderte Bewertungen andere Gefühle oder andere Gefühlsintensitäten bewirken.

Lassen Sie uns das einmal am Beispiel von „Max und Maxine" prüfen:

Wie sich Maxine wohl gefühlt hätte, wenn sie statt „Oh, wie schön!" gedacht hätte: „Mist, der schon wieder!" oder: „So eine Sauerei! Ich denke, der arbeitet!" Oder gar: „Schade, dass er mich verlassen hat. So eine Beziehung finde ich nie wieder ..."

Wie wir sehen, hat Maxine verschiedene Betrachtungsmöglichkeiten und damit auch die Entscheidungsfreiheit über das gesamte Gefühlsspektrum.

Halten wir also fest:

> Gefühle werden durch die eigenen Bewertungen und Einstellungen bestimmt.
> Möchte man sie verändern, so kann man das durch eine entsprechende Änderung der gefühlsbestimmenden Gedanken erreichen.

Dies alles trifft natürlich nicht nur auf Max und Maxine zu, sondern ist allgemein gültig und machte bereits unseren Vorfahren zu schaffen. Das zeigt ein Blick in unsere jüngere Geschichte (s. Abbildung S. 30 und 31).

Auch Hagen hatte bereits offensichtlich die Wahl zwischen verschiedenen Sichtweisen und damit zwischen unterschiedlichen Gefühls- und Verhaltensreaktionen.

Können Gefühle *nur* durch Denken entstehen und verändert werden?

Wir wissen inzwischen, wie sehr unsere Gefühlswelt durch unsere Denkweisen, Normen und Erinnerungen gesteuert wird. Dennoch bedeutet dies nicht, dass es keine anderen Entstehungs- und Veränderungsmöglichkeiten gäbe.

Drogen und Psychopharmaka. Bekanntermaßen kann man Gefühle auch durch Drogen oder Medikamente beeinflussen, und zwar oft sehr viel schneller und bequemer, als dies durch Um- oder Neulernen möglich wäre.

Das ist also der einfachste Weg ..., wären da nicht die Nebenwirkungen dieser Mittel. Da sie nur vorübergehend wirken und keine eigentliche Veränderung von Bestand erreichen, muss man eben dauernd nachschlucken oder weiter spritzen. Und um den Gewohnheitseffekt auszugleichen, muss dies in immer kürzeren Abständen, in steigender Dosis und mit zunehmenden Nebenwirkungen geschehen.

Situation:
Der Germane Hagen
trifft die Germanin Freya.

Hagen *bewertet* die
Situation:

Hagens *Gefühl*:
Er ist verliebt.

Hagens *Verhalten*:
Er schenkt ihr
Blumen.

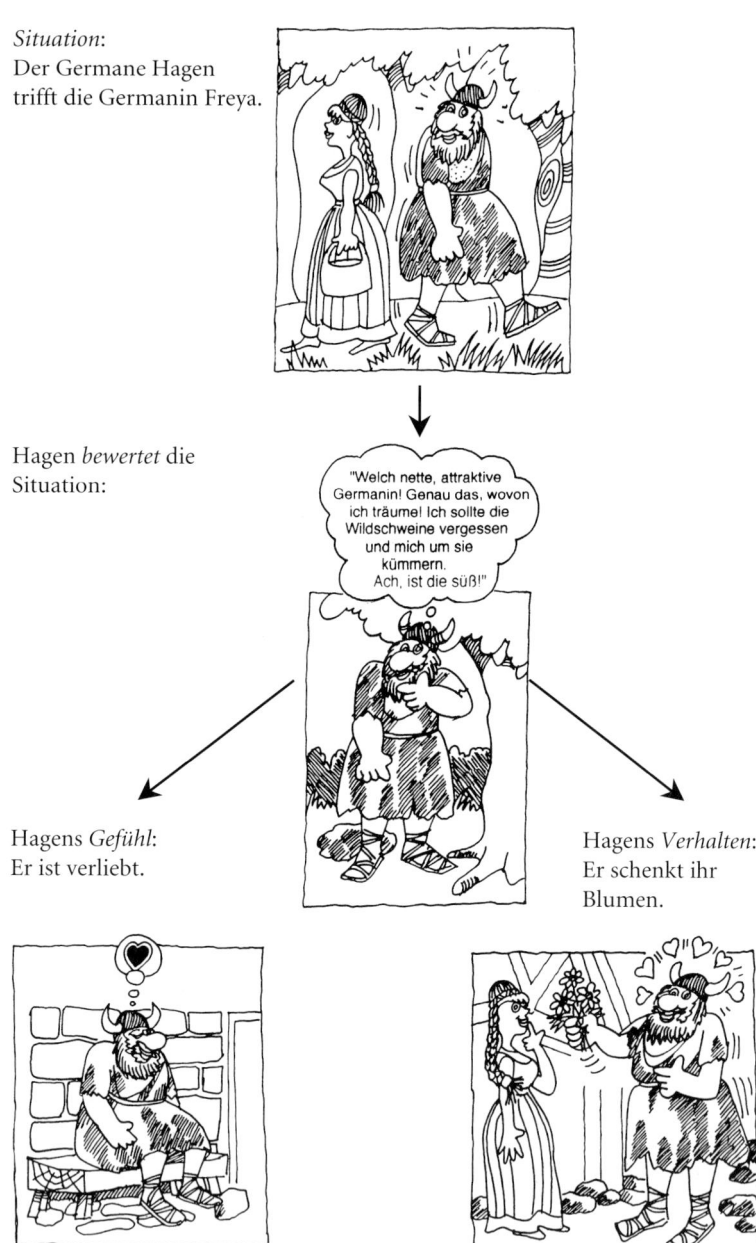

Der Germane Hagen auf Freiersfüßen

Es könnte bei anderer Sichtweise aber auch so ablaufen:

Situation:
Der Germane Hagen
trifft die Germanin Freya.

Hagen *bewertet* die
Situation:

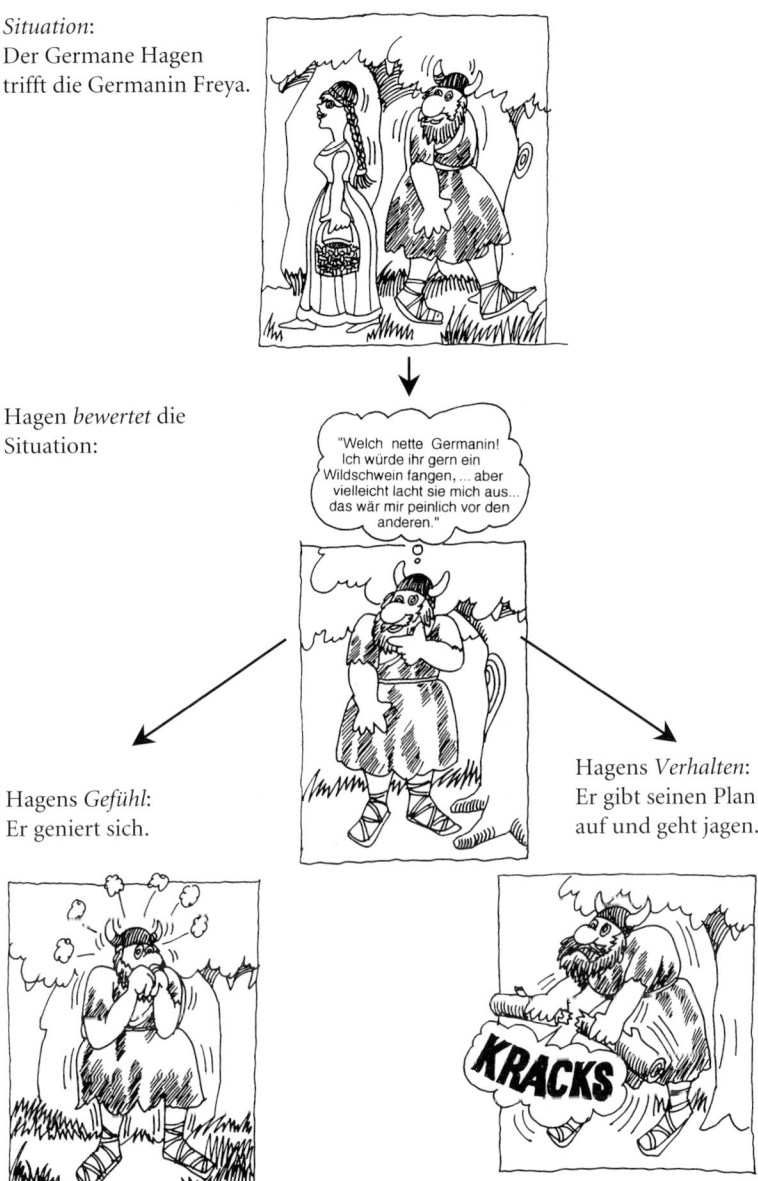

"Welch nette Germanin!
Ich würde ihr gern ein
Wildschwein fangen, ... aber
vielleicht lacht sie mich aus...
das wär mir peinlich vor den
anderen."

Hagens *Gefühl*:
Er geniert sich.

Hagens *Verhalten*:
Er gibt seinen Plan
auf und geht jagen.

KRACKS

Der Germane Hagen auf Hasenfüßen

Bei einigen emotionalen Erkrankungen kann es aber durchaus sinnvoll sein, die psychotherapeutische Arbeit zunächst durch eine begleitende Behandlung mit Psychopharmaka zu unterstützen, denn zu starke Gefühlszustände können die zur Veränderung notwendigen Lernprozesse behindern.

So ist beispielsweise während einer Panikattacke das Erregungsniveau oft viel zu hoch oder bei einer schweren Depression zu niedrig und die Gedanken sind zu sehr auf die Gefahr oder auf die Sinn- und Hoffnungslosigkeit fixiert. Gezieltes, systematisches Lernen ist dann kaum möglich.

Die innere Chemiefabrik. Auch unser Körper selbst benutzt chemische Prozesse, um unsere Gefühle zu steuern. Er produziert in unserer körpereigenen Chemiefabrik bestimmte Stoffe wie Adrenalin, Noradrenalin, Hormone und Neurotransmitter.

Diese Stoffe arbeiten als chemische Boten. Sie nehmen oft direkt Einfluss auf Prozesse im Gehirn, auch auf die Steuerung unserer Gefühlswelt. Und sie erfüllen vielfältige Aufgaben im Haushalt und im Regulationssystem unseres Körpers. Durch ihren Einsatz können bestimmte innere Abläufe gesteuert, blockiert, ausgelöst oder beschleunigt werden.

Der menschliche Organismus ist besonders komplex und kompliziert. Die Zusammenhänge, Wechselwirkungen und Rückkoppelungen zwischen einzelnen Systemen und Regelkreisen sind derart vielfältig, verwoben und sensibel für Veränderungen, dass durch die Störung eines nur kleinen, an diesem Mechanismus beteiligten Rädchens leicht das gesamte System aus dem Gleichgewicht gerät.

Wir können dies an den vielen, oft erheblichen unerwünschten Nebenwirkungen von Medikamenten erkennen, die in dieses Regulationssystem eingreifen.

Es ist daher leicht nachvollziehbar, weshalb durch Störungen in unserer inneren Chemiefabrik ein fruchtbarer Boden für den Gefühlsdschungel geschaffen wird: Wenn bestimmte Botenstoffe oder Hormone z.b. wegen körperlicher Störungen nicht genügend oder aber im Übermaß produziert werden, gerät mit dem chemischen auch leicht das emotionale Gleichgewicht aus den Fugen.

Ein typisches Beispiel hierfür ist das Prämenstruelle Syndrom bei Frauen, die wegen einer Veränderung ihres Hormonhaushalts in bestimmtem Abstand zu ihrer Periode häufiger depressiv reagieren.

Angeborene Reaktionen. Es ist auch möglich, dass es eine vererbte Bereitschaft gibt, auf bestimmte Situationen mit typischen Bewertungen und Gefühlen zu reagieren.

Aus der Tierwelt kennen wir etliche angeborene Reiz-Reaktions-Muster. So geraten z.b. in Gefangenschaft aufgezogene Hühner und Vögel beim Anblick einer Raubvogelsilhouette in helle Aufregung und flüchten, obwohl sie doch noch gar keine unangenehme (Lern-)Erfahrung mit ihren natürlichen Feinden gemacht haben.

Auch bei Menschen gibt es Angst- und Fluchtreaktionen in bestimmten Situationen, ohne vorher negative Erfahrungen damit gesammelt zu haben. Denken wir an die Furcht vor Schlangen, Spinnen, Abgründen oder Dunkelheit, den Widerwillen, sich die Haut zu durchbohren, oder an den spontanen Ekel, wenn wir Verwesung riechen. Diese Reaktionen waren oder sind für das Überleben unserer Art sicherlich von großer Bedeutung.

Der genetische Anpassungsprozess an die aktuellen, realen Gefahren in unserer heutigen Zeit ist aber leider um einiges langsamer, als es dem Menschen gelingt, seine Umwelt zum Guten oder Schlechten zu verändern. So schleppen wir einerseits noch Reaktionsweisen mit uns herum, die heute kaum noch von Bedeutung sind (wer trifft schon mal eine Schlange in der U-Bahn), andererseits fehlen uns die, die wir zur Bewältigung heutiger Gefahren gut gebrauchen könnten (vielleicht ein internes Messgerät für Strahlenbelastung).

Unklar ist, ob es sich bei der angeborenen Reaktionsbereitschaft um kognitive oder emotionale Schemata handelt. Gesichert und für die Problembearbeitung wichtig ist jedoch, dass die Bereitschaft, auf diese Auslöser zu reagieren, durch Umlernen veränderbar ist.

Andere Behandlungsmöglichkeiten

Wir können also festhalten:

> Es gibt verschiedene Faktoren und Instanzen, die unser Gefühlsleben steuern. Für die eigene Problembewältigung sind aber nur diejenigen wichtig, die durch Lernprozesse beeinflussbar sind.

Wir werden uns im Folgenden daher ausschließlich auf Letztere konzentrieren.

Sollen alle negativen Gefühle abgebaut werden?

Natürlich nicht! Ebenso wie unsere Lebenserfahrungen und Umweltbedingungen hinderlich, neutral oder förderlich für unsere Zielsetzungen sind, wird auch unsere Gefühlspalette sinnvollerweise positive, neutrale und negative Emotionen enthalten. Kognitive Verhaltenstherapie ist nicht mit der Technik des Positiven Denkens zu verwechseln (s. Abbildung S. 36).

Es geht hier weder um Schönfärberei, noch um das Ziel, künftig nur noch angenehme Gefühle zu haben. Das wäre genauso unrealistisch wie die Zielsetzung oder Forderung: „Alles, was mir künftig passiert, was andere tun und lassen, soll positiv für mich sein!"

> Das Ziel der Kognitiven Verhaltenstherapie besteht darin, diejenigen negativen Gefühle abzubauen, die wir unnötig aufgrund unsinniger oder unrealistischer Annahmen, Normen und Bewertungen fabrizieren, oder diejenigen, deren Stärke unangemessen hoch und unnötig belastend ist.
> Auch künftig werden wir bei einem Verlust angemessen enttäuscht oder traurig reagieren. Wir werden unzufrieden sein, wenn wir Ziele nicht erreichen, und bei tatsächlicher Gefahr Angst haben.

Positiv denken?

2.4 Das ABC der Gefühle

Der amerikanische Psychotherapeut Albert Ellis hat sich in den fünfziger Jahren als einer der Ersten besonders darum verdient gemacht, die Zusammenhänge zwischen Denken und Fühlen in die psychotherapeutische Alltagspraxis einzubauen.

Eines seiner wichtigsten therapeutischen Werkzeuge hierzu ist das *ABC-Modell der Emotionen*. Es dient der Beschreibung, dem Aufspüren und der Diagnose von Situationen, Gedanken, Gefühlen und Verhalten. *ABC* steht für Augenblickliche Situation, *Bewertungssystem* und *Konsequenzen* (engl.: *consequences*).

Das Modell fasst die bisher gewonnenen Erkenntnisse zusammen. Seine zentrale Aussage lautet:

> **!** Nicht die augenblickliche Situation *A* bestimmt, wie wir uns fühlen und verhalten (Gefühls- und Verhaltenskonsequenzen *C*), sondern unser Bewertungssystem *B*.

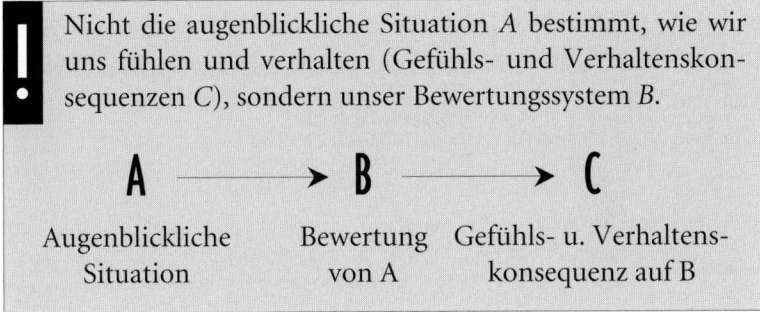

Die Grundstruktur des ABC-Modells

Und weiter:

> **!** Wenn wir unter einem Gefühl unangemessen leiden, können wir dies beenden, indem wir die Bewertungen ändern, die dazu führten.

Wir werden nun die einzelnen Bestandteile des ABC-Modells näher betrachten.

Die augenblickliche Situation A

Um einen Bewertungsprozess in Gang zu setzen, müssen wir zuvor mit unseren Sinnesorganen bewusst oder unbewusst etwas wahrgenommen haben. Diese optischen, akustischen, taktilen, Geruchs- oder Geschmackssignale werden dann im Gehirn verarbeitet.

Unsere Wahrnehmungsfähigkeit ist aber recht begrenzt und sie unterliegt zudem vielfältigen Verzerrungs- und Verfälschungsmöglichkeiten:

Nicht nur, dass wir von Natur aus nur eine recht eingeschränkte Fähigkeit zur Realitätswahrnehmung besitzen (verglichen mit einigen Tierarten müssten wir als fast taub, blind, riech-, tast- und schmeckunfähig gelten). Wir gehen darüber hinaus mit unseren verbleibenden Wahrnehmungsmöglichkeiten meist auch noch schlampig um, indem wir sie einer willkürlichen oder unbewussten Auswahl unterwerfen.

Andere Faktoren, die zu weiteren, unvermeidbaren Verzerrungen unserer Sinneseindrücke und der Realitätsverarbeitung führen, sind z.b. die Art und Weise, wie wir das Wahrgenommene speichern und organisieren, was wir vergessen oder wie gut wir Erfahrungen erinnern können.

Menschen können in derselben Situation völlig verschiedene Wahrnehmungen haben. Gründe dafür sind beispielsweise das unkontrollierte Einfließen von Phantasien und Erinnerungen, will- oder unwillkürliche, mehr oder weniger sinnvolle Schlussfolgerungen und Spekulationen und die unterschiedlich gut ausgeprägte Fähigkeit, Fakten von Theorien und Meinungen zu trennen. Wir halten daher fest:

 Unsere Wahrnehmungsfähigkeit wird einerseits durch biologische und physiologische Vorgaben begrenzt. Andererseits unterliegt sie vielfältigen individuellen Verzerrungen bei der Speicherung, Erinnerung und Verarbeitung von Informationen.

So wie eine Weltkarte mehr oder weniger gelungen versucht, dem Betrachter eine Vorstellung von der Beschaffenheit und der geographischen Aufteilung unserer Erde zu vermitteln, so ist auch unser eigenes „inneres Weltbild" nur ein wie gut auch immer gelungenes Bemühen um Realitätswiedergabe. Es ist nicht die Realität selbst.

Die Wahrnehmung in der augenblicklichen Situation A ist die Grundlage für das daraufhin aktivierte Bewertungssystem mit seinen Gefühls- und Verhaltenskonsequenzen. Daher ist verständlich, warum wir uns bei der Beschreibung von A um eine möglichst präzise Wiedergabe der Realität bemühen. Denn wenn es uns nicht gelingt, die Situation A annähernd vorurteilsfrei zu betrachten, riskieren wir unnötige emotionale Probleme, weil sich unsere Bewertungen dann auf eine verzerrte Realitätswiedergabe stützen.

> **!** A beschreibt so objektiv wie irgend möglich die augenblickliche Situation, in der wir die Bewertungen B fällen.
> Gedanken, Erinnerungen, Spekulationen und Vorwissen gehören nicht hierher.

Man kann die Beschreibung von A mit einer Momentaufnahme vergleichen, einem Foto mit der Fähigkeit zur Geräusch-, Geruchs-, Geschmacks- und taktilen Wahrnehmung.

Hier steht nur das, was *jeder* Mensch in diesem Augenblick feststellen könnte, mehr nicht. Hier werden die Fragen beantwortet:

➤ Was geschieht gerade zu dem Zeitpunkt, als ich diesen Gedanken oder dieses Gefühl bei mir entdecke?

➤ Was kann jeder Mensch ohne Vorwissen in dieser Situation wahrnehmen und beschreiben?

UND JETZT SIE:

Versuchen Sie so objektiv, so sachlich wie möglich, vier Situationen zu beschreiben, in denen Sie starke Gefühlsreaktionen verspürt haben.

Das Bewertungssystem B

In der augenblicklichen Situation A ist das Bewertungssystem B aktiv. Hierzu merken wir uns:

> **!** B enthält alle bewussten und unbewussten Gedanken zum Zeitpunkt A.
> Dazu gehören Erinnerungen, Schlussfolgerungen, Träume, Vorstellungen, Spekulationen und Bewertungen.

Diese gedanklichen Prozesse können sich auf alle Sinneswahrnehmungen beziehen, auf akustische, verbale, optische, taktile Reize, auf Gerüche und Geschmack, aber auch auf andere Gedanken, auf Träume und Fantasien.

> Betrachtet man Bewertungsprozesse genauer, stellt man fest, dass sie sich inhaltlich in drei unterschiedliche Bereiche aufteilen und beschreiben lassen:
> 1. Die *persönliche Sichtweise* von A mit all unseren Erinnerungen, Vorurteilen und unseren grundsätzlichen, überdauernden Normen und Wertmaßstäben.
> 2. Die *Schlussfolgerungen*, die wir aus 1. ableiten, und die *Konsequenzen*, die wir dann vermuten.
> 3. Die *Bewertung* dieser in 2. getroffenen Schlussfolgerungen und vermuteten Konsequenzen im Hinblick auf unsere Ziele.

Anders ausgedrückt stehen bei B die Antworten auf folgende Fragen:
1. Wie sehe *ich persönlich* die Situation A mit meinem Vorwissen?
2. Welche Schlussfolgerungen ziehe ich daraus? Welche Konsequenzen vermute ich?
3. Wie finde bzw. fände ich das?

Wir werden im 3. Kapitel genauer betrachten, wozu diese Dreiteilung von B dient und welche Vorteile dies hat.

Die Gefühls- und Verhaltenskonsequenzen C
C beschreibt, mit welchem *Gefühl* wir auf unsere Bewertung der Situation A reagieren und wie wir uns daraufhin *verhalten*.
Hier stehen die Antworten auf die Fragen:
1. Welches Gefühl habe ich nach der Bewertung der Situation A? Gibt es körperliche Begleiterscheinungen zu diesem Gefühl?
2. Was genau tue ich daraufhin?

Bewertungs-Gefühls-Logik. Wir haben ja schon festgestellt, dass die emotionale Konsequenz bereits mit der *Bewertung* festliegt. Wenn ich etwas schade finde, kann das darauf folgende Gefühl nur im Bereich Enttäuschung – Trauer liegen und nicht Freude, Gleichgültigkeit, Scham oder Angst sein. Ist die Bewertung erst einmal gefällt, so ist an der nachfolgenden Emotion nicht mehr zu drehen. Man spricht daher auch von der Bewertungs-Gefühls-Logik.

Anders verhält es sich mit den Verhaltenskonsequenzen: Aus eigener Erfahrung wissen wir, dass man sehr wohl lächeln oder sich freundlich verhalten kann, obwohl einem zum Heulen zumute ist.

Auch wenn wir Angst haben oder innerlich vor Wut verdampfen: Wir *können* uns zwar entsprechend verhalten, *müssen* es aber nicht.

Hieran ist also zu drehen, langfristig jedoch oft nur um den Preis psychosomatischer Reaktionen wie z.B. Magen- und Darmbeschwerden, Herz- und Kreislaufstörungen, Migräne- und Asthmaanfällen, Muskelverspannungen, Kopf- oder Herzschmerzen.

Dieser Zusammenhang soll nun aber bitte nicht als Empfehlung missverstanden werden, zukünftig „Echtheit um jeden Preis" zu zeigen und ohne Rücksicht auf die damit verbundenen Konsequenzen stets die momentane Gefühlslage zum Maßstab für das Verhalten zu machen. Denn kräftiges „Dampfablassen" zu jeder Gelegenheit gewährleistet natürlich keine knackige psychosomatische Gesundheit. Zudem können die negativen sozialen Folgen im Privat- und Berufsleben aus derart „ehrlichem" Verhalten immens sein.

Wie bei einem Dampfkessel mag es zwar auch bei uns selbst nützlich sein, zum Druckausgleich ein Ventil zur Verfügung zu haben, langfristig ist es aber gesünder, ein paar Briketts weniger aufzulegen, wenn der Druck zu groß wird. Und das heißt für uns nach den eben erarbeiteten Einsichten:

Zusammenfassung

Fassen wir nun noch einmal das ABC-Modell zusammen:

	Worum geht's hier?	Mit welchen Hilfsfragen finde ich das heraus?
A Augenblickliche Situation	Die objektive, sachliche Beschreibung der Situation.	Was geschieht gerade zu dem Zeitpunkt, als ich diesen Gedanken oder dieses Gefühl bei mir entdecke? Was kann jeder Mensch ohne Vorwissen in dieser Situation wahrnehmen und beschreiben?
B Bewertungssystem	Alle bewussten und verdeckten Gedanken zum Zeitpunkt A.	*1. (die persönliche Sichtweise):* Was sehe ich mit meinen Vorerfahrungen in der Situation A? *2. (die Schlussfolgerungen und vermuteten Konsequenzen):* Was, glaube ich, hat das zu bedeuten? Welchen Grund, Sinn, Zweck hat das? Welche Konsequenzen hat bzw. hätte das für mich und meine Ziele? *3. (Bewertung):* Wie finde bzw. fände ich das?
C Konsequenzen	Mein Gefühl und mein Verhalten aufgrund der Bewertung der Situation A.	*1. (Gefühl):* Welches Gefühl habe ich nach der Bewertung der Situation A? Spüre ich körperliche Begleiterscheinungen? *2. (Verhalten):* Was tue ich daraufhin?

Und im zeitlichen Ablauf sieht das dann folgendermaßen aus:

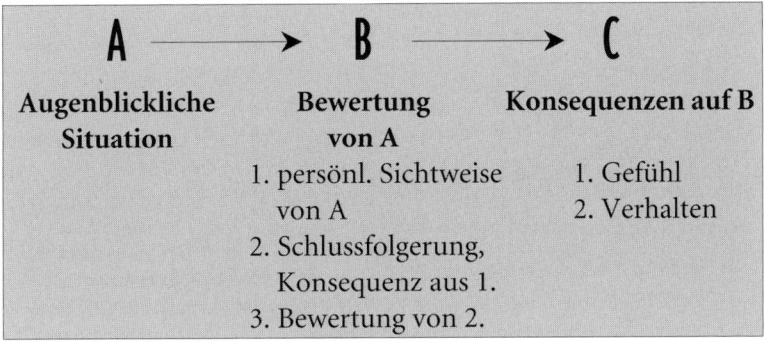

A ———>	**B** ———>	**C**
Augenblickliche Situation	**Bewertung von A**	**Konsequenzen auf B**
	1. persönl. Sichtweise von A 2. Schlussfolgerung, Konsequenz aus 1. 3. Bewertung von 2.	1. Gefühl 2. Verhalten

Das ABC-Modell der Gefühle

Um dies alles wieder etwas greifbarer zu machen, betrachten wir nun einige Beispiele.

Beispiele für das ABC-Modell

FALLBEISPIEL: ABC-MODELL	
A Augen- blickliche Situation	Mein Kollege sitzt mir im Büro gegenüber. Er sagt: „Der Chef will dich sehen."
B Bewertungs- system	1. (persönliche Sichtweise): Seit drei Tagen haben die beiden mich nicht mehr gefragt, ob ich mit ihnen in die Kantine will. Jetzt klingt er so höhnisch. 2. (Schlussfolgerungen und vermutete Konsequenzen): Bestimmt hat er mich angeschwärzt und will mich raus- ekeln. Die beiden haben sich gegen mich verbündet. Das ist hinterhältig und unfair! Das macht man nicht! 3. (Bewertung): Sauerei!
C Konse- quenzen	1. (Gefühl): Wut (Ärger 9). körperliche Begleiterscheinungen: Erregungsanstieg. 2. (Verhalten): Ich beiße die Zähne zusammen, schweige, blättere in Akten.

FALLBEISPIEL: ABC-MODELL

A Augenblickliche Situation	Ich sitze in der U-Bahn. Die Türen schließen sich.
B Bewertungssystem	1. (persönliche Sichtweise): Schon so oft ist mir auf dieser Strecke vor Angst fast schlecht geworden. Jetzt sind wir gleich 4 Minuten im Tunnel. Ich bin eingeschlossen, kann hier nicht weg. 2. (Schlussfolgerungen und vermutete Konsequenzen): Ich könnte wieder einen Panikanfall kriegen. Ich halte das bestimmt nicht aus! Ich könnte vor Angst verrückt werden, ausflippen und versuchen, aus dem Zug zu springen. Alle werden beobachten, wie ich ausraste. 3. (Bewertung): Das wäre entsetzlich!
C Konsequenzen	1. (Gefühl): Angst (8). körperliche Begleiterscheinungen: Herzrasen, Kreislaufstolpern, Schwindel, Übelkeit, Erbleichen. 2. (Verhalten): Ich halte meine Handtasche fest und blicke auf den Boden.

FALLBEISPIEL: ABC-MODELL

A Augenblickliche Situation	Ich sitze zu Hause in der Küche. Es ist 12.30 Uhr. Ich bin allein.
B Bewertungssystem	1. (persönliche Sichtweise): Nun sind die Kinder auch schon selbstständig und ziehen bald aus. Keiner braucht mich mehr. 2. (Schlussfolgerungen und vermutete Konsequenzen): Ich bin nutzlos und überflüssig, kann nur noch die Zeit totschlagen. Irgendwie hat alles keinen Sinn mehr. Es ist alles so hoffnungslos, nutzlos. 3. (Bewertung): Wie furchtbar!
C Konsequenzen	1. (Gefühl): Niedergeschlagenheit (9). körperliche Begleiterscheinungen: keine beobachtet. 2. (Verhalten): Ich sitze regungslos und blicke gegen die Wand.

FALLBEISPIEL: ABC-MODELL	
A Augenblickliche Situation	Ich stehe in der Disko am Tresen. Schräg gegenüber sitzt eine Frau. Wir haben Blickkontakt, sie lächelt mich an.

B
 	
Bewertungssystem
	1. (persönliche Sichtweise):
	   Die sieht ja echt toll aus. Genau mein Typ. Wir scheinen ja auf der gleichen Wellenlänge zu senden.
	
	2. (Schlussfolgerungen und vermutete Konsequenzen):
	   Ich sollte jetzt was tun, hingehen und ein Gespräch anfangen. Mir fällt bestimmt nichts Interessantes ein und der Faden reißt gleich ab. Sie wird mich verachten und abblitzen lassen. Die anderen werden sich eins feixen und ich bin unten durch.
	
	3. (Bewertung):
	   Das wäre schrecklich peinlich!

C
 	
Konsequenzen
	1. (Gefühl):
	   Angst (7).
	   körperliche Begleiterscheinungen: Schwitzen.
	
	2. (Verhalten):
	   Ich bleibe sitzen und sehe in die andere Richtung.

Wir haben nun erfahren, was Gefühle eigentlich sind, wie sie entstehen, wie wir sie beeinflussen können, und wir lernten das ABC-Modell der Gefühle kennen. Dabei stellten wir fest, dass das Bewertungssystem verantwortlich für unsere Gefühls- und Verhaltenskonsequenzen ist. Schauen wir uns daher diesen wichtigen Bereich nochmals genauer an.

3. Zentral und gefühlsbestimmend: das Bewertungssystem

3.1 Was ist ein Bewertungssystem?

Im vorherigen Kapitel sahen wir, welch enorme Bedeutung bewusste und unbewusste Denkvorgänge für unser Gefühlsleben haben. Und wir stellten fest, dass wir belastende, krank machende Gefühle abbauen können, wenn wir die Denkmuster ändern, die sie verursacht haben.

Weiterhin unterteilten wir das Bewertungssystem B in drei Kategorien:

1. die persönliche Sichtweise der Situation A,
2. die daraus abgeleiteten Schlussfolgerungen und vermuteten Konsequenzen sowie
3. die Bewertung dieser Schlussfolgerungen und vermuteten Konsequenzen hinsichtlich unserer Ziele.

So wie wir zuvor schon die Begriffe Gefühl oder Emotion klärten, werden wir nun festlegen, was wir künftig unter einem Bewertungssystem verstehen wollen: Wir meinen damit die Sichtweisen oder Eigenschaften, die Bedeutungen oder Schlussfolgerungen und die Qualitäts- oder Werturteile, die wir bewusst oder unbewusst mit einer Situation, Person oder Sache verbinden.

Dabei ist zunächst völlig unbedeutend, ob diese Einschätzungen auch nachprüfbar, wahr oder falsch, sinnvoll oder unsinnig, realistisch oder unrealistisch sind. Sie können auf Vermutungen, Vorurteilen, Spekulationen, falschen oder veralteten Informationen und gezielter Fehlinformation beruhen.

> **!** Ein Bewertungssystem enthält persönliche Meinungen und Ansichten, die entstanden sind aus der eigenen Lerngeschichte und aus der erlernten Art zu denken, zu schlussfolgern und zu bewerten.

Egal, wie ausgefallen, unrealistisch, unsinnig oder gar nachweisbar falsch und dumm eine Sichtweise, eine Schlussfolgerung oder eine Bewertung sein mag: Niemand könnte uns zwingen, sie aufzugeben oder zu verändern. Es sei denn, wir selbst entscheiden uns dazu.

Durch äußeren Druck könnten wir vielleicht beeinflusst werden, bestimmte Verhaltensweisen oder Äußerungen zu zeigen oder zu unterlassen, um den sonst drohenden Konsequenzen zu entgehen. Aber wer bitte sollte wie überprüfen, ob wir auch wirklich so denken? Ob wir es gut oder schlecht finden?

Wir haben bereits gelernt, das Bewertungssystem zu unterteilen in:

1. Die persönliche Sichtweise der augenblicklichen Situation A.

Hier stehen unser Vorwissen und die Erfahrungen sowie unsere Normen und Glaubensgrundsätze. Diese Gedanken sind von eher genereller, überdauernder Art. Sie beantworten die Frage: „Was sehe ich persönlich mit meinen Vorerfahrungen in dieser Situation?"

Hier einige Beispiele für persönliche Sichtweisen:

> Immer, wenn er das sagt, will er mich auf meine Fehler hinweisen.
> Man soll nicht stehlen.
> Sie hat schon immer viel gelogen und war noch nie vertrauenswürdig.
> Gestern hat es noch dort gelegen.

2. Schlussfolgerungen und vermutete Konsequenzen. Hier stehen die aus der persönlichen Sichtweise abgeleiteten Schlussfolgerungen und die daraus vermuteten Konsequenzen für den Betrachter. Und die können so erfragt werden: „Was glaube ich, hat das zu bedeuten? Welchen Grund, Sinn, Zweck hat das? Welche Konsequenzen hat bzw. hätte das für mich?"

Beispiele für derartige Schlussfolgerungen und vermutete Konsequenzen sind:

➤ Damit meint sie, dass ich schuld an diesem Ergebnis bin. Sie wird mich jetzt ablehnen. Dann bin ich weniger wert.
➤ So wie das Vieh aussieht, wird es mich gleich beißen. Das wird gefährlich. Das überleb ich womöglich nicht!
➤ Der soll gefälligst besser aufpassen! Der ist ja gemeingefährlich! Dem sollte man mal kräftig den Marsch blasen, diesem Idioten!
➤ Das schaff ich alles nicht. Das ist alles viel zu schwer für mich. Es ist hoffnungslos. Das ist mal wieder eine Riesenblamage.

3. Bewertung. Hier steht, was die zuvor getroffenen Schlussfolgerungen und vermuteten Konsequenzen für uns bedeuten. Und das ist die Antwort auf die Frage: „Wie finde bzw. fände ich das?"

Beispiele für solche Werturteile sind:

➤ Das ist eine Unverschämtheit, eine Riesensauerei!
➤ Das wäre furchtbar!
➤ Wie peinlich!
➤ Schade.

Ein Beispiel soll nun verdeutlichen, wozu diese Dreiteilung wichtig und hilfreich ist:

Wir stehen an einer Bushaltestelle neben einem unbekannten Mann.

Als eine Frau an ihm vorbeigehen will, greift er in die Hosentasche, holt einen Euroschein heraus und reicht ihn ihr wortlos.

Wir beobachten, wie die Frau wütend reagiert, dem Mann eine Ohrfeige verpasst und mit vor Wut hochrotem Kopf davonstapft.

Nach kurzer Zeit erscheint eine weitere Passantin und der Mann wiederholt das gleiche Verhalten. Die Reaktion dieser Frau ist jedoch völlig anders: Sie errötet vor Scham, sieht auf den Boden und läuft schnell weiter.

Nach 2 Minuten kommt eine weitere Frau vorbei. Wieder greift der Mann in die Tasche, holt den Schein heraus und hält ihn ihr wortlos hin. Bei dieser Passantin beobachten wir, wie sie lacht, sich freut, den Schein nimmt, „Danke!" sagt und weitergeht.

Schließlich kommt eine vierte Frau vorbei. Der Mann verhält sich wie zuvor und wir sehen, wie diese Person darauf reagiert: Sie ist ganz gelassen, sieht ihn an und sagt: „Ich hab auch kein Wechselgeld."

Auch dieses Beispiel zeigt, dass offensichtlich nicht das Verhalten des Mannes bestimmt, wie sich die jeweiligen Frauen in dieser Situation fühlen und verhalten, denn sonst müssten es ja alle auf die gleiche Art und Weise getan haben. Dass es stattdessen die Bewertungen sind, die das Gefühlsleben steuern, ist uns ja nun nicht mehr neu.

Interessant wird dieses Beispiel, wenn wir die einzelnen Teile des Bewertungssystems für alle vier Passantinnen genauer betrachten. Sie könnten z.B. folgendermaßen ausgesehen haben:

1. Frau	2. Frau	3. Frau	4. Frau
A (Augenblickliche Situation)			
Ein Mann hält mir 100 Euro hin.	Ein Mann hält mir 100 Euro hin.	Ein Mann hält mir 100 Euro hin.	Ein Mann hält mir 100 Euro hin.
B (Bewertungssystem)			
1. (persönliche Sichtweise)			
Es gibt Männer, die Sex mit Geld kaufen wollen. Hier gibt's Prostituierte.	Es gibt Männer, die Sex mit Geld kaufen wollen. Hier gibt's Prostituierte.	Es gibt Männer, die Sex mit Geld kaufen wollen. Hier gibt's Prostituierte.	Für den Bus braucht man Kleingeld. Das kenn ich.
2. (Schlussfolgerungen und vermutete Konsequenzen)			
Der hält mich für 'ne Nutte. Diesem Mistkerl muss man mal richtig die Meinung geigen! Sonst denkt er, er kann sich alles erlauben.	Der hält mich für 'ne Nutte. Ich muss wohl heute sehr erotisch aufreizend wirken, sonst hätte er mich nicht angemacht.	Der hält mich für 'ne Nutte. Ich muss wohl heute sehr erotisch aufreizend wirken, sonst hätte er mich nicht angemacht.	Der ist in Verlegenheit, weil er kein Kleingeld hat. Er möchte, dass ich ihm den Schein wechsle.
3. (Bewertung)			
So eine Sauerei!!!	Wie peinlich!	Toll!	Egal, das ist o.k.
C (Konsequenzen)			
1. (Gefühl) Wut (Erröten)	Scham (Erröten)	Freude (Erröten)	Gleichgültigkeit
2. (Verhalten) Ich knalle ihm eine und gehe weiter.	Ich sehe weg und gehe mit gesenktem Kopf weiter.	Ich nehme den Schein und sage: „Danke!"	Ich sage: „Ich hab auch kein Wechselgeld."

Das Beispiel zeigt, dass die persönliche Sichtweise offensichtlich ebenso wenig ausreicht, die Gefühlsreaktion zu erklären, wie die Schlussfolgerung. Wir erkennen daraus:

 Erst die Bewertung der zuvor abgelaufenen Gedanken legt eindeutig und endgültig fest, mit welchem Gefühl wir reagieren.

Nun könnten wir uns natürlich fragen:

„Wenn es bei der Gefühlsreaktion doch nur auf die Bewertung ankommt, weshalb sollten wir uns dann noch lange mit der Beschreibung der persönlichen Sichtweise und der Schlussfolgerung aufhalten?"

?!

Nun, wie wir in obigem Beispiel sehen, bezieht sich unsere Bewertung natürlich auf unsere Schlussfolgerungen und vermuteten Konsequenzen und diese wiederum auf unsere persönliche Sichtweise. Daher ist leicht nachzuvollziehen, dass eine Bewertung immer dann unangemessen oder unsinnig werden muss, wenn sie auf unangemessenen oder unsinnigen Beschreibungen, Schlussfolgerungen oder vermuteten Konsequenzen aufbaut.

Es ist zwar durchaus möglich, dass die persönliche Sichtweise oder sogar die persönliche Sichtweise *und* die Schlussfolgerungen und vermuteten Konsequenzen angemessen sind und erst die Bewertung unrealistisch ist und zu unnötigen Schwierigkeiten im Gefühlsleben führt. Aber wenn die schrägen Gedanken bereits in den beiden ersten Teilen verborgen waren, dann wird auch das darauf aufbauende Denken unangemessen sein und zu unsinnigen Bewertungen führen. Und damit sind emotionale Probleme vorprogrammiert.

> **!** Erst zwischen der Bewertung und dem Gefühl (und nur hier!) gibt es eine ein-eindeutige Beziehung. Das bedeutet, sobald eines von beiden feststeht, lässt sich das andere logisch daraus ableiten. Diesen Zusammenhang bezeichneten wir bereits als Bewertungs-Gefühls-Logik.

Für die acht Gefühlsdimensionen erhalten wir somit folgende ein-eindeutige Zuordnung:

Bewertungs-Gefühls-Logik:		
Ausgezeichnet!	←——→	Freude,
Mist!	←——→	Ärger,
Egal.	←——→	Gleichgültigkeit,
Sauerei!	←——→	Wut,
Wie peinlich!	←——→	Scham,
Schade.	←——→	Enttäuschung,
Das wäre ja schrecklich!	←——→	Angst
Das ist schrecklich und hoffnungslos!	←——→	Deprimiertheit.
Den/die finde ich ätzend	←——→	Abneigung

Ebenso wissen wir, dass jemand, der sich ärgert, irgendetwas als *Sauerei, Unverschämtheit, Frechheit* oder ähnlich bewertet haben muss, dass der Ängstliche etwas *gefährlich* gefunden und der Deprimierte etwas als *schrecklich und aussichtslos* betrachtet hat. Bei Scham muss die Bewertung *peinlich*, bei Gelassenheit *egal*, bei Abneigung *unsympathisch* und bei Freude *schön* oder *toll* gewesen sein.

Diesen ein-eindeutigen Zusammenhang zwischen Bewertung und Gefühl können wir nutzen, wenn wir unseren eigenen Denkmustern auf die Schliche kommen wollen, denn ABC-Modelle lassen sich demnach sowohl „von oben", mit der persönlichen Sichtweise beginnend, als auch „von unten", von der Gefühlsreaktion ausgehend, erstellen (s. S. 53).

Aus dem Fallbeispiel von Seite 49, das die unterschiedlichen Reaktionen der vier Passantinnen auf den dargebotenen Hunderteuroschein beschrieb, können wir noch festhalten, dass körperliche Begleitsymptome bei unterschiedlichen Emotionen identisch sein können.

Wenn jemand errötet, erblasst oder andere physiologische Begleitreaktionen zeigt, dann können wir daraus weder schließen, ob es sich um eine Reaktion auf Angst, Hass, Ärger, Freude oder Scham handelt, noch können wir erkennen, aus welchem Grund der Erregungsanstieg erfolgte.

Wie komme ich meinem Bewertungssystem auf die Spur?
Um herauszufinden, welche Gedanken und Bewertungsprozesse den Gefühlen und Verhaltensweisen in einer Situation A vorausgehen, können wir unser Bewertungssystem entweder „von oben" oder „von unten" erstellen.

Erstellung „von oben". Wir beschreiben unser Bewertungssystem in der augenblicklichen Situation mit den Antworten auf die Fragen:

1. persönliche Sichtweise: „Was sehe ich in dieser Situation mit meinem Vorwissen und meinen Normen?"
2. Schlussfolgerungen und vermutete Konsequenzen: „Was leite ich daraus ab und welche Konsequenzen vermute ich daraufhin?"
3. Bewertung: „Wie finde bzw. fände ich das?"

Sobald wir die einzelnen Antworten erarbeitet haben, können wir von 3., der Bewertung, auf das dazugehörige Gefühl schließen.

Erstellung „von unten". Wenn wir die Gefühlsreaktion in einer Situation A kennen, können wir über die damit ebenfalls bekannte Bewertung die zuvor getroffenen Schlussfolgerungen und vermuteten Konsequenzen erfragen. Von den erhaltenen Antworten ausgehend können wir dann auch die persönliche Sichtweise erarbeiten.
Wie dies funktioniert, zeigt nachfolgende Übersicht.
Für alle Gefühlsrichtungen sind die entsprechenden Bewertungen angeführt. Ebenso die Fragen, mit denen die zuvor getroffenen Schlussfolgerungen und vermuteten Konsequenzen als auch die vorangegangenen persönlichen Sichtweisen zu ermitteln sind:

Gefühl	Bewertung	Frage nach den Schlussfolgerungen und vermuteten Konsequenzen	Frage nach der persönlichen Sichtweise
Freude	toll, schön	Was finde ich toll? Worin besteht der Gewinn?	Wie komme ich darauf?
Ärger	Sauerei, unverschämt	Was finde ich eine Sauerei? Welche Norm wurde verletzt?	Wie komme ich darauf?
Scham	peinlich	Was finde ich peinlich? Gegen welche Norm verstoße ich?	Wie komme ich darauf?
Trauer	schade, schlimm	Was finde ich so schlimm? Worin besteht der Verlust?	Wie komme ich darauf?
Niedergeschlagenheit	hoffnungslos und furchtbar	Was finde ich so hoffnungslos, furchtbar und sinnlos?	Wie komme ich darauf?
Zuneigung	Der/die ist toll.	Was finde ich an der/dem so toll?	Wie komme ich darauf?
Angst	Das wäre furchtbar.	Was wäre daran so furchtbar? Was befürchte ich?	Wie komme ich darauf?
Gleichgültigkeit	egal	Was ist mir egal?	Wie komme ich darauf?
Abneigung	Der/die ist ätzend.	Was finde ich an dem/der ätzend?	Wie komme ich darauf?

Bitte erstellen Sie nun eigene Beispiele für ABC-Abläufe aus Ihrem Alltagsleben bzw. Problemfeld. Benutzen Sie dazu folgendes Muster:

ABC-MODELL	
A Augen- blickliche Situation	
B Bewertungs- system	1. (persönliche Sichtweise): 2. (Schlussfolgerungen und vermutete Konsequenzen): 3. (Bewertung):
C Konse- quenzen	1. (Gefühl): (körperliche Begleiterscheinungen): 2. (Verhalten):

Bewusste und unbewusste Gedanken

Wie wir wissen, sind Werturteile die Ergebnisse bewusster und unbewusster Denkvorgänge. Beim Denken führen wir gewissermaßen ein inneres Selbstgespräch. Die daraus hervorgehenden Urteile sind dann meist einfache, teilweise auch verstümmelte Sätze oder Gedankenfetzen. Und oft ist es zunächst recht schwer, das Bewertungssystem komplett aufzuspüren, das uns ein bestimmtes Gefühl beschert hat.

Gerade wenn es um verinnerlichte, gut gelernte Denkmuster geht, werden wir zunächst häufig nur Bruchteile unseres Bewertungssystems erkennen. Wenn überhaupt.

Wir sind dann gut beraten, auch die restlichen Teile aufzuspüren, denn gerade hier können unsinnige Denkmuster und Gründe für belastende Gefühlsstürme verborgen sein. Derart verdeckten, unbewussten Gedanken können wir leichter auf die Schliche kommen, wenn wir das ABC-Modell „von unten" erstellen.

Hier einige Beispiele für Bewertungssystem-Fragmente:
> Es ist schlimm, wenn ich ausgelacht werde.
> Mein Nachbar ist ein äußerst sympathischer Mensch.
> Die Kilo-Packung zu 12,– DM ist günstiger als zehn 100 g-Packungen zu 1,– DM.
> Kinder, die nicht gehorchen, sollten eins hinter die Ohren kriegen.
> Solche Fehler darf man einfach nicht machen!
> Die schönsten Blumen sind gelbe Nelken.
> Was soll's. Es ist doch sowieso alles egal.
> Das tut man nicht!
> Grau ist eine besonders ausdrucksvolle Farbe.

Gedanken und innere Werturteile laufen oft derart schnell ab, dass sie kaum vorhanden zu sein scheinen. Und je häufiger wir in gleichartige Situationen geraten, desto zügiger werden wir sie auf dieselbe Weise einschätzen, da wir ja nun schon Vorerfahrungen dazu gesammelt haben.

Irgendwann kann dies dazu führen, dass wir in bestimmten Situationen meinen, wir hätten überhaupt kein Werturteil gefällt, unsere Reaktion sei gewissermaßen direkt auf die Situation erfolgt.

 Denkvorgänge können bewusst oder unbewusst ablaufen.

Meist ist es sehr mühsam und zeitaufwendig, verdeckte oder unbewusste Gedanken wieder auszugraben, sie sich wieder bewusst zu machen. Aber gerade diese verinnerlichten Denkweisen sind oft besonders wichtig. Solange sie uns nicht bewusst sind, können wir sie auch nicht auf Angemessenheit prüfen und ihre Auswirkung auf unsere psychische Gesundheit erkennen.

Solche verdeckten Denkmuster können über Jahrzehnte mit mehr oder weniger verheerenden seelischen Folgen aus dem Verborgenen wirken.

Nur wenn wir lernen, uns ganz genau zu beobachten, gewissermaßen in uns hinein zu horchen, werden wir erkennen, was wir denken. Erst dann haben wir grundsätzlich die Möglichkeit, verändernd einzugreifen.

Betrachten wir nun zwei Beispiele für *verdeckte* Bewertungssysteme:

FALLBEISPIEL: Frau Willgrün

Frau Willgrün fährt seit 25 Jahren Auto. Sie ist mit ihrem Pkw auf dem Weg zur Arbeit. Vor einer Kreuzung springt die Ampel auf Rot. Frau Willgrün ärgert sich, bremst und hält. Auf die Frage, warum sie sich geärgert und gehalten habe, antwortet sie: „Ganz automatisch, weil rot ist."
In unserem ABC-Modell ausgedrückt hieße das:

A Augenblickliche Situation	Die Ampel springt um auf Rot.
B Bewertungssystem	...???
C Konsequenzen	1. Gefühl: Ärger (5). körperl. Begleiterscheinung: Erregungsanstieg. 2. Verhalten: Bremse, halte vor der Ampel.

Hätte Frau Willgrün recht, d.h., hätte sie tatsächlich *automatisch* angehalten, weil rot ist, müsste eine Gesetzmäßigkeit oder Zwangsläufigkeit vorliegen. Sie *müsste* dann vor jeder roten Ampel halten und sie hätte dann auch noch nach 10 Stunden stehen bleiben *müssen,* wäre die Ampel noch immer auf Rot. Und sie *müsste* anhalten, wenn wir vor ihr mitten auf einer Wiese oder im Korridor ihrer Wohnung eine Ampel aufstellten und auf Rot schalteten.

Dass sie dies kaum tun wird, liegt daran, dass sie es in so einem Fall unnötig, irrelevant oder bedeutungslos fände anzuhalten.

Auch die Alltagserfahrung zeigt uns, dass man vor roten Ampeln nicht halten muss. Man kann auch – bewusst oder versehentlich – weiterfahren. Mit allen Konsequenzen.

Ampel auf Rot

Frau Willgrüns vollständiges Bewertungssystem könnte so ausgesehen haben:

1. (persönliche Sichtweise):

„Schon wieder Rot. Das ist nun schon das siebte Mal in fünf Minuten."

2. (Schlussfolgerungen und vermutete Konsequenzen):
„Die können noch nicht mal 'ne grüne Welle in die City planen. Die sind schuld, wenn ich zu spät komme."
3. (Bewertung):
„Beknackt von denen."

Herr Artig ist 45 Jahre alt, verheiratet, seit 18 Jahren in derselben Firma angestellt. Er klagt über mangelnde Durchsetzungsfähigkeit und Ängste gegenüber Autoritätspersonen,
besonders, wenn es sich dabei um ältere Menschen handelt.
Auch wenn er sich fest vorgenommen hat, bestimmte Forderungen abzuschlagen oder eigene Wünsche durchzusetzen,
kann er sich diesen Personen gegenüber nicht behaupten.
Und wenn er mal einen Versuch wagt, reagiert er sofort mit
heftiger Angst, ohne es sich erklären zu können.
Herr Artig weiß weder *warum* noch *wovor* er sich fürchtet.
Die Angst sei einfach da, und er gebe dann wieder nach.
So lässt er sich leicht und häufig ausnutzen und ist sehr un-
zufrieden mit sich.
Eines seiner typischen ABC-Modelle sieht folgendermaßen aus:

A Augen- blickliche Situation	Der Chef sagt: „Artig, Sie müssen damit heute unbedingt noch fertig werden, notfalls auch nach Feierabend."
B Bewertungs- system	....???
C Konse- quenzen	1. Gefühl: Angst (Begleitsymptome: Herzklopfen, Schwitzen). 2. Verhalten: Ich antworte: „Alles klar, Chef."

Um die Gründe für Artigs Angst zu begreifen, müssten wir seine
Befürchtungen kennen. Er glaubt aber, die Angst überfalle ihn

schlagartig, und ist sich keiner Gedanken bewusst. Erst nach längerer Selbstbeobachtung in ähnlichen Situationen gelingt es ihm nach und nach, an die verdeckten, Angst auslösenden Gedanken heranzukommen.

Bewertungssystem von Herrn Artig:
1. (persönliche Sichtweise):
   Ältere Menschen und Vorgesetzte sind Respektspersonen.
2. (Schlussfolgerungen und vermutete Konsequenzen):
   Ich muss sie achten, ihre Wünsche respektieren, sonst bin ich unhöflich, ungehörig, schlecht. Ich darf ihnen nicht widersprechen, sonst werde ich dafür bestraft und es passiert irgendetwas Schlimmes, Schreckliches.
3. (Bewertung):
   Das wäre furchtbar.

Erst jetzt können wir Herrn Artigs Reaktion verstehen: Wer *so* denkt, kann logischerweise nur Angst empfinden.

Die Suche nach den Ursachen für derart verinnerlichte, verdeckte Werturteile führt über die Fragen „Woher kenne ich solche Normen?", „Wie komme ich darauf?" möglicherweise zurück bis in die Kindheit.

So hatte auch Herr Artig gelernt, dass unfolgsame Kinder böse Kinder seien. Liebe, artige Kinder täten, was Eltern und Erwachsene sagen. Böse Kinder aber würden bestraft, die hole der „Schwarze Mann", und das sei etwas ganz Schreckliches. Diese Norm hat er im Laufe der Zeit so sehr verinnerlicht, dass er sie nun schon über 40 Jahre mit sich herumträgt, ohne es überhaupt noch zu wissen. Aber diese in der Kindheit eingetrichterten Denkweisen verursachen bis heute Bestrafungsängste, wenn er „Respektspersonen" gegenübersteht und ihre Wünsche nicht befolgt.

Erst nach dem Bewusstmachen dieser Normen wird auch ihre Bearbeitung und Veränderung möglich. Und dann kann auch der „Schwarze Mann" in der Schublade der „Klapperweihnachtshasen" verschwinden.

Wir sehen also:

Auch verinnerlichte, verdeckte Normen, Schlussfolgerungen und Bewertungen beeinflussen unser Gefühlsleben. Und wir erkennen dann noch nicht einmal, wie sie dies tun.

Egal, vor welcher Situation wir stehen, wir müssen uns zunächst ein bewusstes oder unbewusstes Urteil bilden, um entscheiden zu können, wie wir uns verhalten wollen. Und mit der grundsätzlichen Einschätzung *gut für mich, egal* oder *schlecht für mich* wird dann auch das daraus entstehende Gefühl festgelegt.

Häufig sind es die verdeckten, unbewussten Einstellungen, die zu Gefühlen und Verhaltensweisen führen, die wir uns verstandesmäßig zunächst nicht erklären können. Gerade diese Bewertungen bereiten oft die meisten Probleme und führen in den wildesten Gefühlsdschungel.

UND JETZT SIE:

Suchen Sie eigene Beispiele, in denen verdeckte, unbewusste Gedanken enthalten sind. Suchen Sie also Situationen, Personen oder Ereignisse, von denen Sie bisher glaubten, dass sie direkt und automatisch bestimmte Gefühle auslösen.
Versuchen Sie danach, mögliche Bewertungen für Ihre Beispiele zu finden, die zu den beschriebenen Gefühlen passen. Erschließen Sie dabei die dazugehörigen Gedanken durch die Fragetechnik „von unten".

Im 5. Kapitel werden wir uns damit beschäftigen, wie verinnerlichte Gedanken und Normen wieder bewusst gemacht und verändert werden können.

Zusammenfassung
Fassen wir nun die Ergebnisse dieses Abschnitts zusammen:

Ein Bewertungssystem enthält die eigenen Meinungen, Ansichten und Denkweisen. Diese sind entstanden aus der persönlichen Lerngeschichte und aus der angeeigneten Art wahrzunehmen, zu schlussfolgern und zu bewerten. Sie können richtig oder falsch, mehr oder weniger realistisch und sinnvoll sein und sie bestimmen als bewusste oder unbewusste, verdeckte Werturteile unsere Gefühle und unser Handeln.

Ein Bewertungssystem setzt sich zusammen aus:

1. der persönlichen Sichtweise von einer Situation A,
2. den Schlussfolgerungen und vermuteten Konsequenzen daraus,
3. der Bewertung dieser Schlussfolgerungen und vermuteten Konsequenzen.

Erst die Bewertung bestimmt eindeutig und endgültig die Gefühlsreaktion.

3.2 Wie entstehen Denkmuster?

Wir wissen jetzt, was Bewertungen sind. Nun werden wir uns mit ihren Entstehungsbedingungen beschäftigen.

Normalerweise treffen wir Entscheidungen und Werturteile aufgrund unserer Erfahrungen, unseres Wissens, unserer persönlichen Lerngeschichte.

Manchmal haben wir jedoch keine Informationen parat, auf die wir zurückgreifen könnten, wie z.b. in einer neuen, völlig fremden Situation. Dann sind wir auf Vorurteile oder Spekulationen angewiesen und wir benutzen Vermutungen, Erwartungen und Ähnlichkeiten („in einer vergleichbaren Situation war das so und so ...") für unsere Meinungsbildung. Oder aber wir kopieren die Denk- und Verhaltensweisen anderer, die dann für uns als Modell dienen und unser Vorbild sind.

Diese Nachahmung oder Anlehnung an ein Modell ist besonders bei den nicht überprüfbaren Einstellungen häufig und ausgeprägt. Gerade hier neigen wir dazu, die Wertmaßstäbe und

Glaubensgrundsätze von Personen zu übernehmen, die wir gern haben oder bewundern.

Neue Erfahrungen und andere Modelle können nun zwar zu veränderten Wertmaßstäben und Einstellungen führen, sie müssen es aber nicht.

Ob wir unsere Bewertungen ändern oder auch nur grundsätzlich überdenken, wenn wir auf neue, abweichende Erfahrungen stoßen, liegt unter anderem daran, ob wir diese für zufällig halten, ob wir den Widerspruch zu unseren alten Normen oder der Realität erkennen und ob wir überhaupt bereit sind, unsere alten Normen in Frage zu stellen.

Hierzu drei Beispiele:

FALLBEISPIEL: Herr und Frau Nachmach

Endlich hat es Herr Nachmach doch geschafft, seine Frau zu überreden: Heute führt er sie in die Cocktailbar „Why Worry?" aus. *Er* meint, dass diese Bar total „in" sei, denn seine Kumpel, die dort Stammgäste sind, finden den Laden super, die Bedienung freundlich und den Service toll. *Sie* dagegen hörte von ihrer besten Freundin, dass hier nur „schräge Vögel" verkehrten, zwielichtige Unterweltgestalten und Aufreißertypen.

Herr Nachmach tritt nun mit seiner Frau an den Tresen. Kaum angekommen, werden sie auch schon vom Barkeeper gefragt: „Hallo, was soll's denn sein?" Er lächelt die beiden an.

Sie denkt: „Meine Güte, hat der ein fieses Grinsen. So ein linker Typ. Hoffentlich tut er mir nichts Gemeines ins Glas." Sie schweigt ängstlich.

Er findet: „Ach, das ist ja nett hier. Sympathischer Kerl. Mal sehen, was er kann." Nachmach antwortet gut gelaunt: „Nett hier. Was können Sie denn empfehlen?"

Frau Neuesicht sonnt sich auf ihrer Lieblings-Parkbank. Als ein älterer Herr vorbeigeht, fragt sie ihn: „Können Sie mir bitte sagen, wie spät es ist?"

Ohne sie auch nur eines Blickes zu würdigen, geht er an ihr vorbei.

Sie denkt: „Arroganter Schnösel! Was glaubt der eigentlich, wer er ist? Unverschämtheit!" Sie ist sauer.

Als derselbe Mann nach ca. 10 Minuten zurückkommt, bemerkt Neuesicht an seinem Arm die gelbe Behindertenbinde. Auch aus seinem sonstigen Verhalten schließt sie nun, dass es sich um einen Schwerbehinderten, Taubstummen handelt.

Sie denkt: „Der ist ja taub! Der konnte ja überhaupt nichts hören. Armer Kerl."

Sie empfindet Mitleid.

Cäsar und Benjamin flanieren nebeneinander die Strandpromenade entlang. Cäsar strotzt nur so vor Selbstbewusstsein, während Benjamin vor lauter Minderwertigkeitskomplexen kaum nach vorne sehen mag. Da kommen ihnen zwei Frauen entgegen. Die sehen die beiden Männer an, tuscheln miteinander und kichern.

Cäsar denkt: „Die mögen mich. Das fängt ja gut an." Er ist zufrieden.

Benjamin weiß: „Die machen sich über mich lustig. Wär ich bloß zu Hause geblieben! Wie peinlich!" Er schämt sich und wird rot.

Deutlich wird an diesen Beispielen, dass wir bestehende Werturteile aufgrund neuer Informationen ändern können und dann zu entsprechend anderen Gefühlen gelangen.

Dies muss aber nicht so sein, denn neue Erfahrungen werden nicht immer berücksichtigt. Die alten Vorurteile und Denkweisen bleiben dann bestehen.

Modelle für Sie ...

...und Modelle für Ihn

Manchmal werden nicht ins Konzept passende Beobachtungen auch so lange umgedeutet oder geleugnet, bis sie wieder hineinpassen. Dadurch werden die alten Denkmuster stabilisiert und weiter verinnerlicht, unabhängig davon, wie sinnvoll, realistisch oder angemessen sie sind.

Letzteren Aspekt, die Angemessenheit von Denkweisen, werden wir im nächsten Abschnitt näher beleuchten. Zuvor aber noch eine Übung, um zu verdeutlichen, dass Worte allein nicht in der Lage sind, uns zu verletzen, zu beschämen oder zu ärgern:

UND JETZT SIE:

Lesen Sie bitte laut die folgenden Worte:

lesen   laufen   onanieren   reden

Vergleichen Sie nun bitte die Gedanken und Gefühle, die Sie beim Vorlesen hatten.

Vermutlich sind Sie auf unterschiedliche Reaktionen gestoßen, besonders beim Wort onanieren (s. S. 68). Aber war es wirklich das Wort selbst? Natürlich nicht. Es ist die Bedeutung, die *Sie* diesem Wort zuschreiben, *Ihre* Bewertung dieses Wortes.

Fassen wir noch einmal zusammen:

> **!**
>
> Es ist unmöglich, dass ein Wort, eine Situation, Person oder Sache uns ärgerlich, wütend, froh, deprimiert, beschämt oder traurig macht. Das verursachen wir selbst durch unsere Sichtweisen, Einstellungen, Fantasien und Normen hinsichtlich dieses Wortes, dieser Situation, Person oder Sache.
> Bewertungen ziehen Gefühle nach sich, die inhaltlich und logisch dazu passen. Bewertungsänderungen führen zu anderen Gefühls- und Verhaltensreaktionen.
> Gefühlsänderungen sind ohne andere, neue Bewertungen langfristig kaum möglich.

Wortbedeutungen

3.3 Angemessene und unangemessene Denkmuster

In den vorherigen Abschnitten haben wir anhand einiger Beispiele betrachtet, wie leicht unangemessene Bewertungen zu unnötigem Gefühlsdschungel führen können. Wenn wir aber Gedanken als angemessen oder unangemessen, zielführend oder zielbehindernd, sinnvoll oder unsinnig bezeichnen, dann heißt das ja, dass wir einen mehr oder weniger guten, vorurteilsfreien oder persönlichen Maßstab angelegt haben müssen, um zu so einer Entscheidung zu gelangen. Diese Meßlatte wollen wir nun genauer untersuchen.

Alle Menschen denken und fühlen. Aber wie bereits festgestellt, kann dies in unterschiedlichen Situationen gleich oder in gleichen Situationen unterschiedlich sein. Und wer hat nun Recht? Wer denkt richtig?

Betrachten wir hierzu einige Beispiele:

FALLBEISPIEL: Tor!

Sie sitzen mit anderen Gästen im Aufenthaltsraum der Pension „Waldfrieden". Im Fernseher läuft die Sportschau. Der Reporter sagt gerade: „Hansa Rostock schlägt Bayern München hochverdient mit 5:1."
Ein Gast freut sich und lacht. Sie bemerken, wie andere ihn böse ansehen. Die sind enttäuscht und sauer. Nur einen Gast scheint dies alles nicht zu interessieren: Er bleibt weiterhin gleichgültig.

FALLBEISPIEL: Herr Primus

Herr Primus sitzt in der Versammlung der Abteilungsleiter. Der Firmenchef sagt: „Herr Primus hat mal wieder den richtigen Riecher gehabt. Er hat von allen die besten Ergebnisse vorzuweisen. Ihn bitte ich, die Verantwortung für unseren Messebeitrag im Juli zu übernehmen."
Alle sind sauer. Primus, weil er im Juli in Urlaub wollte, die anderen, weil sie lieber an seiner Stelle wären.

„Welche Denkmuster und Gefühlsreaktionen sind denn nun angemessen?"

Offensichtlich gibt es keinen allgemein gültigen Maßstab, den wir an alle Denkweisen gleichermaßen anlegen könnten. Wir werden dabei berücksichtigen müssen, welche *Ziele* die einzelnen Betrachter verfolgen. Wie gesehen, können diese sehr unterschiedlich ausfallen.

Ein weiteres wichtiges Kriterium für die Angemessenheit einer Denkweise ist ihre *Realitätsbezogenheit*. Gedanken oder Schlussfolgerungen wollen wir dann als unsinnig oder unrealistisch einstufen, wenn sie mit den Erfahrungen des Alltagslebens schwer zu vereinbaren sind oder ihnen gar widersprechen.

> Wenn wir Denkmuster auf Angemessenheit prüfen, untersuchen wir, ob sie realistisch und inhaltlich logisch sind und ob sie zu unserem übrigen Normen- und Wertesystem passen, d.h., ob sie zielgerichtet sind.
> Diese Ziele können von Person zu Person unterschiedlich sein.
> Angemessenes Denken erfüllt somit folgende zwei Bedingungen:
> ➤ Es stützt sich möglichst auf Tatsachen statt auf Meinungen und Spekulationen und es widerspricht nicht der Realität.
> ➤ Es ist auf das Erreichen der persönlichen Ziele ausgerichtet.
> Dies bedeutet auch, dass es nur die dafür nötige emotionale Belastung verursacht und unnötige Konflikte mit uns selbst, unseren Mitmenschen oder der Umwelt vermeidet.

Unsinniges, unangemessenes Denken basiert meist nicht auf Tatsachen, sondern auf realitätsfremden Meinungen. Es behindert uns beim Erreichen unserer Ziele, beschert uns einen unnötigen Gefühlsdschungel, stürzt uns in Konflikte mit uns selbst oder unserer Umwelt und es vergeudet unsere Energie. Denn wie wir ja bereits wissen, können unsinnige, unangemessene Denkmuster selbstschädigende Gefühle wie Deprimiertheit, Panik, Scham oder Wut bewirken und langfristig zu psychischen Störungen führen.

„Aber es gibt ja wohl keinen Menschen, der frei von unangemessenen Normen und Denkweisen ist. Heißt das, dass wir alle psychisch gestört sind?"

Natürlich nicht. Nicht jeder unangemessene Gedanke führt sofort zu einer seelischen Beeinträchtigung oder psychischen Störung. Er ist im Allgemeinen wenig problematisch, solange er Situationen oder Bereiche betrifft, die uns nicht besonders wichtig sind, die nicht allzu oft auftreten, oder wenn wir ihn als unrealistisch erkennen und bereits auf eine Veränderung hinarbeiten.

Je häufiger jedoch unangemessene Werturteile und Denkmuster benutzt und damit gelernt werden, desto eher werden sie zur Gewohnheit und verschwinden als *verdeckte* Gedanken im Unterbewusstsein. Und wir haben ja bereits gesehen, was diese verinnerlichten Denkmuster an Gefühlsaufruhr bewirken können, ohne dass uns die Ursache dann noch klar ist. Das heißt:

> **!** Ob unsinnige, unangemessene Denkweisen zu psychischen Störungen führen, wird bestimmt durch:
> ➤ die Wichtigkeit, die die Situation für den Betreffenden hat,
> ➤ die Häufigkeit, mit der diese Situation auftritt und
> ➤ den Bewusstheitsgrad dieser Denkweisen.

Es wird also immer dann kritisch, wenn unangemessene, unsinnige Denkmuster einen uns sehr wichtigen Bereich betreffen und wenn wir sie häufig wiederholen, sie uns so lange innerlich vorsagen, bis sie gut eingerichtet sind.

Gefühle und Verhaltensweisen werden immer dann veränderungs- oder behandlungswürdig, wenn sie aus derart unrealistischen, unsinnigen Werturteilen und Schlussfolgerungen fortwährend oder über längere Zeit hervorgehen.

Ein Mensch wird dann psychisch belastet oder krank, reagiert depressiv, überängstlich, ist mit Minderwertigkeitskomplexen behaftet oder sehr aggressiv, wenn seine Sichtweise von bestimmten Situationen, Personen oder Sachen so unrealistisch oder unsinnig ist, dass er dadurch in unnötige emotionale Probleme gerät.

Welche Möglichkeiten es gibt, um derart unangemessene, krank machende Denkmuster aufzuspüren, werden wir im 5. Kapitel genauer betrachten.

Im Teil II dieses Buches werden wir dann untersuchen, wie man zielbehinderndes, unangemessenes Denken und Bewerten verändern kann.

4. Typische Denkfallen – eine Rundreise

Im vorangegangenen Kapitel sahen wir, inwieweit unangemessene Werturteile zu inneren Konflikten und emotionalen Problemen führen und uns in unnötige Konflikte mit unserer Umwelt verwickeln.

Derart problematische Denkmuster lassen sich in relativ wenige Kategorien einordnen: Wenn wir unter unangemessener emotionaler Belastung leiden, dann meist deshalb, weil wir in bestimmten Situationen Personen oder Dingen gegenüber

➤ maßlos negativ übertreiben und Katastrophenerwartungen hegen,

➤ aus Angst vor Enttäuschung „vorsichtshalber" unnötig negativ denken,

➤ fordern, dass etwas gefälligst so zu sein hat, wie wir es für richtig halten,

➤ fordern, dass es in der Welt „gerecht" zugehen müsse,

➤ zu sehr übertreiben und nur noch extreme Urteile bilden,

➤ unsinnige Pauschalurteile fällen,

➤ von Wunschdenken und unrealistischen Zielsetzungen ausgehen und Lösungen erwarten, die nur Vorteile mit sich bringen,

➤ unser Denken auf unüberprüfbare Normen, Spekulationen oder Vorurteile gründen und dann so tun, als seien sie Tatsachen,

➤ willkürliche und unlogische Schlussfolgerungen ziehen, die sehr unwahrscheinlich oder völlig ohne Realitätsbezug sind,

➤ aus Furcht vor Ablehnung nicht unsere eigenen, sondern die vermeintlichen Zielsetzungen anderer verfolgen,

- uns aus Angst vor seelischer Verletzung stärker oder anders zeigen, als wir sind,
- unseren Selbstwert von Leistung oder Erfolg abhängig machen,
- glauben, dass es leichter sei, keine Verantwortung zu übernehmen, und jemanden zu brauchen, der stärker ist und für uns geradesteht,
- uns kleiner oder hilfloser machen, als wir sind, um nicht mit anderen konkurrieren zu müssen.

Im Folgenden betrachten wir, wie diese Bewertungsfallen und die dazu gehörenden Denkmuster aufzuspüren sind. Dazu unternehmen wir eine Rundreise zu Vertretern und Anhängern der einzelnen Denkweisen und versuchen, sie in typischen Situationen „live" zu beobachten.

Wir betreten nun die „Vereinigten Reiche" dieser Spezialisten für Gefühlsdschungel und stoßen zuerst auf:

4.1 Katastrophendenker

Schon nach kurzem Aufenthalt bei diesen düsteren Gesellen können wir einigen Vertretern dieser Denkmuster bei ihrem Wirken über die Schulter schauen. Sie demonstrieren uns, wie man die Konsequenzen bestimmter Situationen extrem pessimistisch vorhersagt und Katastrophenerwartungen pflegt. Die Gefühlsreaktion lässt dann nicht lange auf sich warten. Die Stimmung ist mies. Angst und Niedergeschlagenheit hängen bleischwer in der Luft.

Wir erkennen schnell, dass so ein Effekt immer dann besonders erfolgreich gelingt, wenn wir Situationen, Personen oder Sachen furchtbar, unerträglich, entsetzlich, schrecklich, nicht auszuhalten oder katastrophal finden.

Aber wie wir bereits aus der Übungsaufgabe von Seite 67 wissen, sind es natürlich nicht diese Worte selbst, die Gefühlsaufruhr verursachen. Psychisch belastend sind die Einstellungen und Bewertungen, die hinter diesen Worten stehen.

 Hinter Begriffen wie schrecklich, furchtbar, entsetzlich, unerträglich, nicht auszuhalten und katastrophal steht fast immer eine unrealistische Übertreibung, mit der wir aus einer mehr oder weniger unangenehmen oder gar äußerst lästigen, unerwünschten Situation eine nicht zu überlebende Katastrophe machen.

Wir haben ja bereits festgestellt, dass solche extremen Werturteile meist ebenso extreme Gefühls- und Verhaltenskonsequenzen nach sich ziehen.

Wenn aus lästig, äußerst unangenehm und sehr schlimm nun unerträglich, entsetzlich und katastrophal wird, machen wir auf der emotionalen Ebene schnell aus einer Mücke einen Elefanten.

Betrachten wir hierzu zwei Bewertungsvarianten für die Situation, als Frau Schwarzblick von ihrem Mann zu hören bekommt:

FALLBEISPIEL: Frau Schwarzblick

A Augenblickliche Situation	Mein Mann sagt: „Ich muss dir was sagen. Ich habe vor sechs Monaten eine andere Frau kennen gelernt. Ich möchte gern mit ihr zusammen leben."
B Bewertungssystem	Aber ich liebe ihn doch! Ich weiß gar nicht, was ich ohne ihn anfangen soll! Das halte ich nicht aus. Das ertrage ich nicht. Ohne ihn ist alles sinnlos. Das ist alles so entsetzlich!

Dass diese Katastrophengedanken zu emotionalem Aufruhr führen, liegt auf der Hand: Frau Schwarzblick wird in Depression versinken und vielleicht passiv verharrend mit sich, ihrem Mann und dem Schicksal hadern.

Und nun eine andere Bewertungsvariante:

B Alternative Bewertung	Ich liebe ihn immer noch. Das wird bestimmt nicht leicht für mich werden. Er wird mir sehr fehlen, und ich weiß nicht, ob ich jemals wieder so einen Partner finde. Ich finde das sehr, sehr schade und schlimm für mich.

Auch diese Gedanken führen natürlich zu einem negativen, belastenden Gefühl: zu großer Trauer. Unterstellt man aufgrund der Sichtweise „Ich liebe ihn immer noch" einen erheblichen Verlust und eine Beeinträchtigung der alten Lebensziele, so ist ein starkes, negatives Gefühl auch durchaus angemessen.

Im Gegensatz zur ersten B-Alternative muss Frau Schwarzblick nun aber nicht in depressiver Lethargie versinken, sondern kann versuchen, sich mit dieser neuen Situation zurechtzufinden, um sie dann – soweit möglich – zu verändern.

?! *„Aber wieso sind Niedergeschlagenheit und Verzweiflung denn unangemessene Gefühle für so eine Situation? Warum führen denn Bewertungen wie entsetzlich, furchtbar, katastrophal oder unerträglich in der Regel zu unnötigen Gefühlsstürmen?"*

Nun, sehen wir doch einmal ganz genau hin:

Worte wie schrecklich, unerträglich, katastrophal oder furchtbar bedeuten weitaus mehr als sehr, sehr schade oder schlimm, höchst unerwünscht oder äußerst lästig.

Wenn wir genau nachdenken, gibt es sehr wenig auf der Welt, was man nicht ertragen kann: Dazu gehören ausschließlich die Situationen, Krankheiten oder Ereignisse, die wir nicht überleben können. In solchen Fällen wäre Katastrophendenken noch verständlich.

Aber zum Glück handelt es sich meist nicht um derart lebensbedrohende Ereignisse, wenn wir „katastrophisieren".

Egal, wie unerwünscht oder schlimm eine Situation auch für uns sein mag: Sie ist oder wäre lediglich genau das. Auch wenn

Katastrophendenker

wir sie extrem schlimm und unerwünscht fänden, wird sie deswegen nicht unerträglich, katastrophal, furchtbar oder entsetzlich.

Letzteres führt zu Panik oder Deprimiertheit und meint inhaltlich weit mehr als sehr unerwünscht oder schlimm. Es hat eine darüber hinausgehende, fast magische, lähmende Bedeutung, die – realistisch betrachtet – selten gerechtfertigt ist.

Das mag nun alles wie Wortklauberei klingen. Sehen wir uns aber nochmals an obigem Beispiel die Konsequenzen an, zu denen die Sichtweisen, die hinter diesem Katastrophendenken stehen, auf der Gefühls- und Verhaltensebene führen:

Wenn wir etwas schrecklich, furchtbar und unerträglich finden, werden wir schnell dazu neigen zu resignieren, aufzugeben, uns hängen zu lassen, über unser „ungerechtes, unerträgliches" Schicksal zu jammern und zu lamentieren.

Was könnten wir auch schon ausrichten, wenn etwas geschieht, was wir für eine unerträgliche Katastrophe halten? Wenn es tatsächlich so wäre, könnten wir nichts tun. „Es" bräche über uns herein und wäre unbeeinflussbar.

Wir wären so nicht in der Lage, etwas gegen unser „Schicksal" zu unternehmen: zum Beispiel um die alte Beziehung zu kämpfen oder eine neue zu suchen. Eher würden wir fordern oder darauf warten, dass das Schicksal uns gefälligst den Partner zurückgibt oder einen neuen serviert, da es ihn ja schließlich auch von uns genommen hat.

Angemessene Bewertungen hätten in diesem Fall zu starker Trauer geführt, ... zugegebenermaßen auch kein besonders angenehmes Gefühl, aber eben doch angemessen.

Im Gegensatz zum Katastrophendenken lähmt es uns aber nicht im Bemühen, mit dieser Situation angemessen umzugehen und damit zurechtzukommen. So könnten wir z.B. unsere verbliebene Energie einsetzen, um für den Erhalt der Partnerschaft zu kämpfen, oder wir benutzen sie, um, nach der Phase des inneren Abschiednehmens und der damit verbundenen Trauer, eine neue Beziehung zu suchen. Oder wir beschließen, zukünftig die Vorteile des Ungebundenseins zu genießen. Der Besuch bei den Katastrophendenkern verhilft uns daher zu der Einsicht:

 Wenn wir eine Situation als schrecklich, katastrophal, unerträglich oder furchtbar hinstellen, geben wir ihr den Anschein des Unbeeinflussbaren. Wir erstarren dann in Schwarzseherei und Passivität.
Wenn wir die gleiche Situation als unangenehm oder sehr schlimm empfinden, halten wir uns die Möglichkeit offen zu prüfen, ob wir etwas dagegen unternehmen, etwas verändern können.

Künftig werden wir darauf achten, mit unserer Energie besser zu haushalten und sie nur noch gezielt dort einzusetzen, wo sie auch etwas bewirken kann.

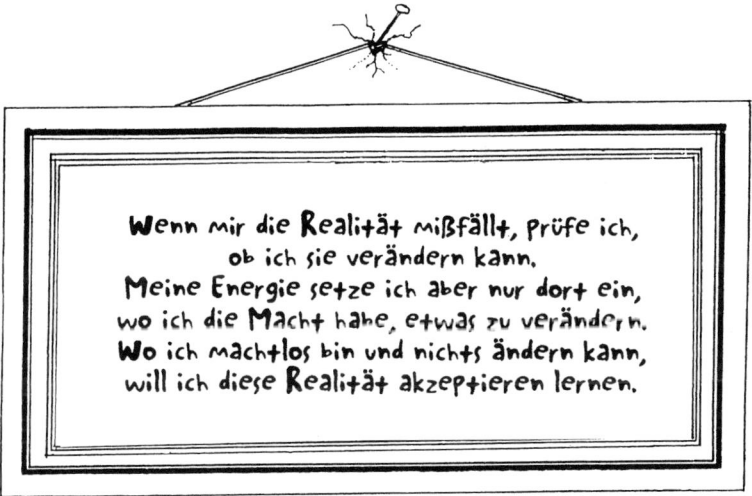

Wenn mir die Realität mißfällt, prüfe ich, ob ich sie verändern kann.
Meine Energie setze ich aber nur dort ein, wo ich die Macht habe, etwas zu verändern.
Wo ich machtlos bin und nichts ändern kann, will ich diese Realität akzeptieren lernen.

Energiesparprogramm – nicht nur für Katastrophendenker

Bevor wir dem düsteren Reich der Katastrophendenker und Unheilsverkünder entkommen, treffen wir auf einige hoch spezialisierte Vertreter dieser Denkmuster. Verblüfft erfahren wir von ihrem Konzept, das verspricht, uns hundertprozentig gegen Enttäuschungen und Verluste zu schützen.

Bei den hier sonst vorherrschenden Katastrophenerwartungen ist das natürlich ein besonders lockendes Angebot. So erwarten wir gespannt die Ausführungen der:

4.2 Versicherungsdenker

Wir folgen den ernsthaften, besorgt dreinschauenden Versicherungsstrategen in ihre dunklen, anspruchslosen Gewölbe, lauschen den pessimistischen Vorahnungen, dem düsteren Orakel und den Mitleid heischenden Prognosen einiger typischer Vertreter und versuchen, einen klareren Eindruck von ihren Denkmustern zu bekommen. Betrachten wir hierzu zwei Beispiele:

FALLBEISPIEL: Frau Ojemine

Bereits als Schülerin war Frau Ojemine dafür bekannt, dass sie nach Klassenarbeiten stets behauptete, sie sei überhaupt nicht vorbereitet gewesen und habe garantiert eine 5 geschrieben. Die nächsten Tage hindurch war sie dann meist bedrückt und voller negativer Vorahnungen, ... bis sich dann mal wieder herausstellte, dass es doch eine 3 oder besser war. Was für eine Erlösung!

Nun hat Frau Ojemine Kunst studiert. Bei der Besprechung der Abschlussarbeiten meint die Dozentin, dass sie eine interessante Idee aufgegriffen und gestalterisch hervorragend umgesetzt habe und weshalb sie nicht eine Ausstellung mache. Sie kenne einen Galeristen, der das gerne übernehme. Schließlich hat Frau Ojemine dem Drängen der Dozentin nachgegeben und eingewilligt. Nun steht sie mit ihren Bildern vor dem Galeristen und denkt:

▶

B Bewertungs- system	Er ist Profi und bestimmt was Besseres gewohnt. Er macht das bestimmt nur meiner Dozentin zuliebe. Ich bin nicht so gut. Wenn er die Bilder sieht, wird er denken: „Worauf habe ich mich da nur eingelassen?" Er wird seine Zusage bereuen. Mensch, ist das alles peinlich!
C Konse- quenzen	Scham (Erröten, Erregungsanstieg). Sie sagt: „Ich habe Ihnen meine Bilder vorbeigebracht, ... aber ich weiß ja nicht ..." Sie sieht auf den Boden, stellt die Bilder ab, zupft an ihrer Kleidung herum.

FALLBEISPIEL: Herr Dickesende

Herr Dickesende ist in seinem Kollegen- und Bekanntenkreis wegen seiner negativen Erwartungen und Unkerei verrufen. Heute fliegt er in den Urlaub. Kaum sitzt er im Flugzeug, gibt er ein Beispiel seines Könnens:

A Augen- blickliche Situation	Herr Dickesende schnallt den Sicherheitsgurt um, die Maschine rollt an.
B Bewertungs- system	Ich möchte wissen, was diesmal wieder alles danebengeht. Bestimmt hab ich wieder alles Mögliche vergessen. Wenn das Essen wieder so mies ist wie beim vorletzten Mal, dann gute Nacht. Wenn wir überhaupt heil ankommen. Und dann wird sicher wieder kein Taxi da sein oder mit der Hotel-Reservierung ist was schief gelaufen ... Irgendwie ist das alles ätzend.
C Konse- quenzen	Unzufrieden (Kopfschmerzen). Er mustert mit verkniffenem Gesicht die Stewardess bei der Demonstration der Sicherheitseinrichtungen.

Bei diesen Gedanken ist es schon erstaunlich, dass er überhaupt abgeflogen ist.

Wie wir sehen, besteht ein Hauptleit- oder besser „Leid"-Gedanke bei den Mitgliedern dieser Enttäuschungs-Versicherungsgesellschaft in der Auffassung: Wer sich nicht freut, kann auch nicht enttäuscht sein.

Besonders gewiefte Vertreter gehen noch einen Schritt weiter und behaupten: Wer das Schlechteste annimmt, kann allenfalls positiv überrascht werden.

Es grassieren auch leicht abgewandelte Argumente, die wir ebenso kennen sollten:

➤ Wer keine Ziele hat, kann sich auch nicht verlaufen, ist nicht überprüfbar, kann keine Fehler machen oder versagen.
➤ Wer keine Fortschritte macht, kann auch nicht tief fallen.
➤ Wer nichts wagt, der nichts verliert.
➤ Wer nichts Positives erwartet, kann auch nicht enttäuscht sein.
➤ Bloß nicht freuen, das dicke Ende kommt bestimmt noch.

Die Versicherungsprämien hierfür sind die Gefühls- und Verhaltenskonsequenzen solcher Leid-Gedanken: Missmut, Unzufriedenheit und Zukunftsängste, verbunden mit Selbstwertproblemen, Inaktivität, Rückzug und zunehmender sozialer Isolation.

Bevor wir nun Verträge bei diesen Versicherungsspezialisten unterschreiben, betrachten wir lieber das Kleingedruckte, die Konsequenzen ihrer Angebote. Sehen wir genau hin, was man uns da für einen Bären aufbinden will: Der Hauptvorteil dieser Enttäuschungs-Versicherung soll darin bestehen, dass wir vor unangenehmen Überraschungen gefeit sind. Kunststück! Wir werden aufgefordert, von der Leiter herabzusteigen und uns in den Schlamm zu werfen. Dafür verspricht man uns, dass wir nicht mehr von der Leiter in den Matsch fallen können. Mit Sicherheit.

Das wäre so, als wenn mich jemand aufforderte, mir selbst dauernd kräftig auf den Kopf zu schlagen, um mir danach einen teuren Schutzhelm anzubieten. Oder wenn mir jemand sagte: „Gib mir alles, was du toll findest, dann kannst du es nicht verlieren!"

Versicherungsdenker

Und dafür sollen wir auch noch mit belastenden Gefühlen bezahlen???!!! Wir werden natürlich nicht unterschreiben und verabschieden uns schleunigst.

Kaum haben wir das lähmende Reich der Berufs- und Zweckpessimisten mit deren düsteren Vorahnungen und Katastrophenerwartungen verlassen, da weht uns plötzlich ein ganz anderer Wind um die Ohren:

4.3 Absolute Forderer und Muss-Denker

Sobald wir den Fuß auf das Hoheitsgebiet der absoluten Forderer und der Muss-Denker setzen, blasen uns Gefühlsstürme mit geballter Kraft ins Gesicht, und uns schwappt überschäumende Aufregung entgegen. Schon von weitem hören wir, wie sie miteinander streiten, sich „allgemein gültige" Forderungen um die Ohren schlagen und Schlachtpläne zu deren Durchsetzung oder Verteidigung aufstellen.

Dabei fallen immer wieder Worte wie *unbedingt, fordern, müssen, darf nicht, gefälligst, bestehen auf, Anspruch, sollte, verlangen* und Ähnliches mehr.

Damit haben uns auch diese Bewertungsspezialisten schon durch ihre Wortwahl verraten, wie *ihr* Rezept für gefühlsmäßigen Aufruhr aussieht:

Überdauernde emotionale Probleme hängen selten damit zusammen, dass wir etwas wünschen, begehren, lieber mögen oder vorziehen und es dann nicht bekommen. Das wäre zwar schade, sehr schade oder auch hart, aber doch zu ertragen.

Sobald wir aber aus unserem Wunsch eine absolute Forderung oder ein unerbittliches Verlangen machen, ändert sich die Sache. Wenn wir jetzt nicht bekommen, was wir meinen, *unbe-*

dingt haben zu müssen, wenn andere nicht tun oder lassen, was sie gefälligst hätten tun oder lassen sollen, dann geraten wir in dichten Gefühlsdschungel, meist in großen Ärger, Hass oder Wut.

Ähnlich wie für das Katastrophendenken gibt es auch für derart absolute Forderungen bestimmte Schlüsselwörter, die uns auf diese Gedankenmuster hinweisen: Wir stellen immer dann absolute, persönliche Gesetze auf, wenn wir meinen, etwas *unbedingt* haben oder *fordern* zu *müssen*. Oder wir glauben zu wissen, dass etwas so oder anders sein *muss* oder sein *sollte* und so, wie es ist, *nicht sein darf*. Wir *verlangen* oder *bestehen* dann auf unserem *Anspruch*, dass es *gefälligst* anders *zu sein hat*.

Hinter diesen Gedanken steht fast immer ein unrealistischer, unbegründbarer Anspruch an die Umwelt, an andere oder an das Schicksal oder ein vielleicht sehr verständlicher Wunsch wird damit in ein unbedingtes Verlangen verdreht. Muss-Denker und absolute Forderer erwarten irgendwelche lästigen oder katastrophalen Konsequenzen, wenn ihr striktes Verlangen nicht erfüllt wird. Menschen mit solch rigiden Denkmustern reagieren unverzüglich mit Frustration, Ärger, Hass, Wut und mit aggressivem Verhalten, wenn ihre unbedingten Gesetze und Forderungen nicht erfüllt werden.

Soweit bekannt, gibt es keine angemessenen absoluten Forderungen, die besagen, dass etwas sein soll, unbedingt sein muss oder nicht sein darf.

Man kann zwar sinnvollerweise sagen: „*Wenn* ich überleben will, *dann* muss ich essen und trinken." Dieses „muss" ist jedoch kein absolutes Muss. Es steht unter der Bedingung „wenn ich überleben will". Unsinnige, absolute Forderungen aber wären es, wenn wir sagten „Ich muss essen und trinken!", unabhängig davon, ob ich überleben will oder nicht. Oder: „Ich muss leben!", egal, ob ich esse und trinke.

Absoluter Forderer: „Es darf nicht regnen!"

Wer derart absolute Forderungen stellt, beansprucht gewissermaßen göttliche Macht, da er ja bestimmen möchte, was möglich ist und was nicht, was sein darf und was nicht, was gut und was schlecht, was richtig und was falsch ist. Er stellt allgemein gültige Normen und Gesetze auf und pocht dann auf deren Einhaltung, denn die Begründung, die meist unausgesprochen hinter diesen Muss-Sätzen steht, heißt: weil ich das so will oder weil man das so macht!

Wen wundert's, dass es da häufig zu Streit kommt?

Muss-Denker: „Die muss mich aber lieben!"

Wir verhalten uns ziemlich unsinnig, wenn wir fordern, dass etwas sein *sollte* oder sein *muss*, wenn es doch tatsächlich nicht so ist. Entweder etwas existiert oder es existiert nicht. Wenn es aber existiert, wie könnten wir da sinnvollerweise fordern, es sollte oder dürfte nicht da sein? Das wäre so, als wenn wir am Dienstag sagten „Heute *muss* Sonntag sein!" Oder: „Es *darf* nicht regnen!", obwohl es doch gerade regnet. Oder: „Das tut man nicht!", wenn sich doch andere gerade so verhalten.

Und wenn Frau Schwarzblick sagte: „Er *darf* mich nicht verlassen, er *muss* mich weiterhin lieben und bei mir bleiben!" Welchen Sinn hätte das?

Zum Glück werden wir wohl nie in der Lage sein, die Gefühle anderer Menschen zu bestimmen und zu kontrollieren, auch wenn wir das manchmal gern täten.

Absoluter Forderer mit Ruheanspruch

Beim ersten Betrachten der *Muss-Denker* bemerkten wir, dass sie häufig mit Ärger, Wut und Aggressionen reagieren. Erst nach genauerem Hinsehen erkennen wir bei einigen, dass hinter diesen aggressiven Gefühls- und Verhaltensreaktionen mehr oder weniger starke Ängste verborgen sind.

Verwundert betrachten wir daraufhin einige typische Vertreter:

Herr Mussmann hatte einen Herzinfarkt und kommt nun aus der Reha-Klinik zurück an seinen Arbeitsplatz. Er hat sich vorgenommen, sich *nie wieder* so aufzuregen wie früher, denn das sei für ihn gefährlich. Er möchte natürlich keinen weiteren Infarkt erleiden und hat davor große Angst.

A Augen- blickliche Situation	Herr Mussmann kommt ins Büro, sieht seinen Schreibtisch mit Akten bedeckt und hört von seinem Kollegen: „Hoffentlich haben Sie sich gut erholt, denn hier gibt's einiges zu tun. Ich fahr übrigens Freitag für fünf Wochen in Urlaub."
B Bewertungs- system	Die haben meine ganzen Sachen einfach liegen lassen. Wenn der jetzt in Urlaub geht, muss ich auch noch für ihn mit arbeiten. Ich muss mich doch schonen! Ich darf mich nicht überanstrengen! Das ist gefährlich für mein Herz. Die sollten gefälligst mehr Rücksicht nehmen! Das darf ich mir nicht gefallen lassen! Die sind schuld, wenn ich wieder einen Infarkt bekomme! Es ist eine Sauerei, wie die mit meiner Gesundheit umgehen!
C Konse- quenzen	Wut (Erregungsanstieg, Schläfenpochen, Erröten, Magendruck). Er brüllt: „Das darf ja wohl nicht wahr sein! Das lass ich mir nicht bieten!"

Frau Unbedingt hat die Welt für sich wohl geordnet und besitzt eine genaue Vorstellung darüber, was gut und böse, richtig und falsch, gerecht und ungerecht ist, was man darf und was nicht. Sie weiß daher auch immer genau, wie sie sich zu verhalten hat, um ein untadeliges, gottgefälliges Leben zu führen. So lebt sie auch zufrieden und in innerer Harmonie, bis ... ja, bis sie auf Menschen oder Umstände stößt, die andere Normen und Wertmaßstäbe vertreten, vorleben oder verkörpern.

◄

Sie gerät dann förmlich außer sich, erregt und ereifert sich oder versucht mit Inbrunst und missionarischem Eifer, diese „fehlgeleiteten" Personen oder unseligen Umstände mit ihrer Wahrheit zu bekehren. Und wehe ihnen, wenn das fehlschlägt ...! Heute hat Frau Unbedingt wieder einen turbulenten Einsatz, denn:

A Augenblickliche Situation	Sie sitzt mit ihrem Mann vor dem Fernseher. Der Nachrichtensprecher sagt: „Drei Häftlinge sind nicht aus dem Hafturlaub zurückgekehrt, haben eine Bank überfallen und befinden sich auf der Flucht. Die Polizei hat noch keine Spur."
B Bewertungssystem	Da sieht man's mal wieder! Man darf solchen Leuten keine Freiheiten gewähren. Es ist verantwortungslos und ungerecht, wie die behandelt werden. So etwas muss viel strenger bestraft werden, sonst macht nachher jeder, was er will! Wo kämen wir denn da hin? So etwas darf einfach nicht passieren! So eine unerhörte Schlamperei!
C Konsequenzen	Ärger (9) (Herzklopfen, Blutdruckanstieg). Sie springt auf, ruft: „Da müsste viel härter durchgegriffen werden!"

Bei Herrn Mussmann ist es leichter, die Angst hinter der vordergründigen Wut zu entdecken. Er sorgt sich um seine Gesundheit und fürchtet sich so sehr vor einem erneuten Infarkt, dass er glaubt, *unbedingt* jede Aufregung vermeiden zu *müssen*. Andere seien schuld, wenn er sich über etwas aufrege. Zum Beispiel, wenn mal wieder etwas nicht so ist, wie es seiner Meinung nach gefälligst zu sein hat.

Er hat wohl doch noch nicht erkannt, dass sein hohes Erregungsniveau auf eben dieses rigide Denkmuster zurückzuführen ist. Um künftig ruhiger und gelassener reagieren zu können, wenn mal wieder etwas nicht so ist, wie er es gern hätte, wird er lernen müssen, auch die für ihn unangenehmen Realitäten zu akzeptieren. Danach kann er sich dann ja überlegen, wie er damit umgehen will.

Sein neues, angemessenes B könnte beispielsweise so lauten:

B Neues Bewertungs- system	Die scheinen meine Akten nicht bearbeitet zu haben. Wenn der Kollege in Urlaub geht, fällt wieder eine Kraft aus. Aber ich muss weder alle Akten auf einmal bearbeiten, noch muss ich für andere mit schaffen. Ich werde so gut arbeiten wie möglich, ohne mich zu überanstrengen. Wenn meinem Chef das nicht reichen sollte, wäre das sehr schade, aber meine Gesundheit ist mir wichtiger.

Bei Frau Unbedingt sind Befürchtungen nicht so augenscheinlich. Wir müssen schon genauer hinsehen, um ihre Angst zu verstehen: Besonders Menschen mit geringem Selbstbewusstsein und Personen, die aus Angst vor Fehlentscheidungen möglichst wenig Eigenverantwortung tragen möchten, suchen häufig nach *dem* richtigen Leitfaden durchs Leben.

Sie suchen allgemein gültige Normen und Wertmaßstäbe, um sich an ihnen zu orientieren und festzuhalten. Sie glauben, dann weniger befürchten zu müssen, etwas verkehrt zu machen und deswegen abgelehnt oder bestraft zu werden. Denn sie haben ja den „Schutz der Allgemeinheit". Ihre Rechtfertigung heißt dann: „Man macht es eben so." Oder: „Alle machen das. Das weiß doch jeder."

Auf diese Weise meinen sie, wenig persönliche Verantwortung für ihr Denken und Verhalten zu tragen, denn es ist ja „allgemein akzeptiert, dass ..." Dafür kann man sie ja wohl kaum persönlich verantwortlich machen oder gar bestrafen! Nun kommt doch auf einmal jemand daher, vertritt andere Normen und stellt das alles in Frage ... !!!

?!

Ja, geht das denn??? Darf der denn alles in Frage stellen???

Na, und ob der darf. Schlimm für Frau Unbedingt ist daran, erkennen zu müssen, dass ihre Normen und Maßstäbe ebenso persönliche Werte sind wie die des anderen und dass es offen-

Ein explosiver Mix: „verabsolutierendes Katastrophendenken"

sichtlich keine objektiven, allgemein gültigen oder richtigen Denk- und Verhaltensmuster gibt, sondern dass jeder nach seinen eigenen Lebenszielen und seiner persönlichen Moral eigenverantwortlich Entscheidungen trifft und Werturteile fällt.

Damit werden wir natürlich „angreifbarer" durch diejenigen, die andere Ziele und Normen vertreten. Man kann uns leichter kritisieren oder ablehnen, als wenn wir nachweislich *das* Richtige dächten und täten.

Es gibt viele wie Frau Unbedingt, die sich genau davor fürchten und die deswegen ängstlich oder vordergründig aggressiv jeden „Angriff" auf den allgemein gültigen, richtigen roten Leitfaden abzuwehren versuchen.

Sie haben Angst, einen eigenen Lebensplan nach eigenen Zielsetzungen und eigener Moral aufzustellen und dann dafür auch selbst verantwortlich zu sein.

Tagtäglich können wir beobachten, wie leicht Katastrophendenken und absolutes Fordern miteinander kombinierbar sind. Auf der Gefühls- und Verhaltensebene geht es dann dementsprechend turbulent zu, denn das ist eine ganz besonders explosive Mixtur.

Aber beobachten wir uns doch einmal selbst. Womöglich müssen wir dann betroffen feststellen, dass wir selbst auch noch allzu häufig „katastrophisieren" *und* absolute Forderungen aufstellen und uns dadurch unnötig oft in Aufregung versetzen.

Aus der einen Ecke der versammelten Muss-Denker und absoluten Forderer vernehmen wir plötzlich lautes Geschrei: „Gerechtigkeit! Wir wollen Gerechtigkeit!" Neugierig geworden kommen wir näher und treffen auf die:

4.4 Gerechtigkeitsapostel

Offenbar besitzen diese Menschen eine sehr klare Vorstellung von etwas, was sie Gerechtigkeit nennen. Immer wieder vernehmen wir ihr lautstarkes Fordern und Werben. Schließlich gelingt es uns, einige dieser Apostel nach dem Inhalt ihrer Botschaft und dieses für uns noch unklaren Begriffs zu befragen.

„Was ist das denn: Gerechtigkeit?"

?!

Zunächst sehen sie uns ungläubig an, doch dann prasseln ihre Antworten förmlich auf uns herab: „Gleiche Bedingungen für alle. Soziale Chancengleichheit für jeden. Gleiche Behandlung vor dem Gesetz. Keine Bevorzugung, Vetternwirtschaft und Vorteile durch Beziehungen ...!"

Wir haben den Eindruck, dass sich hinter der Forderung nach Gerechtigkeit auch der Wunsch nach Gleichheit verbirgt. Und wir erkennen, wie schnell Gerechtigkeitsapostel aus ihrem emotionalen Gleichgewicht geraten, ihre freundliche Gesinnung verlieren und in Wut und Aggression verfallen, wenn sie etwas ungerecht finden. Wir erfahren, dass Ungerechtigkeit das Gegenteil von Gerechtigkeit sei und vehement bekämpft werden müsse. Wir fragen weiter nach:

?!

„Wo auf der Welt, bei welchen Menschen, Tieren oder Pflanzen können wir Gerechtigkeit beobachten?"

Verblüfftes Schweigen. Die Apostel beraten sich. Dann schließlich: „Na, bei uns natürlich. Wir bemühen uns jedenfalls. Was Ungerechtigkeit bewirkt, kann man ja jeden Tag in der Welt beobachten. Finden Sie das etwa gut? Dagegen muss man doch was tun! Und dass es noch so wenig Gerechtigkeit auf der Welt gibt, ist doch nur ein Grund mehr, dringend danach zu fordern und dafür zu kämpfen."

Überall heftiges Nicken und zustimmendes Gemurmel. Sie scheinen jetzt uns gegenüber recht aufgebracht und kämpferisch zu sein.

Wir diskutieren ihre Ausführungen und stellen fest, dass es tatsächlich überall auf der Welt große und kleine Ungerechtigkeiten, mehr oder weniger extreme Ungleichheiten gibt: Die unterschiedliche körperliche Konstitution und Gesundheit, die unterschiedlich lange Lebensdauer oder Lebenserwartung, die ungleiche Verteilung von Unfällen, schweren Krankheiten, Hunger, Durst und anderen die Lebensqualität einschränkenden Umständen, die unterschiedlichen Herkunftsfamilien, in die wir hineingeboren werden und in denen wir mehr oder weniger Liebe, Zuwendung, materielle oder geistige Unterstützung erfahren, die ungleiche Verteilung von Körperkraft, Intelligenz und Schönheit ... usw.

Während wir noch überlegen, gelingt es uns, einen der Gerechtigkeitsapostel „live" zu beobachten:

FALLBEISPIEL: Herr Gibmirauch

Herr Gibmirauch ist Betriebsratsmitglied in seiner Firma. In den letzten Wochen war er durch die gerade laufenden Tarifverhandlungen sehr eingespannt. Er trifft heute mit seinen Kollegen notwendige Vorbereitungen für einen Warnstreik zur Durchsetzung ihrer Forderungen.

Gerade sitzt er zur Mittagspause mit den Kollegen in der Kantine und liest in der Zeitung, wie viele Personen in letzter Zeit Asylanträge gestellt haben und dass etliche wegen fehlender anderer Unterkunftsmöglichkeiten in teuren Hotels untergebracht werden. Gibmirauch denkt:

B Bewertungs- system	Die kriegen das alles bezahlt, ohne auch nur einen Finger krumm zu machen. Das muss wieder alles aus öffentlichen Kassen bezahlt werden. Die dürfen wir dann wieder mit unseren Abgaben und Steuern auffüllen. Wenn ich auf die Malediven fahre, zahlt mir ja auch keiner das Hotel. Es ist eine verdammte Ungerechtigkeit, dass das wieder mal alles zu unseren Lasten geht! Dagegen muss endlich was getan werden!
C Konse- quenzen	Empörung, Wut (Blutdruckanstieg). Er schlägt mit der Faust auf den Tisch und ruft: „Nun guckt euch das an. *Dafür* haben sie Geld!"

Gerechtigkeitsapostel vertreten offensichtlich eine sehr spezialisierte Art von absoluten Forderungen und Muss-Gedanken, da sie von anderen *unbedingt* die Einhaltung ihrer persönlichen Auffassung von Gerechtigkeit fordern. Und sie geraten sehr schnell in Gefühlsaufruhr, in Ärger und Wut, wenn sie Ungerechtigkeit entdecken.

Wir sind etwas durcheinander, als wir auch bei anderen Aposteln erkennen, dass sie sich in erster Linie mit *den* Zuständen und Begebenheiten befassen, die aus ihrer persönlichen Sicht unfair, für sie selbst im negativen Sinne ungleich sind. Also damit, wo sie selbst Nachteile erfahren.

Das erinnert uns an den Ausspruch: „Was dein ist, soll auch mein sein. Was mein ist, geht dich gar nichts an."

Wir sehen bildlich vor uns, wie jeder Apostel – auf der eigenen Erfolgsleiter mehr oder weniger weit emporgeklettert – ständig die Augen nach oben richtet, um festzustellen, was diejenigen *über* ihm ungerechterweise mehr haben. Dabei vergisst er leider, auch nach unten zu schauen und anderen durch Entgegenkommen und Herabsteigen auf die gleiche Stufe zu verhelfen. Verwundert fragen wir:

?!

„Möchten Sie denn wirklich gern gerecht sein?"

Wir ernten empörte und wütende Reaktionen. Sie schreien: Selbstverständlich! Was wir denn wohl dächten! Wie wir überhaupt so etwas fragen könnten! Wer seien wir denn überhaupt, um das zu bezweifeln?
Verschüchtert präzisieren wir und fragen nach:

?!

„Sind Sie denn um der Gerechtigkeit willen bereit, auf einen Teil Ihrer Gesundheit, Ihrer Lebenserwartung, Ihrer finanziellen, körperlichen und geistigen Ressourcen zu verzichten und den gerechten Teil an Krankheit, Hunger, Armut, Krieg, AIDS und anderem Leid zu übernehmen? Und soll das auch für Ihre gesunden Kinder gelten?"

Irritiert sehen die Gerechtigkeitsapostel nach unten, ... etliche das erste Mal.

Bei einigen herrscht betroffenes Schweigen, andere wenden ihre Augen wieder energisch nach oben und schimpfen: „Das würden wir schon gerne tun, wenn die da oben uns erst mal ihren Teil abgegeben haben. Zuerst müssen wir *diese* Ungerechtigkeiten bekämpfen. Herunter mit ihnen!"

Gerechtigkeitsapostel

Halten wir unsere Erfahrungen mit diesen Denkweisen fest:

 Gerechtigkeit ist keine beobachtbare, tatsächlich existierende Größe, sondern ein künstlicher Begriff. Es gibt sie nicht wirklich.
Was wir persönlich gerecht finden, ist an die eigenen Moralvorstellungen und Normen gebunden. So entscheidet jeder für sich, was er für gerecht hält und ob er sich dementsprechend verhalten will.

Auch von diesen Denkspezialisten sind wir nicht überzeugt, wir wollen weiter. Einen Teil der Gerechtigkeitsfanatiker lassen wir verwirrt und ratlos zurück, andere sind über unsere Uneinsichtigkeit entrüstet. Sie schimpfen uns erregt, mit aggressiv geballten Fäusten hinterher.

Wenden wir uns nun einem Gedankenreich zu, dessen extreme, bizarre Urteile schon von weitem deutlich werden:

4.5 Schwarz-weiß-Maler und Generalisierer

Kaum im Bereich dieser unangemessenen Denkmuster angekommen, wird uns auch schon mit einem äußerst kontrastscharfen Schwarz-weiß-Programm ein anderes Erfolgsrezept serviert, mit dessen Hilfe man sich ziemlich sicher in emotionale Probleme stürzen kann: das Alles-oder-nichts-, das Entweder-oder-, das Schwarz-weiß-Denken oder das Generalisieren.

Generalisieren heißt, aufgrund eines einzelnen Vorfalls oder einiger weniger Beobachtungen eine meist ungerechtfertigte Verallgemeinerung vorzunehmen. Wenn wir generalisieren, schließen wir von einem Teil auf das Ganze, von einem auf alle, von heutigen Erlebnissen auf künftige Ereignisse.

Das wäre praktisch so, als ob wir sagten: „Es wird nie etwas gelingen", weil uns gerade etwas missglückt ist, oder wenn wir andere oder uns selbst global als „guten Vater" oder als „schlechten Menschen" einschätzten, obwohl wir nur einzelne, meist zufällige Beobachtungen gemacht haben.

Ebenso könnten wir behaupten: „Aha, da ist etwas schwarz, also wird alles schwarz sein". Oder: „Da das hier weiß ist, ist alles weiß."

Oder stellen wir uns einen Fruchtkorb vor: Einen wunderschönen, duftenden Berg verschiedener Früchte, knackig frisch und sauber, ein wahrer Traum ..., mmmmh ...!

Aber da: Was ist das? Da ist doch tatsächlich eine angefaulte Kirsche dabei!! Alles Mist! Wir nehmen den Korb, werfen ihn samt Inhalt auf den Müll und sind mächtig sauer.

Es liegt auf der Hand, dass solche Generalisierungen der Realität selten gerecht werden und schnell zu unangemessenen Gefühls- und Verhaltenskonsequenzen führen.

Betrachten wir dies an zwei weiteren Beispielen:

FALLBEISPIEL: Frau Pauschalix

Frau Pauschalix sitzt mit ihrem Sohn am Schreibtisch im Kinderzimmer.

A Augen- blickliche Situation	Sohnemann: „Der Mathelehrer hat gemeint, ich müsste mehr üben. Aber du weißt ja auch nix über Mengenlehre."
B Bewertungs- system	Sie denkt: Nun hat er schon die dritte 5 geschrieben. Ich kann ihm bei diesen Dingen auch nicht helfen, ich kenne das nicht. Wenn er sitzen bleibt, bin ich schuld. Ich kann auch überhaupt nichts. Ich bin auch wirklich zu blöd und zu nichts nutze!
C Konse- quenzen	Deprimiert (7), (keine Begleitsymptome). Sie lässt die Schultern hängen und schweigt.

FALLBEISPIEL: Herr Pauschalix

Zeitgleich steht Herr Pauschalix im Stau und hört Radio.

A Augen- blickliche Situation	Der Moderator sagt: „... in der gesamten City Stau. Bitte weichen Sie auf öffentliche Verkehrsmittel aus."
B Bewertungs- system	Er denkt: Schon wieder Stau. Vorhin hatte ich schon dreimal Rot und meine Zeitung hab ich auch liegen lassen. Heute geht auch alles schief. Diesen Tag kann man glatt vergessen. Heute klappt auch gar nichts. So'n Mist!
C Konse- quenzen	Ärger (8), (Erregungsanstieg, Pochen in den Schläfen). Er beißt die Zähne zusammen und schlägt mit der Faust auf das Lenkrad.

Schwarz-weiß-Malerei

Wir sehen, dass auch Schwarz-weiß-Malerei unsere Gefühlswelt ganz schön farbig in Wallung bringen kann.

Genau wie bei den absoluten Forderungen liegen die Fallstricke hier im Bereich der Interpretationen und der vermuteten Konsequenzen verborgen. Daraus werden die Bewertungen dann entsprechend dramatisch abgeleitet.

Beim Katastrophendenken war ja die unangemessene Bewertung der Grund für die emotionalen Kapriolen.

Bevor wir das Reich der Schwarz-weiß-Maler verlassen, stoßen wir auf eine Untergruppe dieser Generalisierungsspezialisten. Wir verharren und beobachten die:

4.6 Menschenwertbestimmer

Haben Sie schon mal darüber nachgedacht, ob Sie ein bedeutender oder eher wertloser Mensch sind? Oder wie ist das mit Ihrem Nachbarn, dem neuen Kollegen, dem Penner dort drüben auf der Parkbank? Wer fällt Ihnen zuerst ein, wenn Sie an besonders wertvolle, wichtige Menschen denken? Wer sind die Versager, die Nichtsnutze und Taugenichtse?

Also, ehrlich: Wem fiele da nicht die eine oder andere Person ein ...?

Wie einseitig und unsinnig verallgemeinernd aber solche Einschätzungen sind, zeigen folgende Beispiele:

FALLBEISPIEL: Opfervoll, Liesnicht und Baunix

➤ Der Urwaldarzt Dr. Opfervoll hat seinen gesamten Besitz veräußert, um damit eine Krankenstation im Busch aufzubauen. Dort lebt er nun seit Jahren und pflegt hingebungsbereit, oft unter Einsatz seines Lebens, die notleidende Bevölkerung. Dabei ist er manchmal betrunken, lässt dann hemmungslos seinen sexuellen Bedürfnissen freien Lauf und befriedigt sich an Kindern.
Ist Dr. Opfervoll ein guter oder ein schlechter Mensch?

➤ Die Werke der Malerin Liesnicht sind berühmt und international anerkannt. In Fachkreisen gilt sie als eine der größten Begabungen ihrer Epoche.
Während einer Fernseh-Talkshow stellt sich heraus, dass sie weder lesen noch schreiben kann und nichts über das aktuelle Zeitgeschehen weiß.
Ist Frau Liesnicht bewundernswert?

➤ Der Architekt Baunix lebt zufrieden und ist glücklich mit seiner fünfköpfigen Familie. Vor einem Jahr übernahm er den väterlichen Betrieb.
Infolge seiner unfähigen Betriebsführung steht die ehemals florierende Firma heute vor dem Bankrott.
Ist Herr Baunix ein Versager?

Es fällt uns schwer, diese Fragen so pauschal zu beantworten. Bei Dr. Opfervoll finden wir einige Verhaltensweisen bewundernswert, andere lehnen wir ab, Frau Liesnicht ist besonders fähig und unfähig zugleich und Herr Baunix hat zwar auf unternehmerischem Gebiet versagt, ist andererseits aber ein glücklicher Familienvater.

Wenn wir den Wert einer Person oder den einer vielschichtigen, komplexen Situation durch ein einziges, pauschales Werturteil wiederzugeben versuchen, können wir ihr damit nicht gerecht werden. Ebenso gut könnten wir versuchen, einen „durchschnittlichen" Wert aus 5 Äpfeln, 78 Schuhen, 124 Heuschrecken, 2,24 Autos und 1 kg Diätmargarine zu bestimmen. Wir sind gut beraten, solche Rechenoperationen zu unterlassen und auf derart generalisierende Wertbestimmungen zu verzichten. Denn was könnte dabei schon herauskommen? Vielleicht 4,812 *Diätautschuschreckfel* oder irgendein anderes, unsinniges „Gesamtergebnis". Fazit:

 Menschen sind zu vielschichtig, um ein einziges Gesamturteil über sie zu treffen und sie mit einem bestimmten Wert zu versehen.

Sinnvoller, verständlicher und letztlich auch einfacher ist es, wenn wir uns damit begnügen, einzelne Bereiche, Eigenschaften, Leistungen oder Fähigkeiten so sachlich wie möglich einzuschätzen und jede für sich zu bewerten, und wenn wir unsere Neigung zu Pauschalurteilen unterdrücken.

Diese Erkenntnis gilt natürlich ebenso für jede Form der *Selbsteinschätzung* und *Selbstbewertung*. Auch wenn wir über uns selbst Pauschalurteile fällen, geraten wir unweigerlich in Schwierigkeiten und nur allzu häufig in emotionale Probleme.

Generelle negative Selbstbeurteilungen wie minderwertig, nutzlos, schlecht oder Versager führen zu Scham und langfristig zu Niedergeschlagenheit. Und wenn wir diese Gefühle dann als

$$\text{Michael} = \frac{\text{mutig, geizig, guter Liebhaber, zärtlich, sportlich, unredlich, guter Koch, faul schön, unpünktlich}}{10} = ?$$

Menschenwertbestimmer

Bestätigung für unsere niedrige Selbstbeurteilung ansehen, befinden wir uns unversehens auf einer abwärts gerichteten, depressiven Spirale.

Auch verallgemeinerte positive Selbstbewertungen helfen da nicht weiter, denn wir werden dann ängstlich darum bemüht sein, dieses gute Selbstbild zu erhalten, und alles vermeiden, was es bedrohen oder in Frage stellen könnte. Wir könnten dann viel Energie damit vertun, uns und anderen diese positive Selbsteinschätzung zu „beweisen", und werden doch immer Angst davor haben müssen, auf Situationen, Eigenschaften oder Unzulänglichkeiten zu stoßen, die sich nicht mit unserem positiven Pauschaletikett vertragen. Und dann wehe uns! Aus der positiven Generalisierung machen wir dann ganz schnell eine negative.

Unser Fazit aus der Beobachtung der Menschenwertbestimmer lautet daher:

Pauschalurteile über Menschen oder komplexe, vielschichtige Situationen sind unangemessen und unsinnig und verursachen oft emotionale Probleme.
Sinnvoller ist die Beurteilung einzelner Eigenschaften, Handlungen und Fähigkeiten.

Wir verlassen nun das schwarz-weiße Reich der Generalisierungskünstler und wenden uns anderen Bewertungsspezialisten zu, denen wir schon beim Näherkommen ansehen, dass sie nicht so recht wissen, ob sie sich über unseren Besuch freuen sollen.

Schließlich gestatten sie uns zögernd, ihr Gedankenreich zu betreten. Wir dürfen sogar an einer ihrer Diskussionsrunden teilnehmen. Das heutige Thema wird bereits in der 221. Fassung debattiert:

4.7 Null-Verzicht-Spezialisten oder: der ewig unzufriedene Trockenschwimmer

Auch wir sind noch recht unsicher, wo wir gelandet sind. Um uns im Gedankenreich dieser ewigen Zauderer, bedingungslosen „Optimierer" und rastlosen Null-Verzicht-Denker zurechtzufinden, betrachten wir zunächst einige typische Vertreter ihrer Art:

Frau Nörgel ist nun doch noch in den Urlaub gefahren. Nach langem Hin und Her hat sie sich wegen der Preise und der besseren Wetteraussichten für Portugal und gegen Sylt entschieden. Das Wetter, Hotel, Essen und der Strand: Alles ist zu ihrer Zufriedenheit. Aber sie kann leider nur deutsch. Jetzt sitzt sie auf der Plaza im Café und denkt: Ich weiß gar nicht, wie ich hier Leute kennen lernen soll. Auf Sylt wär das bestimmt alles viel leichter gewesen. Das wär sicher ganz toll geworden. Ich hab mich mal wieder falsch entschieden. So'n Jammer.
Sie ist unzufrieden.

Herr Verzichtnich ist 38 Jahre alt, Leiter einer Werbeagentur, zweimal geschieden und lebt zur Zeit mit einer Frau in lockerer Verbindung. Er kommt in psychotherapeutische Behandlung wegen psychosomatischer Beschwerden und wegen seiner Beziehungsprobleme.

Nach diversen gescheiterten Versuchen habe er nun endlich wieder eine Beziehung aufbauen können. In letzter Zeit leide er jedoch wieder unter seinen alten Schwierigkeiten: Seine Partnerin dränge ihn, sich in Bezug auf Ehe, Kinderwunsch und Zukunftsplanung zu äußern.

Er habe den Eindruck, sie wolle ihn festnageln, einengen und über ihn bestimmen. Die Beziehung sei nun an einem kritischen Punkt. Entweder er lege sich nun fest oder er beende die Partnerschaft. Er leide sehr unter diesem Druck und möchte am liebsten weglaufen.

Erst gestern habe es wieder so eine Situation gegeben: Er sei mit seiner Partnerin auf eine Party gegangen, habe sich den ganzen Abend unwohl gefühlt und sei sich sehr geknebelt ▶

vorgekommen. Er habe geglaubt, nicht mit anderen tanzen zu dürfen, sich hauptsächlich um sie kümmern zu müssen. Er sei dann richtig sauer und unleidlich geworden und habe alle Singles beneidet, die tun und lassen konnten, was sie wollten. Andererseits kenne er ja auch das Single-Dasein. Und er erinnere sich genau, wie er dann die Männer beneidet habe, die in eine feste Beziehung eingebunden sind und emotionale Zuwendung, moralische Unterstützung und Hilfe bei ihrer Partnerin finden, ohne dafür nächtelang durch die Gegend ziehen zu müssen.

Herr Verzichtnich hat nun Angst davor, die falsche Entscheidung zu treffen.

FALLBEISPIEL: Frau Optimax

Frau Optimax möchte ein Auto kaufen. Monatelang sucht sie nun schon, hat diverse Fahrzeuge besichtigt und probegefahren. Fünf interessante Wagen hat sie inzwischen auf der Liste und besonders von einem ist sie sehr angetan.

Sie will nun noch bis Samstag warten, denn vielleicht findet sie ja noch etwas Besseres, oder der Verkäufer lässt sich inzwischen noch etwas im Preis drücken.

Am Samstagabend hat sie sich dazu durchgerungen, den Wagen zu kaufen. Sie wird aber 500 DM weniger bieten. Als sie anruft, hört sie, dass das Auto bereits seit Tagen verkauft ist.

Frau Optimax denkt: Immer passiert mir so was. Das ist gemein. Man muss sich doch mal in Ruhe informieren dürfen! Das wäre *genau* das Auto für mich gewesen. Hätt ich doch bloß gleich zugegriffen! Ich hätt auch gern den vollen Preis gezahlt. Alles andere ist dagegen nur Schrott, da brauch ich gar nicht weiter zu suchen. So'n Mist!

Sie ist zunächst sehr enttäuscht, dann wütend auf sich.

Sie kennen das auch?

Sehen wir uns diese Bewertungsmuster dennoch etwas genauer an:

Wäre Frau Nörgel nach Sylt gefahren, hätte sie wohl die meiste Zeit damit verbracht, auch inmitten eines neuen Bekanntenkreises der entgangenen, günstigeren Sonnenbräune Portugals nachzutrauern.

Herr Verzichtnich schielte mal wieder auf die Vorzüge der Alternative, die er gerade nicht hat, und kann mal wieder nicht die genießen, über die er gerade verfügt.

Und wenn Frau Optimax ihren „Traumwagen" doch noch bekommen hätte: Wir könnten das „Traum" bald streichen. Sie hätte ihn so lange misstrauisch beäugt, neue Angebote studiert und Vergleiche angestellt, bis sie irgendwann ein Haar im Vergaser gefunden oder ein noch besseres Fahrzeug entdeckt hätte.

Man könnte meinen, diese Leute haben Entscheidungsschwierigkeiten. Wenn damit die Furcht gemeint ist, sich festzulegen und Stellung zu beziehen, mag das auch stimmen. Andererseits wäre es irrig anzunehmen, dass sie sich nicht entscheiden können, *weil* sie scheinbar offene Entscheidungen vor sich herschieben und sich nicht öffentlich festlegen wollen. Denn sie haben sich ja bereits entschieden: Sie haben sich entschieden, sich lieber noch nicht festzulegen.

Leider wird häufig übersehen, dass auch solche Entscheidungen Konsequenzen haben, für die wir dann natürlich ebenso selbst verantwortlich sind.

Null-Verzicht-Denker sind innerlich auf drohende Verluste oder entgangene Gewinne fixiert, die sie unter allen Umständen vermeiden möchten. Sie beschäftigen sich gedanklich mehr mit dem, was sie nicht haben oder was sie verlieren könnten, als mit dem, was tatsächlich zu ihrer Verfügung steht. Und dadurch können sie dann noch nicht einmal das genießen.

So werden aus den Möchtegern-Lust- unversehens und ungewollt *Frust*-Maximierer.

Null-Verzicht-Denker

Zudem können Null-Verzicht-Denker nur schwer die Nachteile, Entbehrungen und unangenehmen Konsequenzen ihrer Entscheidungen ertragen. So suchen sie rastlos nach *der* „optimalen" Lösung, nach der Alternative, die nur Genuss und null Verzicht mit sich bringt.

Dabei haben sie alle ein ähnliches Denkmuster verinnerlicht, in etwa:

- Ich will keine Nachteile haben, auf nichts verzichten müssen!
- Ich muss unbedingt die richtige Lösung finden, die alle Vorteile in sich vereint und alle Nachteile vermeidet!

Das wäre so, als wenn wir forderten:

- Ich möchte das Eis essen, aber es soll nicht weniger werden!
- Ich will von allem nur die Vorderseite.
- Nur die Vorteile, bitte! Dafür darf es auch gern ein wenig mehr sein.
- Ich möchte in meinem Leben nur gute Erfahrungen sammeln.
- Ich möchte ganz unabhängig in einer ganz tollen, innigen Beziehung leben.
- Ich will schwimmen, aber ich möchte nicht nass werden.

Na klar: Solche Zielsetzungen sind und bleiben unrealistisch und unerreichbar. Egal, wie lange wir noch nach der Quadratur des Kreises und dem schwarzen Schimmel suchen, wir werden nicht umhin kommen zu akzeptieren, dass die Entscheidung *für* etwas immer auch den *Verzicht der anderen Alternativen* einschließt.

Wir haben gesehen, dass die ewige Sucherei nach der optimalen Lösung von emotionalen Belastungen wie Ängsten, Selbstärger, Unzufriedenheit und Enttäuschung begleitet wird. Wenig überzeugt überlassen wir die debattierenden Null-Verzicht-Denker sich selbst und ihrer fortdauernden „Einerseits-andererseits"-Diskussion und entscheiden uns für einen Besuch bei Bewertungsvertretern, die solche Festlegungsprobleme nicht zu kennen scheinen. Wir betreten das unendliche Schlachtfeld der:

4.8 Meinungsverkäufer und Tatsachenverdreher

Wir sind noch gar nicht richtig angekommen, da wird uns schon deutlich gemacht, dass wir besser schnellstens lernen, uns vorsichtiger, präziser auszudrücken, um nicht unversehens in den vor unseren Augen tobenden Machtkampf zwischen Meinungsverkäufern und Tatsachenverdrehern zu geraten. Damit wir uns zwischen den Fronten besser zurechtfinden, werden wir zunächst versuchen, beide Parteien zu unterscheiden.

Wir wissen, dass es sich um eine *Tatsachenaussage* handelt, wenn wir behaupten, dass Menschen sich seit Urzeiten wegen unterschiedlicher Meinungen die Köpfe einschlagen. Klar ist auch, dass es eine *Meinung* ist, wenn wir finden, dies sei eine höchst bedauerliche, typisch menschliche Verhaltensweise, auf die man gut verzichten könnte.

Aber wie genau unterscheiden sich denn nun Tatsachen- von Meinungsaussagen? Zum Glück lassen sich beide recht gut anhand eines einzigen Merkmals zuordnen: aufgrund ihrer Überprüfbarkeit.

Tatsachenaussagen sind überprüfbar. Sie lassen sich beweisen oder widerlegen, sind entweder richtig oder falsch, stimmen mit der Realität überein oder nicht.
Meinungen können nicht überprüft, bewiesen oder widerlegt werden. Sie sind nicht wahr oder falsch, sondern stellen persönliche Sichtweisen und Werturteile dar.

Tatsachenaussagen können also richtig oder falsch sein. Richtig und falsch sind „Entweder-oder"-Begriffe. Das heißt, entweder ist etwas richtig oder nicht. Halbrichtig, fast richtig oder richtiger sind ebenso unsinnige Wortbildungen wie etwas anwesend, halb schwanger oder besonders tot.

Im Gegensatz zu Tatsachenaussagen kann es durchaus verschiedene, sich gegenseitig widersprechende Meinungsäußerungen geben, ohne dass eine davon richtig oder falsch, besser oder schlechter wäre. Wir können dann lediglich festhalten: Sie sind verschieden.

Es gibt zwar Meinungen, die häufig oder selten vertreten werden, die uns mehr oder weniger plausibel, normaler oder anormaler erscheinen als andere. Dies sagt jedoch nichts über ihre Qualität oder ihren Wahrheitsgehalt aus.

Denn sobald eine Meinung überprüfbar wird und damit als richtig oder falsch bezeichnet werden kann, verliert sie ihren Meinungscharakter und wird zur Tatsachenaussage.

Betrachten wir ein Beispiel für eine Tatsachenaussage: „Es regnet."

Wenn es nun tatsächlich regnet, was scherte es den Regen, ob wir uns darüber stritten, ob es regnet oder nicht? Selbst wenn wir uns darauf einigten, dass es nicht regnet, wird es deswegen wohl kaum aufhören.

Doch wie ist das nun, wenn wir unterschiedlichen Meinungen gegenüberstehen? Wenn zum Beispiel jemand sagte: „Wie schön, es regnet!" Und ein anderer: „Nein, das ist Mist!" Offensichtlich ist es unsinnig und Energieverschwendung, wenn wir uns über die Wahrheit dieser Sichtweisen stritten. Wir akzeptieren besser, dass dies nun mal die persönliche Meinung des anderen ist.

Und wenn wir uns unnötige Gefühlswallungen ersparen wollen, sind wir gut beraten, andere Ansichten neben unserer eigenen als gleichwertig zu tolerieren. Denn jede Auseinandersetzung mit dem Ziel, andere von der Wahrheit und Weisheit unserer eigenen Meinung zu bekehren, sie von unserer Sichtweise zu überzeugen, führt in der Regel zu einem unendlichen Geziehe und Gezerre mit erheblichen emotionalen Tumulten, da ja allen Seiten die nötigen Beweise für ihre Behauptungen fehlen.

Nun gelingt es uns im Alltag leider nicht immer, Meinungs- und Tatsachenaussagen auseinander zu halten. So mag es anderen erscheinen, als ob wir eine Tatsachenaussage gemacht hätten, obwohl wir doch nur unsere Meinung zum Besten geben wollten, diese aber unabsichtlich wie eine Tatsache dargestellt haben. So etwas lassen einige Vertreter anderer Meinungen „nur über ihre Leiche" zu.

Möglicherweise haben wir aber auch ganz bewusst unsere Ansicht in eine Tatsachenaussage verpackt. Entweder, um unser Gegenüber zu verunsichern, um zu bluffen oder um selbst eine bessere, „sicherere" Position für den nun einsetzenden Überzeugungskampf einzunehmen. Kein Wunder also, dass unsere Gesprächspartner häufig besonders sensibel, verärgert oder aggressiv reagieren, wenn wir solche Meinungsäußerungen „in der Tatsachenverpackung" servieren. Sie könnten glauben, dadurch solle ihre Meinung als „falsch" abqualifiziert oder sie selbst sollten belehrt oder bekehrt werden.

Betrachten wir dies anhand zweier Beispiele:

FALLBEISPIEL: Frau Richtig

Frau Richtig sitzt mit einigen Kommilitonen in der Kneipe. Als eine andere Frau dazukommt, hört sie am Nachbartisch jemanden sagen:

A Augen- blickliche Situation	„Guck dir die an. Mann, sieht die geil aus! Die ist bestimmt tierisch im Bett."
B Bewertungs- system	Sie denkt: Der klassifiziert Frauen nur nach ihrem Aussehen und Sexappeal und sieht sie lediglich als Lustobjekte. So ein Chauvinistenschwein! Das darf frau sich nicht gefallen lassen! Dieser Super-Macho muss mal eins zwischen die Hörner kriegen. So ein Mistkerl! So eine unerhörte Sauerei!
C Konse- quenzen	Empörung/Wut (Herzklopfen, Blutdruckanstieg). Sie dreht sich um und schreit: „Pass auf, dass du nicht gleich zwangskastriert wirst, du Chauvinistenschwein!"

Herr Faktenfrei ist beim Kegeln. Kurz vor Schluss fragt ihn ein Kegelbruder: „Na, wirst du mal wieder Letzter?"

Alle merken, dass Herr Faktenfrei ärgerlich wird, und verfolgen den beginnenden Streit:

„Wieso mal wieder? Dieses Jahr war ich noch nie Letzter und heute werde ich's auch nicht!"

„Du warst die letzten sechs Male Letzter!"

„Ich glaub, du spinnst. Ich sag doch, ich war noch nie Letzter."

„Du hast wohl Gedächtnisschwund! Wenn du nicht verlieren kannst, ... bitte. Aber es steht ja in den Punktetabellen."

„Sag mal, du hast se wohl nich' alle! Willst du Spinner damit sagen, ich lüge?"

Herr Faktenfrei ist wütend, verlässt den Raum und holt sich eine Magentablette.

Wie wir sehen, ist das B von Frau Richtig zusätzlich mit deftigen Muss-Gedanken angereichert. Ihre Erregung beruht in diesem Fall aber ursächlich darauf, dass sie die Meinung ihres Tischnachbarn nicht als fremde Meinung akzeptieren mag und glaubt, einen moralischen Kreuzzug starten zu müssen.

Damit wir uns nicht falsch verstehen: Etwas akzeptieren heißt nicht, es auch mögen zu müssen. Es bedeutet lediglich, wir erkennen an, dass es ist, wie es ist.

Wie wir das finden, ob wir Vertreter anderer Meinungen für sympathisch halten, sie in unserem Bekanntenkreis haben möchten oder nicht, steht auf einem anderen Blatt.

Vermutlich hätte Frau Richtig ihre Sichtweise ohne emotionale Wallungen viel besser vermitteln können. Die Wahrscheinlichkeit, die Einstellung ihres Tischnachbarn zu ändern, wäre dadurch eher gestiegen, ... wenn es ihr denn der Mühe wert gewesen wäre.

Und Herr Faktenfrei hätte besser statt der Magentablette die Punktetabellen geholt, um die widersprüchlichen Tatsachenbehauptungen zu prüfen, ... falls es ihm wichtig gewesen wäre.

Was kann schon dabei herauskommen, wenn wir uns gegenseitig mit missionarischem Eifer beharken oder in „selbstlosem" Sendungsbewusstsein anderen die eigenen Normen und Werturteile überzustülpen versuchen? Selbst wenn es uns gelänge, alle von unserer Meinung zu überzeugen: Es ist und bleibt eine Meinung. Und daraus wird auch keine Tatsache, wenn alle sie teilten.

Wir werden künftig auch darauf achten, ob es uns überhaupt die Energie wert ist, jemandem unsere Ansicht nahe zu bringen. Und das wird immer nur dann der Fall sein, wenn uns eine Person oder Angelegenheit wichtig genug ist.

Überlegen wir aber, wie häufig wir selbst schon Streitereien angezettelt, uns in aggressive Auseinandersetzungen eingelassen haben, weil wir oder andere Meinungen und Tatsachenaussagen miteinander verwechselten.

Wir schützen uns vor unangemessenen Gefühls- und Verhaltensreaktionen, wenn wir Folgendes beherzigen:

➤ Wenn wir mit anderen reden, werden wir darauf achten, ob es sich bei dem, was wir sagen wollen, um Meinungs- oder Tatsachenaussagen handelt. Entsprechend werden wir sie formulieren.

➤ Wenn andere mit uns reden, überlegen wir zunächst, ob es sich dabei um Meinungs- oder Tatsachenaussagen handelt, damit wir das Gesagte angemessen bewerten und entsprechend darauf eingehen können, wie auch immer es formuliert war.

➤ Wir tolerieren die Meinungen anderer als ebenbürtig, gleichwertig und ebenso wenig falsch oder richtig wie die eigenen Ansichten. Auch wenn wir selbst eine ganz andere Auffassung vertreten und die geäußerte überhaupt nicht mögen.

Meinungsverkäufer und Tatsachenverdreher

„Aber man muss doch zu einer gemeinsamen Lösung oder zu einem Kompromiss kommen, wenn einem etwas an der anderen Person liegt!"

Muss man? Wenn wir z.B. über die Schönheit roter und weißer Rosen stritten: Wie sollte da ein „fairer", sinnvoller Kompromiss aussehen? Es wäre ja wohl ebenso unnötig wie unsinnig, wenn sich beide Seiten darauf einigten, künftig nur noch die rosafarbenen schön finden zu wollen. Oder wenn sich der Regenfreund mit dem Sonnenanbeter auf Nebel einigte. Wem wäre damit gedient?

Halten wir also fest:

> **!** Wenn wir auf unterschiedliche Meinungen stoßen und unnötige emotionale Probleme vermeiden wollen, besteht die einzig sinnvolle Lösung in der Akzeptanz und Toleranz der anderen Meinung, ohne dabei von der eigenen abrücken oder die andere mögen zu müssen.

Meinungen sind nun einmal persönliche Werturteile. Warum sollten wir da so tun, als seien sie etwas anderes oder mehr? Uns bleibt natürlich die Möglichkeit, eigene Ansichten darzulegen und zu erläutern, warum wir diese und keine andere bevorzugen. Jedem ist es freigestellt, die eigene Ansicht daraufhin zu hinterfragen oder auch nicht.

Und auch wir können unsere Sichtweise ändern, sie ganz oder teilweise durch die anderer Leute ersetzen, wenn diese uns besser gefällt als die eigene alte.

Nachdem wir uns mühsam ohne Blessuren durch das Schlachtgetümmel der Meinungsverkäufer und der Tatsachenverdreher manövriert haben, bewegen wir uns kurz nach Verlassen dieses Kampfplatzes unversehens erneut auf emotional sehr unsicherem Boden. Wir stoßen auf:

4.9 Verrenkungsdeuter

Auch nach längeren, hilflosen Orientierungsversuchen erkennen wir zunächst nicht, nach welchen Regeln und aus welchen Ecken uns die Stürme im Gefühlsdschungel um die Ohren pfeifen. Was auch immer wir tun, es wird stets anders ausgelegt, als wir es meinten.

Ziemlich ratlos beobachten wir deshalb zunächst einige charakteristische Vertreter dieser Denkweisen bei ihren Interpretationskünsten:

Frau Weißschon bereitet das Essen. Ihr Mann betritt die Wohnung und schnüffelt.

A Augen-blickliche Situation	Er sagt: „Ach, es gibt wieder Erbsensuppe."
B Bewertungs-system	Sie denkt: Den ganzen Tag hab ich mir in der Stadt die Hacken wund gelaufen, um die vereinbarten Dinge zu erledigen. Nun meckert er auch noch übers Essen. Er erwartet wohl noch ein 5-Gänge-Menü! Der erkennt meine Leistungen überhaupt nicht an. So eine Gemeinheit!
C Konse-quenzen	Ärger (8), (Erregungsanstieg). Sie sagt: „Wenn's dir nicht passt, kannst du mich ja zum Essen einladen. Oder schmier dir selbst 'ne Schnitte!"

Herr Spekulant sitzt im Bus und beobachtet die Frau neben sich.

A Augen-blickliche Situation	Die Frau sieht aus dem Fenster.
B Bewertungs-system	Er denkt: Sie guckt schon die ganze Zeit weg. Das macht sie nur, um mich nicht ansehen zu müssen. Ich bin ihr unsympathisch. Auch sie mag mich nicht. Ich bin unattraktiv und werd nie eine Frau finden. Es ist hoffnungslos.
C Konse-quenzen	Deprimiert (7), (keine Begleitsymptome). Er seufzt und schlägt seine Zeitung auf.

FALLBEISPIEL: Frau Umdeuter

Frau Umdeuter sitzt mit ihrem Mann vorm Fernseher und sieht sich einen Spielfilm an. Bei einer Szene sagt sie: „Siehst du, du bringst mir nie Blumen mit. Andere Männer zeigen ihren Frauen, dass sie sie gern haben. Ich glaube, ich bin für dich auch nur noch als Haushälterin interessant." Sie ist enttäuscht und traurig.
Am nächsten Tag klingelt es. Sie öffnet die Tür.

A Augen- blickliche Situation	Ihr Mann hält ihr lächelnd 12 rote Rosen entgegen.
B Bewertungs- system	Sie denkt: Er macht das, weil ich es ihm gestern gesagt habe. Wenn er mich geliebt hätte, wäre er von allein drauf gekommen. Jetzt hat das nichts mehr zu bedeuten. Er liebt mich einfach nicht mehr. Das ist sehr, sehr schade.
C Konse- quenzen	Trauer (5), (keine Begleitsymptome). Sie sagt: „Oh, warst du einkaufen? Beeil dich, das Essen ist fertig."

FALLBEISPIEL: Herr Trugschluss

Herr Trugschluss ist zur Hochzeitsfeier geladen. Als er eintrifft, sind bereits über 50 Gäste da. Er wird von den Gastgebern begrüßt und laut vorgestellt. Als er sich umblickt, sieht er, wie andere Gäste miteinander reden und lachen.

B Bewertungs- system	Er denkt: Ich weiß gar nicht, was ich jetzt machen soll, wo ich hingehen kann. Bestimmt sagen die: „Guck mal, wie linkisch der ist." Die feixen sich eins und lachen über mich. Mann, ist das peinlich!
C Konse- quenzen	Scham (7), (Erröten, Händezittern). Er zündet sich eine Zigarette an, stellt sich mit dem Rücken zur Wand und blickt in eine Richtung, wo keine Gäste sind.

Herr Vermutl kommt aus dem Urlaub zurück ins Büro. Seine vier Kollegen sind bereits da.

A Augenblickliche Situation	Einer sagt: „Sieh mal an, unser Urlauber ist auch wieder da!" Alle lachen.
B Bewertungssystem	Vermutl denkt: Die grinsen sich so vielsagend an. Bestimmt haben die sich während meiner Abwesenheit gegen mich verbündet oder an meinem Stuhl gesägt. Mal sehen, was gleich für 'ne Gemeinheit kommt. Ich muss aufpassen, das wird sonst brenzlig.
C Konsequenzen	Angst (6), (Herzklopfen). Er sagt: „Na, wie läuft der Laden? Gibt's irgendwas Neues?"

Die Schwierigkeiten im Umgang mit diesen Interpretationsspezialisten sind in der Willkür und Absurdität ihrer Schlussfolgerungen begründet.

Frau Weißschon hätte wohl auch völlig andere Verhaltensweisen ihres Mannes ähnlich interpretiert. Hätte er zum Beispiel geschwiegen, nur „Hallo" gesagt oder gar „Hallo Spatz. Na, was macht denn meine Meisterköchin?", sogar bei einem „Oh, wie lecker!" hätte sie vermutlich geglaubt: Das ist ironisch gemeint. Er erwartet bestimmt ... usw.

Und Herr Spekulant: Stellen wir uns vor, seine Sitznachbarin hätte ihn plötzlich angesehen und gelächelt. Ihn hätte wohl nichts davon abbringen können zu glauben: Die amüsiert sich über mich oder bemitleidet mich, weil ich so ein hässliches Entchen bin ... Ähnliche Selbsteinschätzungen kennen wir ja bereits von Benjamin aus dem Fallbeispiel von Seite 64.

Frau Umdeuter gibt sich und ihrem Mann ebenso wenig eine Chance und Herr Trugschluss hätte sich ohnehin mit seinen Minderwertigkeitskomplexen in eine Ecke verdrückt, auch wenn niemand gelacht und alle geschwiegen hätten.

Auch Herr Vermutl mit seinem feinen Gespür für „Gefahren": Bei ihm hätten die Alarmsirenen natürlich erst recht angeschlagen, wenn alle ernst geblieben wären oder ihn ignoriert hätten.

Bei diesen unlogischen und willkürlichen Deutungsartisten haben wir es mit Menschen zu tun, die aus Situationen oder Ereignissen Schlussfolgerungen und Konsequenzen ableiten, die inhaltlich entweder völlig unsinnig, unbegründet und unlogisch oder doch zumindest sehr unwahrscheinlich und maßlos übertrieben sind.

Verrenkungsdeuter

Es liegt auf der Hand, dass solche Denkweisen leicht zu unangemessenen Gefühls- und Verhaltensreaktionen führen und schwerwiegende emotionale Probleme bewirken können. Daher halten wir fest:

> Wir untersuchen unsere Schlussfolgerungen künftig daraufhin, ob sie logisch und sinnvoll sind. Und wenn sie es sind, prüfen wir, ob die erwarteten Konsequenzen zwingend so eintreten oder nur eventuell oder unter bestimmten Bedingungen.

Verlassen wir nun schleunigst das Reich dieser unberechenbaren, unlogischen Interpretationskünstler und wenden wir uns endlich einem Menschenschlag zu, der von weitem recht friedlich und freundlich erscheint:

4.10 Applausfetischisten

Tja, das ist mal was anderes! Kaum haben wir das allseits beliebte Wirkungsfeld der Applaussüchtigen betreten, werden wir auch schon von freundlichen, lachenden, besonders zuvorkommenden Menschen umringt, die uns jeden Wunsch von den Augen abzulesen scheinen.

Durch unsere Erfahrungen mit den anderen Denkmustern sind wir zwar schon etwas misstrauisch geworden, doch auch nach sehr intensivem Hinhören und Beobachten können wir keine negative Ausstrahlung, Bekehrungsversuche oder Aggressivität entdecken. Endlich haben wir gefunden, wonach wir suchten: Menschen, die alles für uns tun und dabei auch noch glücklich sind!

Hier wollen wir bleiben! Wir richten uns häuslich ein und lassen uns von diesen angenehmen Zeitgenossen nach Herzenslust verwöhnen.

Die Zeit vergeht wie im Fluge und wir glauben, erst vor kurzem eingetroffen zu sein, als wir nach einigen Monaten erstaunt bei einigen Applausabhängigen erste Anzeichen körperlicher und psychischer Erschöpfung wahrnehmen.

Uns ist auch so, als verspürten wir hinter unserem Rücken versteckte, wachsende Auflehnung und Aggression. Aber sobald wir uns umdrehen, ist stets dasselbe, bekannte Lächeln zu sehen. Wir haben uns wohl geirrt. Vorsichtshalber beschließen wir, einige dieser glücklichen Wesen näher zu betrachten:

FALLBEISPIEL: Frau Gutemiene

Frau Gutemiene scheint eine besonders zuvorkommende, liebenswürdige Person zu sein. Stets hat sie für uns leuchtende Augen und ein strahlendes Lächeln parat. Heute folgen wir ihr ins Büro, wo sie als Chefsekretärin arbeitet.

Sie hat sich einiges vorgenommen und geht daher zeitig vor Arbeitsbeginn in die Firma, um mit ihrer Kollegin und Freundin Urlaubsvorbereitungen zu besprechen. Beide planen, übermorgen nach Spanien zu fliegen. In der Mittagspause will sie noch schnell letzte Einkäufe tätigen und um 17.30 Uhr ist sie mit ihrem Freund zum Essen verabredet.

Frau Gutemiene freut sich schon riesig auf ihren Urlaub. Sie hat sich intensiv vorbereitet und extra für diese Reise einige Monate lang einen Spanischkurs besucht.

Als sie nun 30 Minuten vor Arbeitsbeginn das Büro betritt und die Freundin begrüßt, stürmt ihr Chef ins Zimmer und sagt: „Da sind Sie ja endlich! Ich hab schon auf Sie gewartet. Kommen Sie bitte gleich zu mir!"

Frau Gutemiene ist erschrocken und besorgt. Zuerst entschuldigt sie sich bei ihrer Freundin und vertröstet sie auf einige Minuten, stürzt dann hektisch dem Chef hinterher, entschuldigt sich dafür, dass er auf sie warten musste, und schenkt ihm ihr freundlichstes, strahlendes Lächeln.

Als sie nach 45 Minuten wieder auf ihrem Platz sitzt, sagt die Freundin: „Mensch, ich hab den halben Vormittag auf dich gewartet. Jetzt kann ich nicht mehr. Wir müssen das in der Mittagspause besprechen."

▶

Frau Gutemiene entschuldigt sich erneut und willigt schnell ein. Als die Freundin in der Pause dann endlich mit 30-minütiger Verspätung erscheint, hat sie die geplanten Besorgungen bereits abgeschrieben. Sie ist ärgerlich, sagt jedoch mit süßestem Lächeln: „Schön, dass du da bist."

Nach einigen Sätzen hin und her meint die Kollegin: „Du, ich hab gestern mit Freunden gesprochen. Die kamen gerade aus Tunesien und haben nur geschwärmt! Ich hab mich schon erkundigt, wir können noch umbuchen. Ich würde viel lieber dahin fahren. Es kostet auch kaum mehr."

Frau Gutemiene entgegnet zaghaft: „Na ja, ich weiß ja nicht ..."

Die Freundin unterbricht: „Du, ich will dich nicht drängen. Wenn du lieber allein nach Spanien willst, bin ich dir nicht böse. Notfalls würde ich die Neue aus der Buchhaltung fragen, ob sie mit will. Ich will dich nicht überrumpeln, aber bis heute Nachmittag musst du dich entscheiden."

„Na gut, wenn du meinst ..." Frau Gutemiene ist sehr enttäuscht, versucht aber tapfer zu lächeln und schreibt im Geiste ihre Spanienträume und Sprachbemühungen ab.

Die Tür geht auf, der Chef stürzt herein: „Ach *da* sind Sie. Ich brauch Sie gleich mal!" Er schlägt die Tür zu und verschwindet. Obwohl sie noch Mittagspause hat, springt Frau Gutemiene auf und hastet hinterher.

Wenig später meint ihr Chef: „Sie fahren auch immer zu den ungünstigsten Zeiten in Urlaub."

Sie lächelt und ist besorgt, was nun wohl kommt.

Er sagt: „Na, ich habe ja nun mal zugestimmt, aber diese Schreiben müssen unbedingt noch vom Tisch! Ich hoffe doch, dass Sie das heute noch fertig bekommen, oder?"

Sie lächelt etwas verkniffen und reagiert pflichtbewusst mit: „Aber natürlich, Chef!"

Frau Gutemiene macht sich an die Arbeit, ruft aber zuvor noch ihren Freund an, um den Termin um zwei Stunden zu

►

verschieben. Der beschwert sich: „Ich hatte schon den Tisch bestellt. Kannst du dich denn nicht *einmal* an etwas halten?" Sie entschuldigt sich mehrmals und verspricht beschwichtigend, dass es künftig nicht wieder vorkommen werde.

Als Sie dann abends mit 45-minütiger Verspätung vom Büro aus mit dem Taxi zum Treffpunkt hastet, ist der Freund stinksauer. Die Stimmung bleibt trotz aller Entschuldigungen und Erklärungsversuche derart mies, dass er sich bald verabschieden und nach Hause fahren will.

Gutemiene weint und versucht vergeblich, ihn zurückzuhalten.

Auf dem Nachhauseweg gelingt es ihr noch gerade eben, den Busfahrer freundlich anzulächeln und der Nachbarin zuzuwinken.

Kaum hat sie die Wohnungstür hinter sich geschlossen, lässt sie sich aufs Bett fallen und weint hemmungslos. Sie ist fix und fertig, möchte am liebsten alles hinwerfen und ist abwechselnd traurig, wütend und deprimiert.

FALLBEISPIEL: Herr Immerfröhlich

Herr Immerfröhlich ist Tischler und bei Bekannten und Kollegen gleichermaßen beliebt, denn wenn Not am Mann ist, steht er ihnen hilfsbereit zur Seite. Meist braucht man ihn noch nicht einmal zu fragen. Wenn andere von Problemen oder Schwierigkeiten berichten, bietet er unaufgefordert Hilfe an. Ja, er drängt sie ihnen nahezu auf.

Ob es ein Saunabau bei Freunden oder eine Sonderschicht im Betrieb ist, stets sagt er beflissen zu, wenn jemand um Hilfe bittet. Er scheint sich regelrecht zu freuen, wenn jemand auf ihn zukommt, ihn braucht.

Seit einigen Wochen wirkt Herr Immerfröhlich nervös, unausgeschlafen und abgespannt. Zusätzlich zu einer Samstags-Sonderschicht, wo er einen Kollegen vertritt, der zu einem auswärtigen Fußballländerspiel „musste", hat er bei zwei

Bekannten Saunaeinbauten zugesagt, einer Nachbarin einen Küchenumbau versprochen, einer anderen will er eine Schrankwand errichten.

Trotz eines 16-Stunden-Tages kommt er mit den Arbeiten nicht mehr so recht voran und kann seinen Zeitplan nicht einhalten. Die Bekannten und Nachbarn beginnen bereits, über die Dauerbaustellen zu murren, und erinnern ihn an seine Zusagen.

Herrn Immerfröhlich fällt es immer schwerer, sein freundliches, joviales Gebaren aufrechtzuerhalten, und sein Lächeln wirkt auch zunehmend gequälter. Als er gestern mit seinem Wagen Materialien für die Umbauten besorgte, hatte er unterwegs eine Panne. Von den angerufenen Bekannten und Nachbarn konnte leider niemand helfen. Der eine musste die Sportschau sehen, der andere wollte gerade in die Badewanne und die anderen waren einfach zu müde und zu kaputt. So durfte er einen Abschleppdienst rufen und bezahlen.

Heute arbeitet Herr Immerfröhlich weiter an der Sauna eines Bekannten, als dieser ihn auf einen Konstruktionsfehler hinweist.

Herr Immerfröhlich kann nicht mehr. Er sieht plötzlich rot und brüllt: „Ihr könnt mich alle mal!", schmeißt sein Werkzeug hin und rennt aus dem Haus.

Kurz danach ist er mit allen Bekannten, Kollegen und Nachbarn aufs heftigste zerstritten.

Wir sind ziemlich bestürzt über unsere Beobachtungen. Wie haben wir uns nur so täuschen können!? Alarmiert beobachten wir andere Applausfetischisten und stellen fest, dass es auch mit ihrem Selbstbewusstsein nicht zum Besten steht: Offensichtlich bestimmen sie ihren Selbstwert nach der Höhe der Anerkennung, Zuwendung und Zuneigungsbeweise durch andere.

Und da sie so ängstlich auf das Wohlwollen anderer fixiert sind, fürchten sie sich natürlich, deren Wünsche und Forderungen abzuschlagen oder gar nach eigenen Normen und Zielvorstellungen zu leben, selbst Forderungen zu stellen, eigene Wünsche durchzusetzen. Denn das würde ja die Gefahr in sich bergen, für andere nicht mehr bequem und beliebt zu sein, eventuell nicht mehr gemocht und allein gelassen zu werden. Und gemessen an den eigenen Maßstäben, hätten sie dann an Wert verloren.

Der hohe Preis, den die Anerkennungsabhängigen für diese Form der Selbstwertbestimmung zahlen, wird schnell deutlich: Er besteht in der Aufgabe eigener Lebensziele. Denn ihr Handeln ist ja in erster Linie an den Zielen und Normensystemen anderer ausgerichtet, um deren Zuneigung zu gewinnen. Die Umsetzung eigener Moralvorstellungen und Lebensziele muss dabei notgedrungen hinten anstehen.

Klar, dass Menschen ohne eigene Ziele natürlich auch ohne Erfolgserlebnisse auskommen müssen. Applausfetischisten haben daher nicht nur durchweg enorme Selbstwertprobleme, ... *so* behalten sie sie auch.

Wenn jemand die Höhe seines Selbstwerts an die Anerkennung und Zuneigung von anderen knüpft, ist das natürlich schon ein Widerspruch in sich: Das Wort *Selbst*wert besagt ja, dass es hier um die Wertvorstellung geht, die *wir uns selbst* zusprechen.

Da die Applausabhängigen ja aber andere entscheiden lassen, wie gut es um ihren Wert bestellt ist, muss man hier wohl eher von einer Fremdwert-Bestimmung sprechen.

Wer seinen Wert von der Anerkennung anderer abhängig macht, muss natürlich dauernd befürchten, diese „Selbstwertbeweise" zu verlieren und dann ungeliebt, einsam und somit wertlos dazustehen.

Bei dieser Art der Selbstwertbestimmung wird man daher neben der Aufgabe eigener Ziele auch noch vieles andere zu erdulden und zu ertragen haben, was den eigenen Wünschen völlig

zuwiderläuft. So sieht man am Beispiel von Herrn Immerfröhlich, wie Applausfetischisten ihren Leidensdruck und ihre Frus-
trationen oft so lange aufstauen, bis sie schließlich nicht mehr
können und sich durch eine heftige Explosion von dieser An-
spannung zu entlasten versuchen.

Applausfetischisten

Anerkennungssüchtige zahlen daher nicht nur einen hohen
Preis in Form von Selbstbeschränkungen, Aufgabe eigener Zielvorstellungen und erheblichem Gefühlsdschungel. Sie können
trotz dieses gewaltigen Einsatzes ihr Ziel dauerhaft nicht erreichen. Die ertragene Angst, die Entbehrung und Enttäuschung,

die Anpassung und Frustration, die Aufgabe eigener Zielsetzungen und der Selbstwertverlust: Alles für die Katz!

Wir haben bereits bei den Menschenwertbestimmern festgestellt, dass pauschale *Selbst*wertbestimmungen regelmäßig zu emotionalen Problemen führen. Bei pauschalen *Fremd*wertbestimmungen gilt das natürlich umso mehr.

Halten wir also fest:

> **!** Wer seinen Wert von der Zustimmung oder Zuneigung anderer abhängig macht und dafür eigene Normen und Ziele aufgibt, macht seinen Selbstwert und sein psychisches Befinden unnötig von anderen abhängig. Darüber hinaus muss er dauernd befürchten, diesen fremdbestimmten „Wert" entzogen zu bekommen. Auch ständiges Wohlverhalten und Befolgen der Wünsche und Normen anderer kann nicht vor den emotionalen Problemen bewahren, die mit dieser Fremdwertbestimmung verbunden sind.

Auf einmal finden wir es hier gar nicht mehr so gemütlich. Wir trauen dem süßen Lächeln der Applausfetischisten nicht mehr und erwarten besorgt die nächste Explosion. Das war also auch nicht die Lösung. Enttäuscht brechen wir auf und wollen weiter. Doch bevor wir das Gedankenreich dieser Anerkennungssüchtigen verlassen können, fällt uns im Grenzgebiet zu den Versicherungsdenkern eine ganz besonders spezialisierte Gruppe auf:

4.11 Selbstschutzexperten

Bei näherer Betrachtung glauben wir, die hier vorherrschenden Denkmuster bereits zu kennen, können sie aber noch nicht so recht einordnen: Einerseits erkennen wir das freundlich zuvorkommende Verhalten und das typische, höfliche Lächeln der

Anerkennungssüchtigen, andererseits werden Strategien angeboten, die angeblich vor emotionaler Verletzung schützen. Und das kennen wir ja schon von den Versicherungsdenkern.

Es scheint sich offenbar um Grenzgänger beider Gedankenreiche zu handeln.

Als uns schließlich ein Selbstschutzexperte anspricht, nutzen wir die Chance, seine Denkmuster und Offenbarungen näher zu betrachten. Gespannt folgen wir ihm in sein von außen recht vielversprechendes, freundliches, einladendes Gedankengebäude mit der wunderschönen Fassade, um uns seine Vorschläge anzuhören.

Verfolgen wir nun das Gespräch mit Herrn Maske, diesem zuvorkommenden, scheinbar recht selbstbewussten Ratgeber und Experten für Möglichkeiten, sich im Umgang mit anderen vor seelischen Blessuren zu schützen:

FALLBEISPIEL: Herr Maske

Die Stimmung ist ausgezeichnet. Nachdem Herr Maske uns sein Selbstschutzprogramm, die Vorteile von Schutzzäunen, Fassaden und Blendwerk erläutert und seinen ausgefeilten „Notschalter-und-Fettnäpfchen-Kaschier-Plan" vorgestellt hat, kommen wir bald auch auf persönlichere Themen zu sprechen, denn wir scheinen uns sympathisch zu sein.
Irgendwann reden wir auch über unsere Arbeitssituation. Jemand klagt über die Belastung im Betrieb. Letzte Woche habe er schon wieder Überstunden schieben müssen. Es sei einfach kein qualifizierter Mitarbeiter zu finden. Alles müsse man selbst machen.
Herr Maske nickt, lächelt und bekundet sein Bedauern.
Ein anderer meint: „Letzte Woche hatte ich wieder 'ne Anzeige geschaltet. Ich suche drei Fachkräfte. Aber die Typen, die das Arbeitsamt schickt ...! Die woll'n überhaupt nicht! Völlig motivationslos! Gerade diese Langzeitarbeitslosen, die wissen nur noch, wie man Urlaub macht. Wenn die mal acht Stunden arbeiten soll'n, sind sie gleich krank." ▶

Herr Maske lächelt und schweigt.
Jemand setzt nach: „Ich finanzier inzwischen auch schon meinen Arbeitslosen. Wenn der wenigstens mal bei mir den Garten machte!" (Einige lachen, Herr Maske auch und errötet dabei.) „Solange die so ausgehalten werden, haben die auch kein Interesse mehr. Man sollte die alle zur Sozialarbeit verpflichten, damit sie mal aus den Betten kommen." Herr Maske läuft rot an vor Ärger, springt auf und schreit: „Arrogante Schnösel! Machen Sie, dass Sie hier rauskommen!"
Wir sind völlig verdutzt. Spinnt der? Was hat denn der auf einmal? Hinter uns knallt die Tür zu.

Erst später erfahren wir, dass Herr Maske seit 4 Jahren unfreiwillig arbeitslos ist, sich dafür schämt und sich zunehmend selbst abwertet, weil er sich ohne Arbeit für nutz- und wertlos hält. Vor den Nachbarn versucht er seine Situation zu verbergen, indem er, wie früher, täglich von 7 bis 16 Uhr mit der Aktentasche das Haus verlässt und einen äußerst beschäftigten Eindruck verbreitet.

Sein Selbstwertempfinden ist entsprechend gering.

Geschockt betrachten wir die Denkmuster genauer. Was ist da abgelaufen?

Selbstschutzexperten befürchten, dass man sie manipulieren und drangsalieren könnte, wenn man ihre persönlichen Eigenheiten, Schwächen und Fettnäpfchen kennt. Sie fürchten, dann hilflos, ausgeliefert, verletzlich und abhängig zu sein, und versuchen deswegen, ihre Schwachstellen mit allen möglichen Tricks zu überspielen und zu kaschieren.

Nach außen wirken sie dabei oft sehr selbstsicher, teils resolut und zielstrebig, teils freundlich distanziert, zuvorkommend oder besonders gelassen.

Weniger perfekte Vertreter wirken im Versuch, ihre Befürchtungen zu überspielen, auch überheblich, arrogant oder zynisch. Oder sie versuchen, durch eine unterschwellig aggressive oder burschikose Art andere schon vorsorglich in die Schranken zu weisen.

Betrachten wir einmal die typische Strategie von Selbstschutzexperten anhand eines Vorstellungsbilds:

UND JETZT SIE:

Stellen Sie sich einen großen Raum vor, der Ihre Psyche, Ihr Selbstbild darstellen soll. In diesem Raum sind auch Ihre großen und kleinen Fettnäpfchen, Ihre Schwächen und Defizite verteilt. Nun tritt plötzlich ein Unbekannter ein. ALARM!!! Ihre „Selbstschutz"-Mechanismen greifen: Das Licht geht aus, und Sie machen ein gleichbleibend höfliches, arrogantes, neutrales oder freundliches Gesicht.

Ihr Besucher tapert im Dunkeln weiter und versucht, sich Ihnen zu nähern. Da: Patsch! Das war der erste Fettnapf. Sie bleiben weiter ungerührt oder lächeln sogar, denn er darf ja nicht merken, dass da etwas war.

Patsch! Diesmal hat er einen besonders großen Napf erwischt. Um dies zu übertünchen, benutzen Sie ein besonders herzliches Lächeln. Als freundlicher Mensch tritt Ihr Besucher nun gleich mehrfach auf dieselbe Stelle, denn er muss ja denken, Sie fänden das großartig.

Irgendwann können Sie nicht mehr, der Druck oder Schmerz wird zu stark: Sie platzen, verlieren schlagartig Ihre freundliche Fassade und werden auf den vermeintlichen Angreifer ungeheuer sauer. Was hat er Ihnen angetan! ...

Offenbar können also auch Selbstschutzexperten nicht vor emotionalem Aufruhr bewahren. Vergessen wir daher besser ihre Strategien. Sie taugen nichts.

Selbstschutzexperten

Das Gegenteil wäre günstiger für uns: wenn wir das Licht anlassen oder sogar noch unsere Fettnäpfchen hell beleuchten
würden. Nur so geben wir unseren Besuchern überhaupt eine
Chance, sie wahrzunehmen und um sie herumzugehen.

Einige werden dann möglicherweise wegen unserer vielen
Schwächen und Defizite erschrocken reagieren, abdrehen und
mit uns nichts mehr zu tun haben wollen. Das fänden wir

vielleicht sehr schade, es wäre im Moment aber nicht zu ändern.

Andere könnten denken: „Meine Güte, da ist aber noch einiges im Argen." Aber sie werden sich vielleicht bemühen, unsere sensiblen Stellen zu umgehen. Oder sie helfen sogar, die Fettnäpfe zu beseitigen.

„Aber es könnte doch auch Menschen geben, die sich meine Schwachstellen zunutze machen, denen es Spaß macht, darauf herum zu treten, oder die mich damit erpressen und zu Wohlverhalten zwingen wollen!" ?!

Das mag schon sein. Aber was machen wir denn sonst mit solchen Typen?

Stellen Sie sich vor, Sie hätten eine wunderschöne, neu möblierte, renovierte Wohnung. Zur Einweihung haben Sie etliche Leute eingeladen, darunter auch jemanden, den Sie noch nicht so gut kennen. Diese Person benimmt sich recht ungewöhnlich: Sie ascht überall hin (nur nicht in den Aschenbecher), tritt die Zigaretten auf dem neuen Teppichboden aus und schreibt Witze auf das neue Ledersofa. Ihre guten Gläser werden natürlich nach dem Austrinken stilgerecht an die Wand geworfen ...

Ja, was machen wir denn da?

Genau: Den werfen wir raus. Den lassen wir zukünftig nicht mehr rein, nicht an uns heran. Nur: *Jetzt* wissen wir, warum.

Erst wenn wir „das Licht anlassen", wenn wir uns so zeigen, wie wir wirklich denken und fühlen, können wir zwischen Freund und Feind unterscheiden.

Denn im Dunkeln werden auch die Wohlgesonnensten früher oder später ungewollt in mindestens einem unserer Fettnäpfe landen. Und wir müssten zudem dauernd befürchten, „entlarvt" zu werden: Andere könnten irgendwann unsere „Schwachstellen" entdecken, uns daraufhin ablehnen und verlassen.

Unsere Erfahrungen mit Selbstschutzexperten besagen:

> **!** Wer versucht, zum Selbstschutz auf andere dauernd stark und unangreifbar zu wirken, zahlt dafür mit ungeheurem Energieaufwand und unnötigen emotionalen Problemen. Zudem behindert es die Bearbeitung der Schwachstellen und Defizite. Denn wenn man sie nicht offen zugeben darf, hat man auch keine Möglichkeit, sie durch Übung und Training abzubauen.

Wir stehend noch diskutierend vor Maskes schönem Gebäude und versuchen, unsere Überraschung zu verarbeiten, da werden wir unfreiwillig zu Zeugen eines Streits seiner Nachbarn und Denk-Verwandten. Diese sind ausgebuffte:

4.12 Punktekämpfer

Und wieder befinden wir uns inmitten neuer Gefühlsturbulenzen. Fasziniert verfolgen wir das Spektakel zwischen Herrn und Frau Ringer:

FALLBEISPIEL: Herr und Frau Ringer

Herr und Frau Ringer lieben sich sehr. Er kommt gerade von der Arbeit nach Hause, sie steht vor der Tür. Er begrüßt sie mit: „Hallo."
Sie: „Hallo."
Er: „Essen fertig?"
Sie: „Klar."
Er: „Du kannst mich gern etwas freundlicher begrüßen!"
Sie: „So wie du?"
Er: „Nie kommst du mir entgegen und umarmst mich!"
Sie: „Du mich auch nicht! ... Und nie bringst du Blumen mit."

▶

> Er: „Was hat denn das damit zu tun!? Bis eben hatte ich noch gute Laune. Immer schaffst du es irgendwie, gleich schlechte Stimmung zu machen!"
>
> Sie: „Jetzt bin ich wieder schuld, was? Bis eben hatte ich mich auf einen schönen Abend mit dir gefreut! ... Dafür macht man sich nun die ganze Mühe!"
>
> Er: „Ich kann ja essen gehen, wenn es dich zu sehr belastet."
>
> Sie: „Das hab ich gar nicht gesagt, aber wenn du meinst!"
>
> Er: „Hier ist doch nur wieder miese Stimmung ..."
>
> Sie: „Und ich bin daran schuld, wie? Guck doch mal bei dir ...!!"
>
> Er: „Hör auf mit deinen ewigen Schuldzuweisungen! Ich kann das nicht mehr hören!"
>
> Sie: „Das kann ich mir vorstellen, dass du das mal wieder nicht hören willst. Du bist ja sowieso immer völlig im Recht. An dir liegt es ja nie. Ich ertrag das bald nicht mehr!"
>
> Er: „Ich kann ja gehen!"
>
> Sie: „Wie du willst!"
>
> Er dreht sich wütend um und geht, sie knallt die Tür zu. Beide gebärden sich aggressiv und sind dabei doch nur verletzt und innerlich sehr traurig ...

Tragisch, tragisch. Was ist denn da passiert?

Wenn wir die typischen Strategien von Punktekämpfern betrachten, stellen wir fest, dass es beiden Seiten gar nicht einmal darum geht, Punkte zu machen, sondern vielmehr darum, *keine zu verlieren*.

Punkte zu verlieren, ist dabei meist gleichzusetzen mit: im Unrecht zu sein, Fehler nachgewiesen zu bekommen, Schwäche zu zeigen oder sich in Abhängigkeit zu begeben.

Auch den Punktekämpfern geht es zuvorderst darum, ihren Selbstwert zu retten. Denn diesen haben sie, wie bei Menschen mit Selbstwertproblemen üblich, an etwas geknüpft: an den

Gewinn oder Verlust von Punkten: Verliere ich Punkte, weil ich mich schwach, abhängig oder verletzlich zeige, im Unrecht bin oder Fehler gemacht habe, dann bin ich weniger wert.

Ringers hatten sich tatsächlich beide auf einen schönen Abend gefreut und hätten sich gern umarmt, nur dass sich keiner von beiden die „Schwäche" erlauben mochte, seine Arme zuerst aufzumachen. Wie hätte er oder sie dann dagestanden, wenn der andere nicht darauf eingegangen wäre?!

Das hätte einen Punkteverlust bedeutet. Und der muss unbedingt verhindert werden!

Richtig eingefleischte Punktekämpfer werden diesen „Selbstwertverlust" um fast jeden Preis zu verhindern suchen, auch um den einer guten Beziehung.

Punktekämpfer

Kämpfe wie zwischen Herrn und Frau Ringer können nur dazu führen, dass es letztendlich zwei Verlierer gibt. Denn wie könnte eine Beziehung jemals erholsam oder entspannt sein, wenn beide Partner stets ängstlich darauf bedacht sind, dem anderen nur ja keine Punkte zuzugestehen? Das Ende eines solchen Machtkampfes ist in der Regel eine kaputte Beziehung.

Zum Glück ist der Ausweg nicht allzu kompliziert, auch wenn er einem langjährigen Punktekämpfer einige Überwindung abverlangt: Zu jedem Kampf gehören mehrere Parteien. Wir können lernen, dort aus dem Ring zu steigen, wo ein Kampf nur den oder die Menschen verletzen würde, die wir gern haben. Wenn wir aufhörten, dort mitzukämpfen, werden die anderen entweder bald den Spaß am Kampf verlieren oder sogar selbst erkennen, was hier schief läuft.

Und wenn wir aufhören, unseren Selbstwert an erzielte oder verteidigte Punkte zu knüpfen, werden wir dem Partner ohne eigenen Wertverlust so viele Punkte überlassen können, wie der nach seinem alten Denkmuster leider noch zu brauchen meint. Wir wissen nun:

> **!** Wer seinen Selbstwert mit bestimmten Leistungen, Gefühlen, Stärken oder Fähigkeiten verknüpft, muss ständig befürchten, an „Selbstwert" zu verlieren, wenn er diesen Prüfsteinen einmal nicht genügt.
> Und er wird dann auch dort streiten, wo „erfolgreicher" Kampf nur zu Verlierern führt.

Erschöpft, aber auch erwartungsvoll sind wir allmählich am Ende unserer Rundreise durch den Dschungel der Denkfallen und die Gedankenreiche der emotionalen Turbulenz-Spezialisten angekommen. Wir besuchen:

4.13 Verantwortungslose Untertanen

Kaum haben wir dieses Gedankenreich betreten, werden wir schon von etlichen Vertretern der hier herrschenden Denkmuster begleitet. Obwohl sie nicht ganz mit unserem Denken und Verhalten einverstanden zu sein scheinen, folgen sie uns doch weiterhin, wenn auch zum Teil murrend. Dabei diskutieren sie aufgeregt miteinander.

Wir bemerken, dass sie dabei immer dann besonders aggressiv, zickig oder aber gekonnt nichtssagend und ausweichend antworten, wenn mal jemand eine konkrete Frage stellt.

Dann benutzen sie häufig Worte wie: *mal sehen, vielleicht, eigentlich, einerseits ..., andererseits ..., kann sein, gewissermaßen, unter Umständen, könnte man nicht mal ..., wenn ich mich nicht irre, man, eventuell* und *ja, aber ...*

Was wir da im Gefolge haben, sind verantwortungslose Untertanen.

Beobachten wir zunächst wieder einige typische Vertreter, um ihre kennzeichnenden Gedankenmuster aufzuspüren:

FALLBEISPIEL: Die Herren Wattig, Neblig und Zackig

Die Kollegen Wattig, Neblig und Zackig wollen gemeinsam in den Urlaub fahren. Heute sind sie verabredet, um das Reiseziel zu bestimmen. Wattig möchte gerne nach Spanien, Neblig nach Thailand und Zackig nach Sylt. Bisher hat das jedoch noch niemand gesagt.

Herr Zackig ist noch nicht da. Wattig und Neblig beginnen schon mal mit der Zielsuche. Wattig meint:

„Ja, dann woll'n wir mal. Gar nicht so einfach. Hast du dir was überlegt?"

„Nee. Aber du hast doch bestimmt 'nen Vorschlag. Lass mal hör'n."

„Ich weiß ja auch nicht so genau ... Also, 'ne Bekannte von mir war gerade in Spanien. Da soll's nich' schlecht gewesen sein."

▶

„Ah ja. Aber die Lebenshaltungskosten soll'n da ja förmlich explodiert sein.... Also, ich hab da zufällig 'nen Prospekt in die Hände bekommen. Thailand, glaub ich. Das scheint auch nicht schlecht zu sein."

„Ja, aber gibt's da nich' so 'ne Art Bürgerkrieg? Auf jeden Fall gibt's da jede Menge AIDS und Schlangen. Vielleicht ist da ja Südeuropa doch sicherer."

„Kann sein, dass das in der Presse aufgebauscht wurde. Ich weiß ja auch nich', aber ich hab auch keine Lust, mich in Spanien abends mit irgendwelchen arroganten Türstehern von pseudo-eleganten Discos abzusabbeln."

„Nee, das wär ätzend. Aber in Puerto Sin Responsabilidad soll das angeblich ganz toll sein."

So geht das noch eine Weile hin und her. Keiner sagt, was er will, allenfalls das, was er nicht möchte. Schließlich kommt Herr Zackig dazu. Der hört sich kaum die letzten „Ja, abers" und „Einerseits-andererseits"-Bedenken an, sondern kommt sofort zur Sache:

„Also, Jungs, ihr habt ja wohl 'n Rad ab. Spanien! Ins Rentnerparadies! Das können wir mal in 20 Jahren andenken. Und was soll ich in Thailand? Thai-Mädchen kann ich auch hier ohne Ende finden. Den Flug kann man sich locker sparen. Das Geld hau'n wir lieber hier drauf. Von euch spricht doch sowieso keiner 'ne Fremdsprache. Nix da. Wir fahr'n nach Sylt. Ich hab da 'n supergeiles Appartement aufgetan. Da können wir auch mit 'm Auto hin. Ihr könnt bei mir mitfahr'n."

Herr Wattig und Herr Neblig schweigen zunächst und machen einen beleidigten Eindruck. Schließlich fragt Zackig:

„Was is'? Alles paletti? Oder hat jemand 'nen besseren Vorschlag?"

▶

Er sieht Wattig an.

Der: „Na ja, vielleicht is das ja nich' schlecht, aber so richtig toll ..., ich weiß ja nich'."

„Weißt du was Besseres?"

„Nee, eigentlich nich' ..."

„Na siehste! Und du?" Herr Zackig wendet sich Neblig zu.

„Also, wenn ihr beide unbedingt wollt, ... von mir aus. Aber ich find's nich' richtig, dass du immer alles bestimmst."

„Wieso bestimm ich? Wo willst du denn hin?"

„Na, ich mein ja nur. Ich sag ja: Wenn ihr unbedingt wollt ... Einerseits ist das vielleicht nich' so schlecht, aber andererseits wird das bestimmt auch sauteuer."

„Das wird auch nich' teurer als die anderen Sachen. Also, was is'? Alles klar? Ich meld uns an."

Herr Wattig zuckt mit den Achseln und seufzt resignierend. Herr Neblig brummt missmutig: „Meinetwegen, wenn du unbedingt willst, von mir aus."

Wattig und Neblig sind sauer. Beide hatten sich gewünscht, dass sich die anderen von sich aus für das eigene, insgeheim favorisierte Ziel entscheiden.
Nur Zackig ist zufrieden. Aber nicht mehr lange: Erst einmal auf Sylt angekommen, werden Wattig und Neblig schon dafür sorgen, dass alle vor lauter Haaren in der Suppe nicht mehr zum Genießen kommen.
Dafür werden sie natürlich Zackig verantwortlich machen und entsprechend vorwurfsvoll und ausgiebig motzen, greinen und jammern.

Die Verhaltensweisen der Herren Neblig und Wattig kommen uns irgendwie bekannt vor. Ähnliches konnten wir schon bei den Null-Verzicht-Denkern beobachten. Die mochten sich ja auch nicht entscheiden.

Denen geht es jedoch darum, nicht auf die Vorteile anderer Alternativen verzichten zu müssen, da sie glauben, diesen Verlust, diese Frustration nicht ertragen zu können, und sie suchen deswegen endlos nach der Lösung, die die Vorteile aller Alternativen vereint, ohne Nachteile mit sich zu bringen.

Die Strategie der verantwortungslosen Untertanen erscheint zwar ähnlich, ihre Motivation ist jedoch eine völlig andere: Sie besitzen zwar eine ganz klare Vorstellung von ihren Zielen, trauen sich aber nicht, diese offen zu legen. Denn taugte ihr Vorschlag nichts, wären sie ja dafür verantwortlich. Und sie scheuen nichts mehr als eben dies: Verantwortung.

Verantwortungslose Untertanen glauben unbedingt einen Stärkeren zu brauchen, der für sie Verantwortung trägt. Sie meinen, dass das Leben am leichtesten und erstrebenswertesten sei, wenn sie ohne Verpflichtungen oder Verantwortlichkeiten leben könnten und wenn andere für sie sorgten. Sie halten es für leichter, den Schwierigkeiten des Lebens aus dem Wege zu gehen, als sich ihnen zu stellen und Verpflichtungen und Verantwortung zu übernehmen.

Sehen wir uns die Konsequenzen dieser Strategie an: Wenn wir einen Stärkeren suchen und ihm sämtliche Verpflichtungen und Verantwortung übertragen, machen wir uns ihm untertan und begeben uns in seine Obhut.

Das kennen wir doch irgendwoher ...

Na klar: Aus unserer Kindheit. Wir hatten Eltern, Erzieher, Lehrer und andere, die für uns Verantwortung trugen, die dafür sorgten, dass uns ja nichts passierte, dass wir ohne größere Blessuren durchs Leben kamen.

Verantwortungslose Untertanen

Ach, wär das schön, wenn's heute auch noch so sein könnte!
Wenn mir jemand das Butterbrot schmierte, das Zimmer auf-
räumte, das Essen kochte, für mich da wäre, wenn ich's
wünschte! Wenn sich jemand kümmerte, wenn's mir schlecht
geht, der Probleme für mich löste, die negativen Konsequenzen

meiner Verhaltensweisen übernähme, mich vor Gefahren beschützte und mir den Weg durchs Leben ebnete!

Ja, das wär schon was. Aber die Zeiten haben sich geändert.

Seitdem wir mehr oder weniger schwerfällig und widerwillig aus dem Nest gekrochen und flügge geworden sind, weht eine andere Brise.

Wenn wir als Kind mit etwas unzufrieden waren, wenn Mami oder Papi nicht so spurten, wie wir wollten, so konnten wir schreien, aufstampfen und mit einem kräftigen „Raaabääääh!" unseren Unmut hinausbrüllen.

Ob's was gebracht hat, sei dahingestellt. So können wir uns heute zwar auch noch aufführen, aber mal ganz ehrlich: Irgendwie wirkte das schon komisch, oder?

Wenn wir uns als Erwachsene immer noch anderen untertan machen, die Früchte des Kindseins immer weiter genießen wollen, wird das natürlich auch fatale Auswirkungen auf unsere Selbsteinschätzung haben.

Es überrascht daher niemanden, dass verantwortungslose Untertanen in der Regel ein ausgeprägtes Selbstwertproblem mit sich herumtragen.

Sie besitzen zwar konkrete eigene Zielsetzungen, trauen sich aber nicht, diese offen zu verfolgen. So werden sie sie natürlich auch nie erreichen. Erfolgserlebnisse sind da nicht drin. Dementsprechend frustriert mit sich selbst oder anderen reagieren sie dann. Halten wir daher fest:

 Wenn wir eigener Verantwortungsübernahme aus dem Wege gehen und deshalb unsere Ziele anderen unterordnen, uns ihren Entscheidungen und Zielen anschließen und versuchen, ihnen unsere Verpflichtungen zu übertragen, dann führt dies meist zu tief greifenden Selbstwertproblemen, zu Unzufriedenheit und Frustration.

Während wir noch über die selbstschädigende Strategie der verantwortungslosen Untertanen nachdenken, fallen uns einige ganz besonders niedliche Vertreter dieser Denkweise auf. Obwohl altersmäßig offensichtlich schon erwachsen, machen sie doch einen sehr viel jüngeren Eindruck. Was wir entdeckt haben sind:

4.14 Erwachsene Küken

Auch auf den zweiten Blick erscheinen uns diese kleinen Erwachsenen ganz allerliebst. Wie niedlich und putzig sie sich geben! Sie wirken ganz fröhlich und munter, teilweise kokettierend, keck, naseweis und kiebig.
Aber selbst das können wir ihnen einfach nicht übel nehmen.

Erst nach einer Weile merken wir, dass wir voll auf ihren Trick hereingefallen und ganz typisch auf das „Kindchenschema" angesprungen sind.
Und wie das funktioniert, betrachten wir an einem Beispiel:

FALLBEISPIEL: Fräulein Süß

Fräulein Süß ist 28 Jahre alt, hat studiert und arbeitet seit 2 Jahren in einer Werbeagentur. In ihrem großen Freundes- und Bekanntenkreis ist sie wegen ihrer freundlich-zuvorkommenden, stets aufmerksamen Art überaus beliebt und gern gesehen, und die Kollegen achten sie auch wegen ihrer Intelligenz und fachlichen Kompetenz. Einen festen Partner hat sie nicht. Ihre letzte (und einzige) intime Beziehung war von kurzer Dauer und ist seit 4 Jahren beendet. Im Alter von 14–22 Jahren war sie magersüchtig. Mit Hilfe einer Therapie hat sie ihr Essverhalten inzwischen so weit zu ändern gelernt, dass sie heute zwar noch immer zierlich und zerbrechlich wirkt, aber nicht mehr extrem untergewichtig ist.
Fräulein Süß wirkt stets gepflegt, ist sorgfältig mit unauffälligem Chic gekleidet, erscheint dabei aber recht mädchenhaft. Sie schminkt sich prinzipiell nie, trägt grundsätzlich lange

▶

Hosen, flache Schuhe und Pullover oder Hemden in Figur verdeckenden Übergrößen. Noch nie hat sie jemand in der Firma im Rock oder in Schuhen mit höheren Absätzen gesehen.

Heute hat ihr Chef sie und ihre Kollegin Frau Groß sowie die Herren Müller und Meyer zu einem Umtrunk geladen, um die erfolgreiche neue Kampagne zu feiern. Fräulein Süß betritt als Letzte den Raum, sagt mit ihrer hellen Stimme „Hallo", lächelt den Chef an und wendet sich dann Frau Groß zu:

„Ich hatte gestern Besuch. Ich hab dir ein paar Reste mitgebracht." Sie lächelt und reicht ihr eine unangebrochene Packung Trüffelpralinen.

„Oh, danke! Aber ob das gut für mich ist?" Die stark übergewichtige Frau Groß lacht und streicht sich über den Bauch.

„Na, Fräulein Süß, wieder mal am Kalorienverteilen?" stichelt Meyer und grient. Die überhört das geflissentlich und setzt sich neben ihrem Chef in die Runde.

„Na, dann sind wir ja komplett. Also: Auf unseren Erfolg und auf weiterhin gutes Gelingen." Der Chef prostet den anderen zu. Alle trinken, Fräulein Süß Selters, die anderen Sekt. Dann, zu Süß gewandt: „Sie haben sich ja recht gut bei uns eingearbeitet. Auf Sie könnten wir nicht mehr verzichten."

Sie lächelt süß ...

„Ja, ja, unser junges Fräulein Süß ...", meint Meyer.

Fräulein Süß lächelt nun schon leicht verkniffen.

Herr Müller nickt ihr anerkennend zu: „Toll, wie Sie sich da durchgebissen haben. Das hätt ich damals nie für möglich gehalten. Ich hatte gedacht: Was will die Kleine denn hier?"

Süß wirkt verärgert, als sie ihm zickig entgegnet: „So, hatten Sie gedacht?!"

Müller, teils entschuldigend zu Süß, teils lachend in die Runde: „Beim ersten Mal hat doch der Kunde tatsächlich gefragt, ob das unser neuer Lehrling is'!"

Sie sieht ihn trotzig an und macht verächtlich: „Phh."

„Solange er sie nicht für unseren Lehr*jungen* gehalten hat!" frotzelt Herr Meyer.

„Häää, häää. Wie witzig." Sie errötet und setzt ihr Glas hart auf den Tisch.

Meyer setzt nach: „Was sagt denn eigentlich Ihr Freund dazu, dass *Sie* als ersten großen Erfolg diesen Super-BH vermarktet haben?" Er grient und betrachtet ihren knabenhaften Oberkörper.

Fräulein Süß bekommt einen knallroten Kopf und wirkt recht hilflos, als sie schweigend, beinahe flehend zum Chef sieht.

Der interveniert: „Nun lassen Sie doch mal Fräulein Süß in Ruhe. Die hat's schon schwer genug mit Ihnen beiden." Und Frau Groß sekundiert: „Immer auf die Kleinen. Sonst traut Ihr Euch wohl auch nichts mehr, wie?"

Alle lachen, nur das Lächeln von Fräulein Süß wirkt ziemlich verkniffen.

Sehen wir uns hierzu die typischen Gedankenmuster an:

Im Gegensatz zu verantwortungslosen Untertanen handeln erwachsene Küken in weiten Teilen ihres Alltaglebens durchaus eigenverantwortlich und selbstbewusst. Nur in einigen wenigen Gebieten weigern sie sich standhaft, eigenverantwortlich und erwachsen ihrem Leben zu begegnen.

Ein Bereich ist meist das altersgemäße geschlechtstypische Rollenverhalten.

Erwachsene Küken verstehen es, durch ihr Äußeres und ihre Verhaltensweisen ein „Kindchenschema" aufzubauen. Sie wirken dann auf ihre Umwelt nett, niedlich, schutzbedürftig und natürlich auch völlig unbedrohlich.

Da sie so kaum als ernsthafte potenzielle Gegner gesehen werden, begegnen ihnen andere äußerst selten mit Aggression oder Konkurrenzverhalten. Eher werden unterschwellig Versorgungs- und Beschützerinstinkte geweckt. Und oft suchen sie auch einen Stärkeren, der sie vor den Unbilden des Erwachsenendaseins schützt und davor bewahrt, selbst Verpflichtungen oder Verantwortung zu übernehmen und „emotionale Risiken" einzugehen.

Wegen ihres teilweise altersunangemessenen Verhaltens und Auftretens werden erwachsene Küken häufig nicht ganz ernst genommen. Das führt zwar einerseits zum erwünschten Effekt, in bestimmten Bereichen nicht mit Verantwortung oder Verpflichtungen konfrontiert zu werden, hat andererseits aber auch negative Auswirkungen auf das Selbstbild.

Im Gegensatz zu den verantwortungslosen Untertanen besitzen sie aber zumindest vordergründig ein besseres, stabileres Selbstwertempfinden. Denn mit ihrer Kompetenz auf bestimmten Gebieten und ihrer Leistung und Verantwortungsübernahme dort können sie leichter den Selbstwertverlust kompensieren, den sie durch ihr Unterordnungs- und Vermeidungsverhalten auf ihren Problemfeldern erleiden.

Obwohl Fräulein Süß beruflich durchaus rivalisieren und „ihren Mann stehen" kann, hat auch sie Schwierigkeiten mit ihrer altersgemäßen Rollenidentität, und zwar besonders in Bezug auf ihr Selbstbild als Beziehungs- und Sexualpartnerin. Das Letzte, was sie täte, wäre, offen mit einer Frau um einen Mann zu konkurrieren.

Folgt man der Auffassung, dass einige heranwachsende Frauen aus Angst vor sexueller Verantwortungsübernahme ihre normalerweise bereits altersgemäß ausgeprägten fraulichen Merk-

Erwachsene Küken

male wie Busen, Taille, Gesäß und Oberschenkel durch Nahrungsverzicht förmlich „platt" hungern und zusätzlich mit entsprechend weiter Kleidung verbergen, wird der Symptomgewinn solchen Verhaltens deutlich: Sie werden wegen des damit weiter aufrechterhaltenen Kindchenschemas als mögliche Sexualpartnerinnen nicht ernst genommen. Sie müssen also noch nicht „ihre Frau stehen", brauchen nicht mit anderen, ernst zu nehmenden Frauen um Partner zu konkurrieren und haben keine Beziehungsangebote zu fürchten.

So können sie auch nicht in der ängstlich vermiedenen Frauenrolle versagen.

Solche Denkmuster spielen auch bei dem hauptsächlich bei Frauen beobachteten Krankheitsbild der Magersucht eine Rolle.

Fräulein Süß hat in ihrer Therapie zwar ihr Symptomverhalten, das „Platthungern" in den Griff bekommen, als sie durch mehr Nahrungszufuhr ihr krankhaftes Untergewicht abbaute. Die ihrem Verhalten zugrunde liegenden Denkmuster hat sie aber leider noch unverändert beibehalten.

Sie scheut sich immer noch, eine altersangemessene weibliche Identität mit dem dazugehörigen Rollenverhalten anzunehmen. Sie fürchtet die Konkurrenz zu anderen erwachsenen Frauen, ihr eigenes Versagen, die erwartete Nichtakzeptanz durch Männer und das klägliche Scheitern in ihrer Frauenrolle.

Häufig ist es die Angst, emotional verletzt, zurückgewiesen oder ausgelacht zu werden und damit an Selbstwert zu verlieren, die erwachsene Küken immer wieder aufs Neue dazu verleitet, ihre Frauenrolle zu verleugnen.

Hier wird auch Fräulein Süß verändernd ansetzen müssen, wenn sie künftig Männer wie Müller und Meyer gelassener ertragen und sich durch sie nicht mehr aus dem emotionalen Gleichgewicht bringen lassen will.

Die Betrachtung der erwachsenen Küken zeigt:

Verhaltensänderungen allein lösen keine emotionalen Probleme. Dazu müssen auch die dem Problem zugrunde liegenden typischen Denkmuster zielführend verändert werden.
Auch Verhaltensexzesse sind nur Verhaltensweisen oder Merkmale eines Problems, nicht das emotionale Problem selbst.

Erschöpft beenden wir unsere Rundreise durch die Gedankenreiche der Spezialisten für unangemessene Denk- und Verhaltensmuster und emotionalen Aufruhr und versuchen, unsere Eindrücke zu ordnen:

4.15 Fallgruben im Gefühlsdschungel – ein Reisetagebuch

Erschöpft stehen wir uns nun am Ende unserer Reise durch den Gefühlsdschungel gegenüber und versuchen, unsere Eindrücke zu sortieren: Wir haben verschiedenste unsinnige, unangemessene, emotional krank machende Denkweisen kennen gelernt, zwar noch in überschaubarer Zahl, aber wir sahen ja auch, dass man mehrere „Denk-Staatsbürgerschaften" haben kann. Denn die lassen sich hervorragend kombinieren.

Unser Reisetagebuch, in dem wir stichwortartig die wichtigsten Eindrücke von den einzelnen Denkspezialisten notiert haben, hilft uns, den Überblick zu bewahren. Wir erkennen, dass wir immer dann sehr schnell in die Falle tappen, wenn wir einen der folgenden Ratschläge beherzigen:

Fallgruben im Gefühlsdschungel

➤ **Die Fallgrube der Katastrophendenker:** Übertreiben Sie maßlos, und wittern Sie ständig in jeder Ecke die drohende Katastrophe!

➤ **Die Fallgrube der Versicherungsdenker:** Nehmen Sie stets das Schlechteste an, so werden Sie allenfalls positiv überrascht sein!

➤ **Die Fallgrube der absoluten Forderer und Muss-Denker:** Bestehen Sie unerbittlich darauf, dass alles gefälligst so zu sein hat, wie Sie es für richtig halten!

➤ **Die Fallgrube der Gerechtigkeitsapostel:** Fordern Sie unerbittlich nach Gerechtigkeit, aber nur dann, wenn Sie dadurch selbst nur Vorteile erhalten!

➤ **Die Fallgrube der Schwarz-Weiß-Maler und Generalisierer:** Schlussfolgern Sie vom Einzelfall auf das Ganze, teilen Sie die Welt in Schwarz und Weiß und hüten Sie sich davor, Grautöne wahrzunehmen!

➤

➤ **Die Fallgrube der Menschenwertbestimmer:** Fällen Sie pauschale Urteile über Personen und Situationen, und lassen Sie sich von deren Vielschichtigkeit nicht irritieren!

➤ **Die Fallgrube der Null-Verzicht-Spezialisten:** Suchen Sie stets nach der richtigen Lösung, die nur Vorteile, aber keinen noch so kleinen Nachteil mit sich bringt!

➤ **Die Fallgrube der Meinungsverkäufer und Tatsachenverdreher:** Versuchen Sie auf keinen Fall, Meinungen von Tatsachen zu unterscheiden! Verpacken Sie heimlich oder offen Ihre eigene Meinung als Tatsache! Sorgen Sie dafür, dass andere die Welt endlich richtig wahrnehmen: nämlich so wie Sie!

➤ **Die Fallgrube der Verrenkungsdeuter:** Ziehen Sie willkürliche und unlogische Schlussfolgerungen, die völlig ohne Realitätsbezug oder zumindest sehr unwahrscheinlich sind!

➤ **Die Fallgrube der Applausfetischisten:** Setzen Sie alles daran, die Anerkennung und Zuneigung anderer Menschen zu bekommen. Messen Sie Ihren Selbstwert daran, wie sehr Sie von anderen gemocht werden! Lassen Sie sich dabei nicht von eigenen Zielen stören!

➤ **Die Fallgrube der Selbstschutzexperten:** Sorgen Sie dafür, dass niemand Sie „verletzen" kann! Zeigen Sie sich nach außen stärker und stabiler, als Sie sind, lassen Sie sich von niemandem hinter die Kulissen schauen und geben Sie keine Hinweise auf Ihre Fettnäpfchen!

➤ **Die Fallgrube der Punktekämpfer:** Kämpfen Sie darum, dass Sie selbst der/die Beste, Stärkste, Klügste und Erfolgreichste sind! Nur dann sind Sie etwas wert!

➤ **Die Fallgrube der verantwortungslosen Untertanen:** Hüten Sie sich davor, Verantwortung zu übernehmen! Suchen Sie sich lieber jemanden, der stärker ist und für Sie gerade steht!

➤ **Die Fallgrube der erwachsenen Küken:** Weigern Sie sich standhaft, altersgemäß mit anderen um Partner zu konkurrieren! Zeigen Sie sich niedlich und hilflos!

UND JETZT SIE:

Und in welchem Gedankenreich sind Sie zu Hause?
Prüfen Sie Ihre eigenen Denkgewohnheiten und nennen Sie
die Bewertungsmuster und Denkfallen, die Sie selbst häufiger
verwenden.

Beschreiben Sie dazu einige kennzeichnende Beispiele aus
Ihrem Alltagsleben mit Hilfe des ABC-Modells.

Auch der bereits erwähnte amerikanische Psychotherapeut Albert Ellis hat eine Einteilung potenziell krank machender Gedankenmuster vorgenommen und in 12 verschiedenen, typischen Kategorien beschrieben. Da sie uns zusätzlich beim
Aufspüren der eigenen Bewertungsfallen helfen können, sind sie
nachstehend sinngemäß aufgeführt.

Wir werden immer dann leicht in emotionale Probleme geraten,
wenn wir einer oder mehreren der folgenden Aussagen zustimmen:

1. Ich brauche die Liebe, Zuneigung oder Anerkennung aller
   mir wichtigen Menschen.
2. Ich muss auf mindestens einem wichtigen Gebiet kompetent, fehlerfrei, leistungsfähig und anerkannt sein.
3. Menschen, die sich falsch, anstößig, unfair oder gegen die Normen verhalten, sollten dafür verachtet oder verurteilt werden.
   Es sind schlechte, verkommene oder wertlose Individuen.
4. Es ist schrecklich, unerträglich oder katastrophal, wenn Situationen, Personen oder Dinge mich frustrieren, wenn sie
   nicht sind, wie ich sie mir vorstelle und gern hätte.
5. Menschliches Leid hat äußere Ursachen, daher kann ich
   nichts oder zumindest nur wenig gegen meinen Kummer
   und meine emotionalen Probleme ausrichten.
6. Ich muss über mögliche Gefahren besorgt sein und mich
   ständig mit der Möglichkeit ihres Eintretens befassen.

7. Es ist leichter, den Schwierigkeiten des Lebens aus dem Wege zu gehen und keine Verantwortung zu übernehmen, als sich ihnen zu stellen.

8. Meine Vergangenheit hat einen so entscheidenden, bestimmenden Einfluss auf mein gegenwärtiges Leben und Verhalten, dass ich kaum etwas dagegen ausrichten kann.

9. Die Menschen und die Welt sollten besser sein, als sie sind, und ich muss mich über ihre Schlechtigkeit und Unzulänglichkeit aufregen.

10. Ich muss mich auf andere oder zumindest einen anderen verlassen können und brauche einen Stärkeren, auf den ich mich stützen kann.

11. Für jedes Problem gibt es eine absolut richtige, perfekte Lösung und es ist entsetzlich oder katastrophal, wenn ich diese Lösung nicht finde.

12. Ich bin am glücklichsten, wenn ich träge und untätig sein und das Leben ohne Verpflichtungen, passiv verbringen kann.

5. Detektivarbeit: Das Aufspüren eigener Denkfallen

In den vorangegangenen Kapiteln haben wir gesehen, was Bewertungssysteme sind, wie sie entstehen und welche schwerwiegenden, beeinträchtigenden Gefühls- und Verhaltenskonsequenzen sie bewirken können. Und wir haben verschiedene unangemessene oder unsinnige Denkmuster kennen gelernt, die uns regelmäßig in emotionale Probleme stürzen. Im zweiten Teil dieses Buches wird es darum gehen, diese selbstschädigenden Gedanken durch Umlernen zu verändern. Da wir ja aber nur das verändern können, was wir auch kennen oder erkennen, werden wir zunächst betrachten, was zu tun ist, um unsere Denkfehler herauszufinden.

In dieser Bewertungsfallen-Aufspürphase geht es zunächst darum, die unangemessenen Gedanken festzuhalten. Wenn wir unseren Denkfallen bereits auf die Schliche gekommen sind, können wir direkt ein ABC-Modell erstellen. Müssen wir jedoch noch Detektivarbeit leisten, um unbewusste Denkvorgänge zu entlarven, sollten wir zunächst auf die Methoden des Gedankenstopps (s. Kap. 5.2) zurückgreifen, um dann das ABC-Schema vollständig ausfüllen zu können.

5.1 Die Anwendung des ABC-Modells

Am einfachsten ist es natürlich, wenn wir unsere Denkfallen schon kennen. Dann brauchen wir nur das bereits bekannte ABC-Modell anzuwenden, um den inhaltlichen Zusammenhang zwischen Denken und Fühlen darzustellen: Wir sammeln und notieren über mehrere Tage die Situationen, Gedanken und Verhaltensweisen, die für unser Problem typisch sind. Diese Beispiele dienen dann später als Grundlage für den therapeutischen Änderungsprozess.

Am Beispiel von Frau Ausbüx betrachten wir, wie das gemacht wird:

FALLBEISPIEL: Frau Ausbüx

Frau Ausbüx kennt bereits ihre unangemessenen Denkmuster, als sie zur Sprechstunde kommt. Sie klagt über starke Ängste in Prüfungssituationen und berichtet: „Ich denk dann immer: ‚Wenn ich das nicht schaffe, sehen alle, dass ich eine Versagerin bin.' Das wär mir total peinlich. Besonders vor meinen Eltern, denn die darf ich auf keinen Fall enttäuschen! Meistens lasse ich mir vor Prüfungen 'ne wichtige Ausrede einfallen, oder ich werde krank. So hab ich bisher fast alle Prüfungen vermieden."

Sie stellt ein ABC auf, das später als weitere Arbeitsgrundlage dient:

A Augenblickliche Situation	Es ist Donnerstag, 10.00 Uhr. Ich sitze zu Hause am Schreibtisch, vor mir liegen Bücher und Papier.
B Bewertungssystem	1. Am Freitag ist mündliches Examen. Ich werde geprüft, ob ich gut genug bin. 2. Ich könnte vor lauter Panik unkonzentriert sein, schlecht abschneiden oder gar durchfallen. Andere denken dann, ich sei dumm, und werden mich verachten. Meine Eltern wären schrecklich von mir enttäuscht. 3. Das wäre ganz furchtbar!
C Konsequenzen	1. Angst (8), (Übelkeit, Schwindelgefühl, Herzrasen). 2. Ich telefoniere und hole mir einen Termin beim Internisten.

5.2 Der Gedankenstopp

Schwieriger wird es natürlich, wenn man seine Denkmuster nicht erkennt. Erinnern wir uns an Kapitel 3: Dort sahen wir, dass ein Teil unserer Gedanken unbewusst abläuft, und es scheint uns dann oft, als hätten wir überhaupt nicht nachgedacht, als hätten wir *direkt* auf eine Situation, Person oder Sache reagiert.

Wir sahen, dass Denkvorgänge umso schneller ablaufen und ins Unbewusste abtauchen, je häufiger sich bestimmte Situationen wiederholen und je öfter wir sie durchdacht haben. Wir kennen die Angelegenheit dann ja schon. Damit tritt der Denkprozess immer mehr in den Hintergrund, wird blitzschnell, kaum noch wahrnehmbar vollzogen. Er ist uns nicht mehr bewusst.

Wir bemerkten schon, dass es häufig diese verdeckten Denkweisen sind, die uns in emotionale Probleme stürzen.

Um unbewusste Denkvorgänge wieder ans Tageslicht zu befördern, können wir einen *Gedankenstopp* anwenden.

Gedankenstopps zum Aufspüren der eigenen Denkfallen lassen sich sowohl bei Vorstellungs- als auch bei Verhaltensübungen anwenden. Hierzu begeben wir uns (vorgestellt oder tatsächlich) in eine Situation, in der wir normalerweise die Konsequenzen unserer verdeckten problematischen Denkweisen erfahren: das belastende Gefühl.

UND JETZT SIE:

Wir wählen eine für unser Problem typische Situation und stellen uns diese so realistisch und genau wie irgend möglich vor: unsere Umgebung, das Geschehen und die eigene Reaktion. Während wir diesen „inneren Film" abspulen, achten wir genau auf unsere Gefühlsreaktion.

Sobald wir die belastende Emotion spüren, die wir verändern wollen, rufen wir innerlich laut: „*Halt! Stopp!*" und versuchen, folgende Fragen zu beantworten:

➤ Was ist da gerade abgelaufen?
➤ Was habe ich eben gedacht, sodass ich mich jetzt so fühle?
➤ Was ging mir in diesen Sekunden durch den Kopf?

Der Gedankenstopp ist ein äußerst einfaches Prinzip, das zu seiner erfolgreichen Handhabung aber einige Übung benötigt, denn je verborgener die problematischen Gedanken sind, umso häufiger werden wir versuchen müssen, sie auf diese Weise nach und nach wieder ins Bewusstsein zu rücken. Dann werden wir dazu ein ABC aufstellen, um später daran verändernd arbeiten zu können.

Um zu verdeutlichen, wie Gedankenstopps in der Vorstellung oder in der realen Situation eingesetzt werden können, betrachten wir nun das Ehepaar Kontrolletti:

Der Gedankenstopp in Vorstellungsübungen

In der Regel versuchen wir zunächst, verdeckte Denkmuster auf der Vorstellungsebene herauszufinden. Das gilt besonders dann, wenn das tatsächliche Aufsuchen problemtypischer Situationen zeitraubend, zu aufwendig oder zu teuer ist. Wie bei Herrn Kontrolletti:

FALLBEISPIEL: Herr Kontrolletti

Herr Kontrolletti hat Angst vor dem Fliegen. Da er wegen seiner Geschäftsreisen auf das Flugzeug angewiesen ist, findet er diese Angst sehr beeinträchtigend und möchte unbedingt etwas dagegen unternehmen.

Verstandesmäßig kann er sich seine immense Furcht nicht erklären, denn er *weiß*, dass Flugreisen, statistisch gesehen, viel ungefährlicher sind als die mit anderen Verkehrsmitteln. In denen hat er jedoch keine Angst: Obwohl er weiß, dass es viel wahrscheinlicher ist, mit dem Auto zu verunglücken, fährt er doch damit jeden Tag ohne Befürchtungen ins Büro.

Da Herrn Kontrollettis Flugangst durch dessen bewusste Gedanken nicht erklärt werden kann, machen wir uns jetzt auf die Suche nach unbewussten: Er bekommt in der Thera-

---

▶

piestunde die Anweisung, sich die Situation „ich sitze im Flugzeug" möglichst genau und realistisch auszumalen. Sobald er Unruhe oder Angst in sich aufsteigen spürt, soll er einen Gedankenstopp vornehmen: „Halt! Stopp! Wovor habe ich jetzt Angst? Was habe ich gerade gedacht? Was genau befürchte ich? Was könnte mir passieren?"

Er soll sich so lange immer wieder gedanklich in die Situation versetzen, bis es ihm gelingt, diese Fragen zu beantworten und die verdeckten Gedanken bewusst zu machen.

Nach mehreren Anläufen findet Kontrolletti folgendes B heraus:

„Beim Fliegen bin ich passiv, ich werde geflogen, ich kann nichts machen, nichts beeinflussen. Ich bin auf Gedeih und Verderb den Piloten ausgeliefert, bin in ihrer Hand. Ich kann dieses Ausgeliefertsein, diese Abhängigkeit nicht ertragen. Ich muss jederzeit selbst frei über mich entscheiden und handeln können. Ich darf mich niemandem in die Hand geben! Andere dürfen keine Macht über mich haben! Das ist riskant und gefährlich!"

Nun, nach dem Aufdecken dieser Befürchtung verstehen wir natürlich seine Flugangst. Und an diesen unangemessenen Gedanken wird die weitere therapeutische Arbeit anknüpfen.

Der Gedankenstopp in Verhaltensübungen

Falls es uns nicht gelingt, verdeckte Gedanken auf der Vorstellungsebene ins Bewusstsein zu rücken – sei es aus mangelndem Vorstellungsvermögen oder wegen innerer Widerstände gegen diese Fantasie – werden wir die problemtypischen Situationen direkt aufsuchen müssen, um unseren Denkweisen auf die Schliche zu kommen.

Und wie das geht, macht uns Frau Kontrolletti vor:

| 5. Detektivarbeit: Das Aufspüren eigener Denkfallen

Frau Kontrolletti kommt wegen sexueller Schwierigkeiten in die Behandlung. Sie könne sich beim Geschlechtsverkehr nicht entspannen und sei unfähig, sich „fallen zu lassen". Seit Jahren habe sie keine sexuelle Befriedigung mehr erfahren. Ihre innere Verkrampfung und ihre diffuse Angst könne sie sich nicht erklären. Die sei einfach da, obwohl sie ihren Mann doch nun wirklich liebe.

Der Versuch, mithilfe von Vorstellungsübungen an die verdeckten Gedankenabläufe heranzukommen, zeigt keinen Erfolg. Frau Kontrolletti ist nicht in der Lage, ihre Befürchtungen zu erkennen, wenn sie sich die Situation vorstellt „ich schlafe mit meinem Mann".

Frau Kontrolletti bekommt nun die Aufgabe, in den nächsten Wochen so oft wie möglich mit ihrem Mann zu schlafen und ihre Gedanken dabei genau zu beobachten. Immer wenn sie bemerkt, dass sie sich zu verkrampfen beginnt oder Angst verspürt, soll sie einen Gedankenstopp vornehmen. Sie wird dann ihren Gedankenfluss unterbrechen, indem sie sich sagt:

➤ Halt! Stopp! Wovor habe ich jetzt Angst?

➤ Was befürchte ich gerade?

➤ Woran habe ich gerade gedacht?

➤ Welche negativen Konsequenzen male ich mir aus?

➤ Was könnte mir passieren?

Sie soll dies so lange wiederholen, bis sie ihre verdeckten Befürchtungen herausgefunden hat.

Nach etlichen ergebnislosen Versuchen gelingt es ihr schließlich, nach und nach aufzudecken, was sie mit der Situation „ich schlafe mit meinem Mann" verbindet, und sie erklärt ihre Befürchtung:

„Ich könnte beim Orgasmus die Kontrolle über mich und mein Verhalten verlieren. Ich muss mich jederzeit unter Kontrolle haben – ich könnte sonst möglicherweise Dinge von mir preisgeben oder Seiten an mir entdecken, die mir äußerst peinlich sind, die andere verachten oder gegen mich ausspielen könnten. Wenn mich mein Mann so unkontrolliert erlebt, mag er mich vielleicht nicht mehr. Wer weiß, was passiert, wenn ich die Dinge um mich herum nicht mehr unter Kontrolle habe oder womöglich merkwürdige Töne von mir gebe. Es ist mir unheimlich ...“

Ihre Angstreaktion und die Verkrampfung als körperliche Begleitsymptomatik werden jetzt nachvollziehbar. Das weitere therapeutische Vorgehen wird sich mit diesen Normen und Befürchtungen von Frau Kontrolletti befassen.

Dazu mehr im zweiten Teil, wo die Voraussetzungen und Methoden für einen solchen Veränderungsprozess beschrieben werden.

II: WEGE AUS DEM GEFÜHLS-
DSCHUNGEL:
Der Veränderungsprozess

6. Voraussetzungen für Einstellungsänderungen

Im ersten Teil erkannten wir, dass wir für unsere Gefühle selbst verantwortlich sind, sie durch unser Wertesystem bilden und aufrechterhalten.

Wir unterschieden zwischen angemessenen und unangemessenen Denkweisen und Gefühls- oder Verhaltensreaktionen und beschäftigten uns mit den häufigsten Erscheinungsformen und Auswirkungen unsinniger, potenziell krank machender Normen und Denkmuster.

Und wir erfuhren, dass wir emotionales Leid häufig beenden können, wenn wir unsere Einstellung zu bestimmten Situationen, Personen oder Sachen ändern, unangemessene Bewertungen ablegen und durch sinnvolle ersetzen.

In Kapitel 5 lernten wir Möglichkeiten kennen, verdeckte gefühlsbestimmende Gedanken bewusst zu machen und sensibler für Denkweisen und Gefühle zu werden. Wir erkennen nun leichter, durch welches B ein bestimmtes Gefühl entstanden ist. Und sobald unsere Gedanken bewusst sind, können wir sie auf Angemessenheit prüfen. Wir unterziehen sie dazu einer inhaltlichen Qualitätskontrolle und werden sie, falls nötig, durch angemessene, sinnvolle Denkweisen ersetzen.

Den Bewertungsmaßstab haben wir ja bereits kennen gelernt, denn wir stellten schon fest, dass sinnvolles Denken zwei Bedingungen erfüllt:

➤ Angemessene Denkweisen stützen sich möglichst auf Tatsachen statt auf Meinungen und Spekulationen und widersprechen nicht der Realität.

➤ Sie sind auf die persönlichen Ziele ausgerichtet. Das bedeutet auch, dass sie nur die dazu notwendige emotionale Belastung verursachen und unnötige Konflikte mit mir selbst oder meiner Umwelt vermeiden.

Unterstellt, wir haben unangemessene, unsinnige Denkmuster erkannt, so wäre für uns nun die wichtigste Frage:

„Und wie lassen sich Einstellungen ändern?"

?!

Im 3. Kapitel stellten wir dazu anhand der Fallbeispiele auf der Seite 64 (Frau Neuesicht und Caesar und Benjamin) fest, dass neue Erfahrungen oder die Orientierung an anderen Vorbildern und Modellen zwar zu veränderten Bewertungen führen können, es aber nicht notwendigerweise müssen.

Ob es letztlich zu einer Verarbeitung dieser neuen Eindrücke kommt, ob ein Neu- oder Umlernen erfolgt, liegt an der Bereitschaft des Betreffenden, die von der alten Norm abweichenden Erfahrungen zu registrieren und für sich als bedeutsam zu akzeptieren.

So hätte auch Benjamin im Fallbeispiel auf Seite 64 die Situation anders interpretieren können. Er war aber nicht bereit, sein altes Selbstwertkonzept in Frage zu stellen und wegen neuer Erfahrungen am Vorbild Caesars zu verändern.

Wir merkten ja schon, dass ein gutes Rezept zum Aufrechterhalten gewohnter, „lieb gewonnener" Denkmuster und Normensysteme darin besteht, neue Erfahrungen, die den alten Mustern widersprechen, zu übersehen, sie zu leugnen, als zufällig zu betrachten oder so lange umzudeuten, bis sie wieder ins gewohnte System passen.

Auf diese Weise hätte auch der Barkeeper im Fallbeispiel auf Seite 63 keine Chance, jemals im Ansehen von Frau Nachmach zu steigen. Denn wie sehr er sich auch um sie bemühte, wie nett und zuvorkommend auch immer er sich verhielte: Sie „weiß" ja, dass er ein fieser Typ und alles nur abgefeimte Tarnung ist.

Um zu einer Einstellungsänderung zu kommen, müsste sie zunächst bereit sein, ihre vorgefasste Meinung in Frage zu stellen und neue Erfahrungen, die nicht in ihr altes Konzept passen, an der Realität zu prüfen und zu hinterfragen.

Und wenn Benjamin jemals sein Selbstwertproblem loswerden möchte, müsste auch er seine verinnerlichten, fest verankerten Selbstbewertungsmaßstäbe in Frage stellen und verändern lernen, denn:

 Denkmuster lassen sich grundsätzlich durch neue Erfahrungen, durch Neu- oder Umlernen oder durch Orientierung an neuen Vorbildern und Modellen verändern.
Ob es dazu kommt, liegt an unserer Bereitschaft, alte Denkmuster zu überprüfen, widersprüchliche in Frage zu stellen und zu ändern.

Grundsätzlich gibt es für erfolgreiche Änderungsprozesse und psychotherapeutische Behandlungen aber zwei notwendige Voraussetzungen:

1. Das Problembewusstsein. Das ist das *Wissen* um die seelischen Ursachen eines emotionalen Problems und die *Erkenntnis*, dass es durch eigene Anstrengung und durch Selbstveränderung behoben werden kann.

2. Die Veränderungsmotivation. Das ist die *Bereitschaft*, die eigenen Denk- und Verhaltensweisen in Frage zu stellen, zu überprüfen und unangemessene korrigieren zu wollen, auch wenn dies manchmal sehr mühsam ist.

Unterstellt, diese beiden grundsätzlichen Bedingungen seien erfüllt. Wir besitzen das Problembewusstsein und haben genügend Veränderungsmotivation, um unsere Probleme anzugehen.

Nun wollen wir es aber nicht dem Zufall überlassen, *wann* wir *welche* für den Veränderungsprozess notwendigen neuen Erfahrungen *wodurch* sammeln. Aus diesem Grund halten Kognitive Verhaltenstherapeuten einen ganzen „Sack" voller Übungssituationen, Vorbilder, Modellverhaltensweisen und Lernmöglichkeiten parat, um den eigentlichen Veränderungsprozess schrittweise und geplant voranzubringen.

Das klingt nicht nur nach viel Arbeit ..., das ist es auch.

Diese Übungs- und Lernmöglichkeiten werden wir in den Kapiteln 8 und 9 genauer betrachten.

7. Die Zielsetzung

Wenn wir fordern, dass sinnvolles, angemessenes Denken auf das Erreichen persönlicher Ziele ausgerichtet sein soll, müssen wir diese natürlich klar formuliert haben, um die Zielbezogenheit überhaupt prüfen zu können.

Wir werden uns daher zuerst die eigenen Lebensziele und Zielhierarchien bewusst machen oder aber sie zu Beginn des Veränderungsprozesses erarbeiten, um diesen Maßstab für die Überprüfung unserer Denkweisen zu erhalten.

Wir erweitern nun unser ABC-Modell um die *Zielsetzung Z*. Damit beschreiben wir die angestrebte Gefühls- und Verhaltensreaktion, die wir unter Berücksichtigung unserer Lebensziele in einer bestimmten Situation für angemessen halten.

> So wie wir zuvor die Reaktionen auf ein Bewertungssystem in Gefühlskonsequenz und Verhaltenskonsequenz unterschieden haben, unterteilen wir nun die Zielsetzung in Zielgefühl und Zielverhalten:
> ➤ Das *Zielgefühl* beschreibt, welches Gefühl wir in einer Situation für angemessen halten.
> ➤ Das *Zielverhalten* beschreibt, welches Verhalten wir in einer Situation für angemessen halten.

Betrachten wir zur Verdeutlichung mögliche Zielsetzungen für die Fallbeispiele der Versicherungsdenker und der absoluten Forderer und Muss-Denker aus den Kapiteln 4.2 und 4.3 (vgl. S. 80 und 84):

FALLBEISPIEL: Zielsetzungen für Ojemine, Dickesende, Mussmann und Unbedingt

➤ Frau Ojemine hat sich für die Problemsituation „Begegnung mit dem Galeristen, der meine Bilder ausstellen soll" folgende Ziele gesetzt:
1. Zielgefühl: Freude
2. Zielverhalten: Ich sage: „Ich habe Ihnen meine Arbeiten mitgebracht. Toll, dass ich hier ausstellen kann!"

➤ Herr Dickesende möchte beim Start seines Urlaubsfluges sinnvollerweise so reagieren:
1. Zielgefühl: Gelassenheit
2. Zielverhalten: Ich sitze entspannt im Sessel und beobachte die Stewardess.

➤ Herr Mussmann beschreibt seine angemessenen Reaktionen für den Fall, dass er nach erlittenem Herzinfarkt und Reha-Behandlung zurück im Büro vor seinem überfüllten Schreibtisch steht:
1. Zielgefühl: Enttäuschung
2. Zielverhalten: Ich antworte: „Wie schön für Sie, dass Sie nun Urlaub haben. Aber ich finde es schade, dass sich niemand die Zeit genommen hat, meine Akten zu bearbeiten. Ich werde übrigens keine Überstunden mehr machen."

➤ Frau Unbedingt weiß auch, wie sie besser reagiert hätte, wenn sie wieder einmal von einer Straftat erfährt, die während eines Hafturlaubs begangen wird:
1. Zielgefühl: Unzufriedenheit
2. Zielverhalten: Ich sage: „So ein Leichtsinn! Die sollten besser prüfen, wem sie Hafturlaub geben."

Wir sehen: Auch angemessene emotionale Zielsetzungen sind nicht immer angenehm. Die Erregungsniveaus und die damit verbundenen Stressreaktionen sind jedoch wesentlich geringer als zuvor.

7.1 Angemessene und unangemessene Zielsetzungen

Lebensziele und Zielhierarchien sind natürlich ebenso abhängig von Denkprozessen wie andere persönliche Einstellungen, denn sie basieren ja auf denselben Normen, Glaubensgrundsätzen und Moralvorstellungen. Und da diese ja bereits selbst unrealistisch oder unsinnig sein können, gibt es leider häufig auch bei Lebensplänen unangemessene Zielsetzungen.

Wenn nun aber unsere Ziele als Maßstab zur Beurteilung der Angemessenheit von Normen und Denkweisen dienen sollen, werden wir besonders darauf achten müssen, dass sie nicht selbst unrealistisch oder unsinnig sind. Denn was anhand eines untauglichen Maßstabs entschieden oder beurteilt wird, kann nicht zu den neuen angemessenen Bewertungen führen, die künftig emotionale Probleme vermeiden helfen.

Betrachten wir zur Verdeutlichung drei Beispiele für unangemessene Ziele:

FALLBEISPIEL: Herr Anmach	
Herr Anmach kommt mit folgendem ABCZ in die Therapiestunde:	
A Augenblickliche Situation	Ich stehe mit dem Rücken an einem Pfeiler in der Diskothek. Mir gegenüber steht eine Frau. Wir sehen uns an, sie lächelt.

▶

B Bewertungs- system	1. Die finde ich interessant. Ich weiß gar nicht, wie ich sie ansprechen könnte. 2. Ich müsste jetzt reagieren und sie ansprechen. Aber mir muss unbedingt etwas Witziges, Tolles einfallen. Wenn ich irgendetwas Banales sage, wird sie auf mich herabsehen, mich verachten und abblitzen lassen. Ich wäre dann total blamiert. 3. Das wäre schlimm!
C Konse- quenzen	1. Angst (8), (Herzrasen, Ohrenrauschen, Erröten). 2. Ich schweige und sehe weg.
Z Zielsetzung	1: Zufriedenheit, leichte Freude (etwas aufgeregt). 2: Ich lächle und unterhalte mich angeregt mit ihr.

FALLBEISPIEL: Herr Cool

Herr Cool hat als Hausaufgabe dieses ABCZ aufgestellt:

A Augen- blickliche Situation	Ich bin beim Internisten. Der sagt: „Sie müssen sofort aufhören zu rauchen. Ihre Untersuchungsergebnisse sind überhaupt nicht gut. Wir haben Hinweise auf einen Tumor im linken Lungenflügel."
B Bewertungs- system	1. Ich könnte Lungenkrebs haben. Daran kann man sterben. 2. Wenn die das nicht mehr operieren können, muss ich sterben. 3. Das wäre furchtbar!
C Konse- quenzen	1. Angst (10), (Schwindelgefühl). 2. Ich sage: „Das ist ja furchtbar! Was kann man denn da machen?"
Z Zielsetzung	1. Gleichgültigkeit. 2. Ich sage: „Das ist ja furchtbar! Was kann man denn da machen?"

FALLBEISPIEL: Herr Angstbeiß

Herr Angstbeiß hat ein Problem mit seiner Gefühlsreaktion in einer Situation. Er schreibt deswegen ein Ketten-ABC auf:

A Augenblickliche Situation	Ich sitze auf der Veranda, es ist Samstag, 23 Uhr. Im Nachbargarten findet eine Party statt. Es wird Musik gespielt, gesprochen und gelacht.
B Bewertungssystem	1. Jetzt feiern die schon wieder bis in die Nacht. Die nehmen überhaupt keine Rücksicht auf die Nachbarn. 2. So etwas darf man nicht durchgehen lassen! Ich sollte rübergehen und mich beschweren. 3. Es ist eine Sauerei, wie die sich aufführen!
C Konsequenzen	1. Ärger (5), (Erregungsanstieg). 2. Ich stehe auf und gehe an den Gartenzaun.

Für diese neue, nachfolgende Situation hat er ein ABCZ aufgestellt:

A Augenblickliche Situation	Ich stehe am Gartenzaun. Es ist Samstag, 23.10 Uhr. Im Nachbargarten wird Musik gespielt, gesprochen und gelacht.
B Bewertungssystem	1. Ich bin sauer auf die rücksichtslosen Nachbarn und will mich beschweren. 2. Wenn ich jetzt etwas sage, werden mich alle ansehen. Sie werden mich nicht ernst nehmen und mich als Miesepeter vorführen. Alle werden über mich lachen, und die Nachbarn werden mich in der Umgebung anschwärzen und sich irgendwann rächen. 3. Das wäre schlimm.
C Konsequenzen	1. Angst (8), (Erregungsanstieg, Verkrampfen). 2. Ich gehe in die Wohnung, schließe Türen und Fenster.
Z Zielsetzung	1. Wut. 2. Ich gehe rüber und beschwere mich: „Hören Sie endlich mit dem Krach auf! Andere Leute wollen schlafen!"

„Ja, ... äh??? Hmmm. Wieso war das unangemessen?"

?!

Sollten auch Sie Schwierigkeiten haben, die Unangemessenheit solcher Ziele zu erkennen? Schade. Aber Sie werden es sicher durchschauen, wenn Sie den nächsten Abschnitt gelesen haben.

Leichter ist es, die folgenden beliebten, häufig vertretenen Vorsätze oder Ansprüche als irrationale, unerreichbare Zielsetzungen zu entlarven:

➤ Alle müssen mich mögen!
➤ Ich darf keine schwerwiegenden Fehler machen!
➤ Ich möchte es allen recht machen.
➤ Ich will (jetzt) nicht sterben!

Bevor wir also zur Prüfung und Diskussion unserer Denkmuster kommen, werden wir zunächst unsere Ziele selbst auf Angemessenheit untersuchen.

7.2 Zielsicher? – die Diskussion der Zielsetzung

Um entscheiden zu können, ob ein Zielgefühl oder Zielverhalten für eine Situation angemessen ist, benötigen wir die persönlichen *Lebensziele*, die Ober- und Unterziele und die Rangordnung der verschiedenen Vorsätze. Nur so können wir verstehen, welche Bedeutung ein Ereignis für eine Person hat, ob es in deren Lebensziele und -pläne hineinpasst oder ob es sie torpediert, behindert oder gar unerreichbar macht.

Erst wenn wir die Wichtigkeit und Tragweite eines Ereignisses für die Lebensziele einer Person kennen, können wir entscheiden, ob die angemessene Gefühlsreaktion negativ, neutral oder positiv ausfallen sollte.

So müssten wir im Fallbeispiel „Max und Maxine" aus dem Kapitel 2.2 wissen, wie Maxens Einstellung zu Maxine ist, um beurteilen zu können, ob seine Gefühls- oder Verhaltensreaktion angemessen ist, wenn er erfährt, dass sie gestern befördert wurde, gestorben ist oder ein Kind bekommt.

Um einzuschätzen, ob Frau Schwarzblick aus dem Fallbeispiel von Seite 75 sinnvoll reagiert, als ihr Mann ihr offenbart: „Ich liebe dich nicht mehr und möchte mich von dir trennen", müssten wir wissen, wie sie zu ihrem Mann steht. Denn falls sie ihn auch nicht mehr liebt, vielleicht sogar schon heimlich eine neue Beziehung sucht, sich aber bisher aus moralischen oder sonstigen Gründen nicht traute, ihm die eigene Trennungsabsicht zu offenbaren, wird sie darüber erleichtert oder sogar erfreut sein. Ihr angemessenes Zielgefühl wäre Zufriedenheit oder Freude.

Sollte sie ihn jedoch noch lieben, reagiert sie auf so eine Offenbarung angemessenerweise enttäuscht oder traurig, da sie ja nun nicht mehr bekommt oder behalten kann, was sie gern hätte. Das sinnvolle Zielgefühl ist dann Trauer.

Um eine bessere Vorstellung davon zu erhalten, wie man bei der Überprüfung von Zielsetzungen vorgeht, belauschen wir nun Zieldiskussionen, die die Herren Anmach, Cool und Angstbeiß mit ihren Therapeuten führen. Als Grundlage dienen die ABC-Modelle und Zielsetzungen der Beispiele aus dem vorherigen Abschnitt 7.1 (vgl. S. 168–170):

Zur leichteren Unterscheidung werden in den nachfolgenden Beispielen und Dialogen die Fragen und Antworten des Therapeuten *kursiv* geschrieben.

Beispiel 1: Herr Anmach und seine Ziele

„Herr Anmach, weshalb meinen Sie, Zufriedenheit oder leichte Freude sei ein angemessenes Zielgefühl für diese Situation?"

„Na ja, im Prinzip ist es ja positiv, wenn ich von einer Frau, die mir gefällt, angelächelt werde. Alles Weitere sind dann wieder meine alten, unangemessenen Panikgedanken. Ich befürchte, etwas zu verlieren, was ich gar nicht besitze, was ich also gar nicht verlieren kann. Im Prinzip kann ich in der Situation ja nichts verlieren, allenfalls etwas dazugewinnen. Daher besteht keine realistische Gefahr. Die Angst ist unangemessen."

„Gut. Ich finde Ihre Begründung sehr schlüssig. Kommen wir nun zu Ihrem Zielverhalten. Haben Sie Erfahrung und Übung im Smalltalk?"

„Nee, leider nich'. Ich bin ja eher ein stiller, zurückhaltender Typ. Meistens hab ich aus Angst nie was gesagt."

„Angenommen, ich könnte Ihnen per Knopfdruck diese Angst nehmen. Meinen Sie, Sie könnten sich dann angeregt mit der Frau unterhalten?"

„Bestimmt. Weshalb sollte ich nicht? Andere können das doch auch."

„Das ist mir noch nicht ganz klar. Vielleicht betrachten wir das einmal an einem ganz anderen Beispiel: Stellen Sie sich vor, jemand sieht einen Akrobaten in 30 Metern Höhe durch die Luft fliegen, einen dreifachen Salto mit Drehung ausführen und dann auf dem gegenüberschwingenden Trapez landen. Unser Zuschauer hat jedoch Höhenangst. Angenommen, wir könnten ihm diese Angst vollständig nehmen. Glauben Sie, er könnte dann sofort nach oben klettern und das Gleiche vorführen?"

Herr Anmach mit breitem Grinsen: „Er wird wohl noch ein paar Mal üben müssen."

„Bestimmt. Kommen wir nun wieder zu Ihnen. Ist die Fähigkeit zur Konversation, zum Smalltalk oder zur fachlichen Diskussion angeboren oder erlernt? Was meinen Sie?"

„Wenn Sie mich schon so fragen. Ich fürchte, das werd ich wohl lernen müssen."

„Ja, genau. Möchten Sie das durch Übung und viel Training lernen?"

„Es bleibt mir ja wohl nichts anderes übrig ..."

„Sie könnten weiter wegsehen und schweigen."

„Nein. Ich will aus dieser Ecke raus!"

„Gut, dann müssten Sie üben. Heißt üben, dass man etwas schon von Beginn an fehlerfrei kann, oder heißt üben, dass man am Anfang leider noch öfter Fehler macht und erst nach und nach immer besser wird?"

„Dummerweise wohl das Letztere."

„Und dürfen andere mitbekommen, dass Sie noch üben?"

„Das wär mir schon peinlich. In meinem Alter sollte ich da weiter sein."

„Welche Möglichkeiten gibt es denn, allein plaudern oder diskutieren zu lernen, ohne mit anderen zusammenzutreffen und ohne dass andere dabei möglicherweise erkennen könnten, wie wenig perfekt Sie noch sind?"

„Da ich das ja wohl kaum allein in meinem Kämmerlein üben kann – was mir natürlich viel lieber wäre – werd ich das wohl in Kauf nehmen müssen. Ich seh keine andere Möglichkeit."

„Sie wollen künftig in aller Öffentlichkeit üben? Mit der Möglichkeit, dass Sie etwas sagen, was falsch oder unsinnig sein könnte, was andere unpassend finden, belächeln, verspotten oder ablehnen könnten?"

„Ja ..."

„Ja? Welches Zielverhalten schlagen Sie dann vor?"

„Ich sag der Frau: ‚Hallo, du hast ein nettes Lächeln!‘ und lächle sie auch an."

„Okay. Aber garantiert Ihnen das ein angeregtes Gespräch?"

„Na ja, garantieren nicht gerade. Sie muss schon wollen."

„Ist es dann sinnvoll, eine Reaktion anderer in die Beschreibung des eigenen Zielverhaltens einzubeziehen? Vor allem, nachdem Sie feststellen, dass es gar nicht in Ihrer Macht steht, wie andere reagieren?"

„Wohl nicht. Ich kann nur mein Bestes versuchen und muss dann sehen, ob und wie die Frau darauf eingeht."

„Angenommen, Sie hätten eine ganz tolle, einmalige Art und Weise gefunden, um sie anzusprechen. Muss Sie dann positiv reagieren?"

„Natürlich nicht."

„Angenommen, Sie stotterten einige ziemlich banale Sätze. Könnte Sie trotzdem positiv reagieren?"

„Nun, möglich wär das schon."

„Was schließen Sie daraus?"

„Nun ..., ... vielleicht, dass es nicht unbedingt die Qualität meiner ersten Sätze ist, die entscheidet, ob sie mit mir Kontakt möchte oder nicht."

„Genau."

Herr Anmach besaß zwar ein sinnvolles Zielgefühl, erwartete beim angestrebten Verhalten aber unrealistischerweise, dass durch eine Gefühlsänderung auch gleichzeitig neue Fähigkeiten entständen.

Statt eines angemessenen Lernziels formuliert und verfolgt er ein *Könnerziel*. Er möchte etwas sofort richtig und perfekt machen können. Und wenn er schon übt, dann möchte er doch zumindest sicher sein, dabei nichts falsch zu machen. Andere sollen nicht erkennen können, dass er noch nicht perfekt ist, während er lernt.

Klar, dass das Wunschdenken ist und bleibt. Da Herr Anmach bisher Smalltalk und Ansprechübungen aus Angst gemieden hat, war er natürlich auch nicht in der Lage, sich auf diesem Gebiet Fähigkeiten anzueignen. Dieses Defizit wird selbstverständlich nicht automatisch verschwinden. Und selbst wenn es ihm gelänge, die Angst vor Kritik und Zurückweisung abzulegen: Seine Rede- und Unterhaltungskunst wird er schon unabhängig davon trainieren müssen, wenn er sich irgendwann einmal gut angeregt unterhalten können möchte. Herr Anmach hat dabei auch übersehen, dass zu einer angeregten Unterhaltung immer mindestens zwei Personen gehören. Aber es steht ja nicht in seiner Macht und hängt nicht von seiner Unterhaltungskunst ab, ob sein Gegenüber ein Gespräch mit ihm beginnen möchte. Sein altes Zielverhalten war schon allein deswegen unangemessen formuliert.

 Das Verhaltensziel soll ausschließlich *eigene* Verhaltensweisen beschreiben, Ziele, die durch *uns selbst* erreichbar sind. Die Verhaltensreaktionen anderer haben hier nichts zu suchen, da sie nicht unserer Entscheidung unterliegen.

Beispiel 2: Herr Cool und seine Ziele

„Herr Cool, Sie wollen also gelassen reagieren, wenn der Arzt Ihnen mitteilt, dass Sie womöglich Krebs haben. Ist Gelassenheit für Sie ein positiv, neutral oder negativ gefärbtes Gefühl?"

„Neutral."

„Wollen Sie damit sagen, dass es Ihnen total egal sein soll, wenn Ihr Arzt Ihnen so etwas mitteilt?"

„Wie kann mir das egal sein! Das ist entsetzlich!"

„Ich kann gut nachvollziehen, dass es entsetzlich oder furchtbar für Sie wäre, demnächst an Lungenkrebs sterben zu müssen. Aber ich begreife noch nicht, wieso Sie es angemessen finden, sich gleichgül-

tig, also neutral zu fühlen, wenn Ihnen so eine Bedrohung offenbart wird."

„Angemessen wäre das natürlich nicht. Aber es nutzt doch niemandem, wenn ich da jetzt anfange auszuflippen."

„Welches Gefühl hielten Sie denn in der Situation für angemessen?"

„Na, Angst natürlich! Angst um meine Gesundheit und mein Leben!"

„Und wem schadet es, wenn Sie die Angst, die Sie haben, auch zeigten?"

„Es wäre dem Arzt sicher unangenehm oder lästig, wenn ich da auf einmal anfange, meine Angst rauszulassen oder sogar zu heulen beginne."

„Sie meinen, der würde das gar nicht verstehen können, der könnte Ihre Angst nicht nachvollziehen und akzeptieren?"

„Doch, schon. Aber ihm wäre ein sachliches Gespräch bestimmt lieber."

„Das klingt ja so, als sei es Ihnen in so einem Moment wichtiger, was der Arzt mögen oder von Ihnen erwarten könnte, als die riesige Bedrohung, von der er Ihnen gerade berichtet."

„Das klingt echt lächerlich, aber ich glaube, in dem Moment war das so."

„Nach dem Motto: Wenn ich schon todkrank bin, dann will ich es wenigstens gelassen, ohne mit der Wimper zu zucken, ‚wie ein Mann' aufnehmen. Es soll sich ja niemand irgendwelche Schwächen einbilden?"

„So ungefähr. Ganz schön blöd."

„Was genau halten Sie dabei für blöd?"

„Ihm zuliebe – das heißt, ich weiß ja noch nicht mal, ob er das überhaupt von mir erwartet – meine Energie darauf zu verschwenden, einen gefassten, bewundernswerten Eindruck zu hinterlassen. Es sollte mir doch in erster Linie um meine Gesundheit und mein Leben gehen. Aber ich mach mir dann eher Gedanken darüber, wie ich ihm ja nicht unnötig auf den Wecker falle und seine kostbare Zeit über Gebühr beanspruche. Ich sollte stattdessen versuchen, alle erdenklichen Informationen darüber zu erhalten, was ich in dieser Situation machen kann. Ich sollte ihm zeigen, dass ich große Angst habe."

„Möchten Sie das künftig ändern?"

„Ja, sofort!"

„Was schlagen Sie vor? Was könnten Sie tun, um dieses Ziel umzusetzen, dieses neue Verhaltensziel zu erreichen?"

„Ich werd morgen in seine Sprechstunde gehen, meine Angst offenbaren und nach Behandlungsmöglichkeiten und deren Risiken fragen."

„Auch wenn Sie dabei Ihre Fassung verlieren könnten?"

„Ja. Das andere ist mir wichtiger!"

„Gut, dann tun Sie das."

Herr Cool verfolgte offensichtlich ein *unrealistisches Zielgefühl.* Denn wenn etwas für ihn Unerwünschtes, Negatives eintritt, wird er das natürlich schlecht finden, und das dazu angemessene Gefühl wird negativ gefärbt sein. Und wenn gar Gesundheit und Existenz bedroht sind, ist als Zielgefühl eine stärkere Angst durchaus normal.

Beim angestrebten Zielverhalten zeigte sich, dass er gar nicht das neutrale Gefühl Gleichgültigkeit anstrebt, denn seine Verhaltensreaktion, die Antwort ‚Das ist ja furchtbar!', weist eindeutig auf seine negative Bewertung der Situation hin. Die einem neutralen Gefühl entsprechende Einschätzung „egal" findet auch er unsinnig. Ihm war mehr daran gelegen, seine Angst hinter einer gleichgültigen Fassade zu verdecken, um sich vor anderen keine „Blöße" zu geben, keine „Schwäche" zu zeigen, nicht „unbequemerweise" emotional zu reagieren. Während seine Gedanken nun einerseits um die Bedrohung seiner Existenz kreisen, sind sie andererseits auf die Befürchtung fixiert, wegen seiner Angst an Ansehen zu verlieren, wegen seiner Schwäche verachtet und abgelehnt zu werden. So konzentriert er sich lieber auf seine bewundernswerte Fähigkeit, Hiobsbotschaften nach außen cool wegzustecken.

Beispiel 3: Herr Angstbeiß und seine Ziele

„Herr Angstbeiß, Sie wollen also mit Wut reagieren, wenn Ihre Nachbarn mal wieder zu laut feiern und Sie nicht schlafen können. Sind Sie gerne wütend?"

„Komische Frage! Natürlich nicht. Aber wie soll man in solchen Situationen auch schon anders reagieren!"

„Sie meinen, Sie haben keine andere Wahl, Sie müssen einfach wütend sein?"

„Ja, ja. Ich weiß schon. Ich bestimme meine Gefühle selbst. Aber soll ich mich darüber etwa auch noch freuen?"

„Das wäre wohl auch nicht angemessen. Aber sehen wir doch mal genau hin: Wenn Sie wütend sind, wie macht sich das bei Ihnen bemerkbar?"

„Ich habe Herzklopfen, verkrampfe mich und bekomme Magenbeschwerden."

„Und trotzdem wollen Sie weiter Wut als Zielgefühl mit genau diesen Begleiterscheinungen anstreben?"

„Natürlich will ich die Begleiterscheinungen nicht, aber wenn ich wütend bin, kann ich wenigstens was unternehmen und da drüben mal so richtig Dampf ablassen."

„*Heißt das, Sie **brauchen** die Wut, um Ihren Nachbarn bitten zu können, etwas leiser zu sein?*"

„Genau.“

„*Was hält Sie denn davon ab, ihn darum zu bitten, bevor Sie wütend sind und diese Begleitsymptome bekommen?*"

„Bitte?“

„*Weshalb gehen Sie nicht rüber und bitten Ihren Nachbarn, etwas leiser zu sein, **bevor** Sie Ihre Wut aufbauen und dann die lästigen Wutsymptome aushalten müssen?*"

„Dann hab ich noch nicht genügend Motivation.“

„*Sie meinen, dann stört Sie die Lautstärke nicht?*"

„Doch, das schon.“

„*Aber?*"

„Der Druck ist wohl noch nicht groß genug.“

„*Nicht groß genug wofür?*"

„Um rüberzugehen und ihn anzusprechen.“

„*Wenn es Sie doch aber bereits stört, wenn Sie unzufrieden mit der Situation sind, wozu brauchen Sie dann noch mehr Druck, um zu versuchen, die Situation zu ändern?*"

„Ich komm mir dann komisch vor.“

„*Meinen Sie, Ihr Anliegen sei unberechtigt, Ihr Wunsch sei eher lustig?*"

„Nein, das nicht. Ich mein, das ist schon berechtigt. Aber ich hab dann Angst, ausgelacht oder von denen zum Kasper gemacht zu werden.“

„*Und das ist anders, wenn Sie in Wut geraten?*"

„Na, dann soll sich mal einer trauen, mir dumm zu kommen!“

„Das klingt ja fast so, als ob Sie mit Wut mehr könnten und andere Verhaltensalternativen hätten als ohne."

„Genau."

„Das versteh ich nicht. Meinen Sie, niemand könnte das ohne Wut tun?"

„Doch, schon."

„Und was hält **Sie** davon ab, es ohne Wut und ohne deren lästige Begleitsymptome zu machen? Weshalb werden Sie nicht schon allein wegen Ihrer Unzufriedenheit mit der Situation aktiv?"

„Wohl wegen meiner Unsicherheit ... Ich trau mich dann nicht."

„Heißt das, dass Sie Ihre Angst mit Wut kompensieren und erst dann handeln, wenn Ihre Wut stärker als Ihre Angst ist?"

„Das kann man wohl so sagen."

„Ja ..., sind Sie dann nicht doppelt gestraft: Erst die Angst und dann noch die Wut mit all ihren Begleiterscheinungen?"

„Das mag schon sein."

„Was halten Sie denn von folgender Strategie: Jemand hat Angst vorm Zahnarzt. Eines Tages bemerkt er ein leichtes Ziehen im Backenzahn. Er weiß, er sollte besser gleich zum Zahnarzt gehen, aber er hat solche Angst. Da die Schmerzen noch nicht stark genug sind, um die Angst zu überwinden, wartet er so lange, bis sich die eine Gesichtshälfte vollständig entzündet hat, er vor Schmerzen weder ein noch aus weiß und nun die Angst weniger wichtig nimmt. Eine gute Strategie?"

Herr Angstbeiß lacht: „Das wäre dumm."

„Weshalb?"

„Weil er unnötig stark leiden muss. Wär er gleich gegangen, hätt's weniger weh getan."

„*Genau. Und wie ist das nun bei Ihnen?*"

„Bei mir?"

„*Ja. Müssen Sie nicht auch unnötig leiden, wenn Sie erst die Angst haben, dann noch die Wut und deren unerwünschte Begleitsymptome?*" (Herr Angstbeiß lächelt.) „*Wenn Sie sich noch mal das Verhalten des Zahnschmerz-Patienten ansehen: Was könnten Sie für sich als Konsequenz daraus übernehmen?*"

„Eher hingehen."

„*Aber er hat Angst.*"

„Mit Angst hingehen."

„*Wollen Sie das künftig auch lernen?*"

„Muss ich wohl."

„*... wenn Sie die anderen, belastenden Konsequenzen nicht wollen.*"

„Ja."

„*Wäre Angst ein angemessenes Zielgefühl?*"

„Nee, auch nicht. Die kommt eher von meiner Selbstunsicherheit."

„*Ja, genau. Wenn Sie nun aber lernen, Ihre Selbstwertprobleme abzubauen – und ich bin sicher, Sie schaffen das, nachdem Sie zunächst vieles noch mit unnötiger Angst geübt haben – was halten Sie dann für ein angemessenes Zielgefühl?*"

„Na ja, ich werd's noch immer nicht mögen, wenn die Krach machen."

„*Welches Zielgefühl halten Sie für angemessen?*"

„Leichter Ärger, ... Unzufriedenheit."

„*Reicht Unzufriedenheit aus, um aktiv zu werden?*"

„Im Prinzip schon."

„... wenn da nicht diese Angst wäre."

„Genau."

„Okay, Ihr Zielgefühl ist also Unzufriedenheit oder Ärger. Wie ist das nun mit Ihrem Zielverhalten? Passt Ihr angestrebtes Verhalten noch zum neuen Zielgefühl ‚Unzufriedenheit'? Ist es strategisch günstig, um Ihren Nachbarn dazu zu bringen, sich in Ihrem Sinne zu verhalten?"

„Es wär wohl nicht besonders schlau und passend."

„Was schlagen Sie denn vor?"

„Ich geh rüber und bitte ihn freundlich, etwas leiser zu sein, die Musik runterzudrehen oder drinnen weiterzufeiern."

„Gut, nehmen Sie das als Zielverhalten. Was wäre aber, wenn er nicht will oder sich sogar darüber lustig macht? Was wollen Sie dann tun?"

„Nun, die Polizei würd ich deswegen nicht rufen. Das wär's mir nicht wert. Aber unzufrieden wär ich schon."

„Sie wollen das dann unzufrieden ertragen lernen?"

„Ja."

„Okay."

Unangemessen an den Zielen von Herrn Angstbeiß war zum einen, dass er glaubte, mit Wut mehr zu können als ohne. Das ist natürlich Unsinn.

Unser Verhalten wird auch bei Wut immer auf die Möglichkeiten begrenzt sein, die wir zuvor bewusst oder unbewusst gelernt und gespeichert haben. Allein dadurch, dass wir uns in Wut versetzen, besitzen wir natürlich kein neues Wissen, keine neuen Lernerfahrungen oder Verhaltensalternativen.

Wut senkt allenfalls unsere Hemmschwelle oder lässt uns unsere Angst für einen Moment vergessen. Wir verhalten uns dann vielleicht so, wie wir es sonst aufgrund moralischer Normen, sozialer Regeln oder wegen anschließender negativer Konsequenzen nicht täten, weil uns angemessene oder auch unsinnige Befürchtungen davon abgehalten hätten.

Zum anderen versuchte Herr Angstbeiß, seine Angst durch Wut zu bekämpfen.

Im Alltag können wir beobachten, dass dies für viele ein bewährtes Mittel zu sein scheint. Aber wir sehen auch die Konsequenzen, die mit so einer Art der Angstbewältigung einhergehen: Die *Stressfaktoren*, die körperlichen Begleitsymptome von Angst plus Wut steigen erheblich und können über längere Zeit einiges anrichten: Sie verursachen oft psychosomatische Erkrankungen wie Magen-, Darm-, Herz- und Kreislaufbeschwerden, Migräne, Muskelverspannungen usw.

> **!** Wenn Angst auf unrealistischen, unsinnigen Befürchtungen beruht, ist es natürlich sinnvoll, sie abzubauen. Solange das aber noch nicht vollständig gelungen ist, müssen wir die angestrebten Verhaltensweisen leider weiter mit der noch verbliebenen Angst trainieren.
> Sollte die Angst allerdings auf realistischen Befürchtungen basieren und das Zielverhalten unangemessen gefährlich sein oder wenn uns die Angelegenheit den ganzen Aufwand nicht wert ist, werden wir lernen müssen, mit dieser unerwünschten Situation zwar unzufrieden zu sein, aber damit zu leben.

7.3 Soll-ist-Vergleich

Wir haben jetzt unsere Zielsetzungen auf Angemessenheit geprüft und gegebenenfalls korrigiert.

> Sobald wir uns auf ein Zielgefühl und Zielverhalten fest-
> gelegt haben, können wir einen *Soll-ist-Vergleich* vor-
> nehmen: Wir prüfen, ob unsere tatsächlichen Gefühls-
> und Verhaltensreaktionen in einer bestimmten Situation
> den Zielsetzungen entsprechen, die wir für angemessen
> halten.
> Dieser Vergleich kann dabei grundsätzlich zu vier Ergeb-
> nissen führen:
> 1. Gefühl und Verhalten sind mit Zielgefühl und Zielver-
>   halten identisch.
> 2. Verhalten und Zielverhalten sind identisch, Gefühl und
>   Zielgefühl nicht.
> 3. Verhalten und Zielverhalten sowie Gefühl und Zielge-
>   fühl stimmen nicht überein.
> 4. Gefühl und Zielgefühl sind identisch, Verhalten und
>   Zielverhalten nicht.

Betrachten wir die einzelnen Alternativen nun genauer:

Gefühl und Verhalten sind mit Zielgefühl und Zielverhalten identisch (1). In diesem günstigsten Fall ist unsere Gefühls- und Verhaltensreaktion bereits so, wie wir sie angemessen finden. Wir besitzen dann keine Veränderungsmotivation und sehen keinen Grund, unsere Denkmuster zu überprüfen, denn sie führen ja bereits zu den angestrebten Gefühls- und Verhaltensreaktionen.

Die vorliegende Situation ist daher keine Problemsituation.

Verhalten und Zielverhalten sind identisch, Gefühl und Zielgefühl nicht (2). Verhalten und Zielverhalten sowie Gefühl und Zielgefühl stimmen nicht überein (3). Bei diesen beiden Möglichkeiten weicht die tatsächliche Gefühlsreaktion von der angestrebten ab. Egal, ob Verhalten und Zielverhalten übereinstimmen: Wir werden in jedem Fall die Denkmuster auf Sinnhaftigkeit und Zielgerichtetheit prüfen und unangemessene, unrealistische Muster so ändern, dass sie zum Zielgefühl führen.

Im nächsten Kapitel erweitern wir hierfür das ABCZ-Modell und überprüfen die Angemessenheit unserer eigenen Denkmuster.

Gefühl und Zielgefühl sind identisch, Verhalten und Zielverhalten nicht (4). Definitionsgemäß ist ein psychisches Problem immer auch ein emotionales Problem. Wenn die Gefühlsreaktion als angemessen und sinnvoll empfunden wird, die Verhaltenskonsequenz aber nicht, dann handelt es sich demnach nicht um ein Beispiel für ein psychisches oder emotionales Problem.

Liegt tatsächlich keine emotionale Belastung vor, brauchen wir auch keine Denkmuster zu prüfen und auch Psychotherapie ist dann nicht angezeigt, sondern vielleicht ein Verhaltenstraining, um die gewünschte Verhaltenszielsetzung zu erlernen. Oder aber: Die erwünschte Verhaltensweise wird tatsächlich durch ein psychisches Problem behindert. Das vorgestellte ABC-Beispiel beschreibt jedoch nicht dieses Problem und dessen typische Denkmuster.

Betrachten wir diese Möglichkeit zur Verdeutlichung an Fallbeispielen:

FALLBEISPIEL: Herr Hättichbloß

Herr Hättichbloß berichtet seinem Freund von seinen sexuellen Abenteuern in Bangkok: „Ich weiß gar nicht, was da in mich gefahren ist! Als ich die Frau gesehen hab, war ich gleich verknallt. Mein Verstand scheint dabei auf Tauchstation gewesen zu sein. Ich hatte mir geschworen: Sex *nie* ohne Schutz! Doch ich war so fasziniert von ihr, dass ich in dem Moment nicht an Ansteckung oder andere abtörnende Dinge denken wollte ...

Am nächsten Tag hab ich dann erfahren, dass sie schon seit fünf Jahren auf den Strich geht. Ich hätte mir in den Arsch treten können! Seitdem mach ich mir Sorgen, dass ich mir AIDS oder irgendwas anderes Gemeines geholt haben könnte. Übermorgen bekomme ich die Untersuchungsergebnisse."

Seine Befürchtungen und die damit verbundene Angst findet Herr Hättichbloß angemessen.

Um künftig solche Gefühlskonsequenzen in ähnlichen Situationen zu vermeiden, braucht Herr Hättichbloß keine Psychotherapie. Er müsste nur sein Verhalten ändern.

FALLBEISPIEL: Frau Vermeidl

Frau Vermeidl kommt in die Beratung und spricht über ihre Befürchtungen hinsichtlich der anstehenden Examensprüfung:

„Wenn ich mich dann endlich aufraffe und mich an den Schreibtisch setze, kann ich mich nur schwer auf die Lektüre konzentrieren. Ich stehe dann häufig auf, laufe umher, hole mir was zu trinken oder mache etwas zu essen, putze die Wohnung oder gehe einkaufen. Bis jetzt habe ich nur einen kleinen Teil meines Pensums geschafft, und ich merke, dass ich mich völlig verplant habe. Ich mach mir echt Sorgen, wie ich das Examen schaffen soll. Können Sie mir nicht den Stoff unter Hypnose schneller beibringen?"

Ihre Besorgnis hält sie durchaus für angemessen.

Um ihre realistischen Befürchtungen loszuwerden, müsste Frau Vermeidl allerdings die Situation verändern und sich mehr Wissen aneignen. Sie müsste sich so lange mit ihrer Lektüre beschäftigen, bis sie sie so gut wie nötig behalten und verarbeitet hat. Auch sie braucht vermutlich keine Psychotherapie.

Sie könnte versuchen, entweder ihre Arbeitsweise zu ändern oder sich andere Lernbedingungen zu verschaffen (Arbeitsgruppen, Nachhilfe etc.).

FALLBEISPIEL: Frau Kusch

Frau Kusch reist mit dem Zug. Für die lange Fahrt hat sie sich extra eine Platzreservierung besorgt. Als sie nun ihren Platz erreicht, ist dieser bereits von einem älteren Herrn belegt. Frau Kusch ist unzufrieden und sucht sich leise murrend einen anderen Platz.

▶

Ihre Unzufriedenheit mit der vorgefundenen Situation hält sie für angemessen, ihre Verhaltensreaktion jedoch nicht. Künftig möchte sie Personen, die ihren Platz belegen, ansprechen und sie bitten aufzustehen.

Das mit dieser Situation verbundene emotionale Problem wird erst erkennbar, wenn wir nachfragen:

„Was hat Sie denn davon abgehalten, den Mann zu bitten aufzustehen?"

Auch Frau Kusch kennt diese Verhaltensmöglichkeit. Sie hat sie jedoch aus Angst vermieden, denn sie befürchtet: „Wenn ich ihn bitte aufzustehen, wird es Streit geben. Ich werde im Mittelpunkt stehen und alle werden merken, wie unsicher ich bin. Ich könnte sogar erröten oder ins Stottern geraten. Das wäre mir furchtbar peinlich!"

Die therapeutische Arbeit wird sich unter anderem mit diesem Denkmuster und der daraus hervorgehenden Angst beschäftigen. Frau Kusch wird dazu typische Problemsituationen beschreiben und bearbeiten. Und in diesen ABC-Beispielen wird das tatsächliche Gefühl dann auch nicht mehr mit dem Zielgefühl übereinstimmen. Sie wird dann ihr Denken auf Angemessenheit prüfen.

FALLBEISPIEL: Herr Schluck

Herr Schluck kommt in die Sprechstunde wegen eines Alkoholproblems. Emotionale Beschwerden habe er nicht. Er möchte aber weniger Alkohol trinken, denn seine Frau habe gedroht, ihn sonst zu verlassen.

Der Therapeut sagt: „Ja, gut, trinken Sie also weniger."

Schluck blickt ihn fassungslos an und antwortet schließlich: „Ja ..., aber das kann ich doch nicht!"

Der Therapeut setzt nach: „Was hält Sie denn davon ab, ab sofort nur noch so viel zu trinken, wie Sie eben beschlossen haben?"

Das weitere Gespräch ergibt, dass Herr Schluck immer dann zur Flasche greift, wenn er frustriert, ängstlich oder deprimiert ist, und dass er dann diese Gefühle buchstäblich „ersäuft".

Die therapeutische Intervention wird genau hier ansetzen. Herr Schluck wird typische Beispiele für sein emotionales Problem aufstellen und nach der Prüfung seiner Denkmuster an deren Veränderung arbeiten, um so die emotionalen Ursachen für sein unerwünschtes Trinkverhalten nachhaltig abzubauen. Wie das geht, werden wir im nächsten Kapitel betrachten. Für diesen Abschnitt merken wir uns:

> **!** Wir achten darauf, dass wir für unseren Änderungsprozess nur ABC-Beispiele benutzen, in denen sich Gefühl und Zielgefühl unterscheiden und in denen sich unser emotionales Problem widerspiegelt.
>
> Bevor wir an die Veränderung gehen, prüfen wir zunächst, ob unsere Gefühls- und Verhaltensziele unseren Lebenszielen entsprechend sinnvoll, angemessen und aus eigener Kraft erreichbar sind.
>
> Sind sie es nicht, werden wir sie entsprechend ändern, um nicht unnötig Energie zu verschwenden und Frustration zu erleiden.

UND JETZT SIE:

Formulieren Sie das von Ihnen angestrebte Zielgefühl und Zielverhalten für die ABC-Beispiele, die Sie zuvor zu Ihrem Problembereich erstellt haben. Überprüfen Sie dann, ob es sich um angemessene, realistische Zielsetzungen handelt.

8. Renovierungsarbeiten: alte Denkmuster geradebiegen

8.1 Der Gedanken-TÜV – Denkmuster auf dem Prüfstand

Der Veränderungsprozess beginnt mit dem Hinterfragen der eigenen Wertmaßstäbe, dem Prüfen der persönlichen Normen und Einstellungen auf Angemessenheit.
Wir werden nun unsere eigene Art und Weise zu denken untersuchen, sie auf Sinnhaftigkeit und Zweckmäßigkeit prüfen, krank machende oder belastende Denkweisen entlarven und durch sinnvolle Alternativen ersetzen.

Wir untersuchen alle Teile unseres *Bewertungssystems* daraufhin, ob sie die zwei uns aus Kapitel 3.3 bereits bekannten Kriterien für angemessenes Denken erfüllen:
> ➤ Mein Denken stützt sich möglichst auf Tatsachen statt auf Meinungen und Spekulationen und es widerspricht nicht der Realität.
> ➤ Es ist auf das Erreichen meiner persönlichen Ziele ausgerichtet.

Dies bedeutet auch, dass es nur die dafür nötige emotionale Belastung verursacht und unnötige Konflikte mit mir selbst, meinen Mitmenschen oder der Umwelt vermeidet.

Bevor wir mit der Bewertung unserer Denkmuster beginnen und dabei die Diskussion des Bewertungssystems für alle drei Teile von B vornehmen, betrachten wir zunächst einige grundsätzliche Überprüfungsmöglichkeiten für diese drei Unterpunkte (die persönliche Sichtweise, die Schlussfolgerungen und vermuteten Konsequenzen und die Bewertung):

Die Diskussion der persönlichen Sichtweise
Die persönliche Sichtweise der augenblicklichen Situation A prüfen wir, indem wir kontrollieren,
➤ ob sie wahrheitsgetreu Ereignisse und Tatsachen beschreibt oder ob sie ungesicherte Annahmen, Schlussfolgerungen oder Vermutungen enthält,
➤ ob sie sich womöglich nur auf ungeprüfte Aussagen, Gerüchte, Phantasien, moralische Wertvorstellungen oder Glaubensgrundsätze stützt,
➤ ob es Beweise für meine Sichtweise gibt oder ob Fakten existieren, die dagegen sprechen, und
➤ ob sie meiner persönlichen Zielsetzung widerspricht.

Die Diskussion der Schlussfolgerungen und vermuteten Konsequenzen
Wenn wir unsere Schlussfolgerungen und vermuteten Konsequenzen auf Angemessenheit prüfen, können wir folgende Kontrollfragen stellen:
➤ Sind meine Schlussfolgerungen logisch oder willkürlich? Könnte es auch anders sein?
➤ Gibt es dafür Beweise? Oder gibt es Fakten, die dagegen sprechen?
➤ Werden die vermuteten Konsequenzen zwingend so eintreten? Falls nein: Welche anderen Möglichkeiten gibt es und wie hoch ist deren Wahrscheinlichkeit?
➤ Was genau passierte tatsächlich, wenn es so einträte, wie ich vermute?
➤ Dient es meinen Zielen, mich dauernd mit der Möglichkeit dieser Konsequenzen zu beschäftigen, und ist es mir die damit einhergehende emotionale Belastung wert?

Wir stellten ja bereits fest, dass sich bei allen Gefühlen die vorher getroffenen Schlussfolgerungen und vermuteten Konsequenzen wesentlich voneinander unterscheiden: Bei *Angst* werden hier bestimmte Befürchtungen und erwartete negative Konsequenzen genannt. Bei *Ärger* oder *Wut* liegen Verstöße gegen persönliche Normen vor und in irgendeiner Form tauchen Muss-Gedanken auf. Bei *Trauer* wird ein erlittener Verlust beschrieben. Bei *Scham* steht hier die Begründung für den persönlichen Wertverlust, das, was jemand an sich selbst nicht in Ordnung findet. Und bei *Niedergeschlagenheit* spiegelt sich hier die negative Sicht der Gegenwart und der Zukunft wider.

Die Angemessenheit unserer Schlussfolgerungen und vermuteten Konsequenzen können wir daher noch spezieller und gezielter untersuchen. Je nachdem, um welches Gefühl es sich handelt, überprüfen wir zusätzlich zu den oben aufgeführten allgemeinen Kontrollfragen folgende Aspekte:

... bei Angst:
➤ Muss das wirklich *so* negativ kommen? Wenn ja: Weshalb? Falls nein: Wie wahrscheinlich ist das? Ist diese Wahrscheinlichkeit die hohe Angst wert?
➤ Wovor schützt es mich, wenn ich dauernd an diese Gefahren denke?
➤ Kann es auch Vorteile mit sich bringen?
➤ Könnte ich etwas gegen das Eintreten der negativen Konsequenzen unternehmen? Und wenn sie eintreten: Wie könnte ich damit umgehen?

... bei Ärger oder Wut:
➤ *Muss* das wirklich alles genau so sein, wie ich es will? Falls ja: Weshalb? Wie kann es dann sein, dass es doch trotzdem gerade anders ist?
➤ Was ist so schlimm, unverschämt oder ungerecht daran, wenn etwas anders ist, als ich es gerne hätte?
➤ Ist das, worüber ich mich aufrege, tatsächlich für jeden falsch? Handelt es sich dabei um eine richtige Tatsachenaus-

sage oder geht es hier um unterschiedliche persönliche Sichtweisen, Meinungen oder Ziele?
➤ Weshalb sollten andere Menschen meine Ansichten und Ziele vertreten statt ihre eigenen?
➤ Helfen mir Wut oder Ärger, meine Ziele zu erreichen? Denken oder verhalten sich andere dann so, wie ich es möchte? Oder wird dies oder ein anderes Ziel (z.b. meine Gesundheit zu erhalten) dadurch sabotiert oder behindert?
➤ Wer hat die körperlichen Konsequenzen von Wut oder Ärger zu ertragen: Ich oder die Person, auf die ich wütend oder ärgerlich bin? Will ich das?

... bei Trauer:
➤ Ist der Verlust wirklich unwiderruflich oder habe ich eine Chance, ihn abzuwenden?
➤ Ist die Stärke meiner Trauer angemessen in Bezug auf die Höhe meines Verlusts? Oder konzentriere ich mich nur noch auf diesen Verlust und übersehe dabei, was alles weiterhin positiv für mich ist?
➤ Drehen sich meine Gedanken nur noch um den Verlust oder plane ich auch neue, erstrebenswerte Ziele?
➤ Gibt es etwas, um diesen Verlust auszugleichen?

... bei Scham:
➤ Wozu genau brauche ich die Liebe, Achtung oder Anerkennung dieser Menschen?
➤ Was hat diese Situation oder mein Verhalten mit meinem persönlichen Wert oder meiner eigenen Wertschätzung zu tun?
➤ Falls ich Fehler gemacht habe: Wieso sollte *ich* keine machen dürfen?
➤ Wenn andere unterschiedliche Ansichten vertreten und ich mit meiner isoliert dastehe, heißt das, dass meine schlechter oder falsch ist und dass ich deshalb weniger wert bin?
➤ Habe ich ein Pauschalurteil über mich gefällt oder nur bestimmte Leistungen oder Eigenschaften bewertet?

➤ Mache ich mein Selbstbild von eigenen Beurteilungen oder von denen anderer Menschen abhängig?

... bei Niedergeschlagenheit:
➤ Habe ich auch noch andere Lebensziele? Falls nein: Weshalb nicht?
➤ Ist das, was ich an mir, meiner Situation oder Umwelt negativ empfinde, veränderbar oder nicht? Falls nein: Weshalb nicht?
➤ Konzentriere ich mich nur auf negative Aspekte oder sehe ich auch die Vorzüge an mir, an anderen, an Situationen oder Dingen? Welche Pluspunkte könnten das sein?
➤ Woher kann ich *wissen*, was die Zukunft bringt?
➤ Wobei hilft es mir, wenn ich so deprimiert in meiner Ecke hocke?

Die Diskussion der Bewertung

Beim Prüfen unserer Bewertung der zuvor getroffenen Schlussfolgerungen und vermuteten Konsequenzen können wir folgende allgemeine Kontrollfragen verwenden:
➤ Ist die Beurteilung einseitig oder würdigt sie alle Vor- und Nachteile?
➤ Was genau ist bzw. wäre so schlimm, schrecklich, unerhört usw., dass die Gefühlskonsequenzen angemessen sind?
Und zusätzlich speziell bei dem Gefühl ...
... Angst: Wäre es wirklich nicht auszuhalten, so furchtbar, schrecklich oder katastrophal oder ginge das Leben trotzdem weiter?
... Wut und Ärger: Weshalb ist das eine Sauerei, Ungerechtigkeit etc.?
... Trauer und Niedergeschlagenheit: Ist es wirklich nicht auszuhalten, so furchtbar, schrecklich oder katastrophal oder kann ich das Leben vielleicht trotzdem irgendwann wieder genießen?
... Scham: Was genau sollte mir weshalb vor wem peinlich sein?

Erarbeiten Sie nun die für Ihre Problematik wichtigen Kontrollfragen für die Diskussion Ihrer
> persönlichen Sichtweise,
> Schlussfolgerungen und vermuteten Konsequenzen,
> Bewertungen
und lernen Sie diese auswendig, damit Sie sie künftig jederzeit parat haben, wenn Sie in Ihrem Veränderungsprozess oder im Alltag Denkmuster auf Angemessenheit prüfen wollen.

Zum besseren Verständnis werden wir nun exemplarisch für einige unangemessene Denkmuster die jeweiligen Bewertungssysteme auf Angemessenheit prüfen und mithilfe der oben angeführten Kontrollfragen diskutieren.

Dazu verwenden wir ABC-Modelle und die dazu erstellten Zielsetzungen Z, die Patienten als Beispiele für ihre Denkweisen mit in die Therapiestunde brachten, um sie mit ihren Therapeuten zu diskutieren.

Beispiel 1: Frau Schwarzblick prüft ihr Katastrophendenken

FALLBEISPIEL: Frau Schwarzblick

Frau Schwarzblick hat heute folgendes ABCZ-Modell mitgebracht:

A Augenblickliche Situation	Mein Mann sagt: „Ich muss dir was sagen. Ich hab vor sechs Monaten eine Frau kennen gelernt und möchte gern mit ihr zusammen leben."
B Bewertungssystem	1. Aber ich liebe ihn! Ich weiß gar nicht, was ich ohne ihn anfangen soll! 2. Das halte ich nicht aus! Das ertrage ich nicht! Ohne ihn ist alles sinnlos. 3. Das ist alles so entsetzlich!

▶

C Konsequenzen	1. Deprimiert. 2. Ich sage: „Da kann ich mich ja gleich vor den Zug werfen."
Z Zielsetzung	1. Gleichgültigkeit. 2. Ich sage: „Du wirst schon wissen, was du tust."

Die Diskussion der Zielsetzungen ergibt, dass sowohl Zielgefühl als auch Zielverhalten so nicht sinnvoll sind.

Korrektur des Zielgefühls. Die Entscheidung ihres Mannes beeinträchtigt Frau Schwarzblicks Lebensziele. Das führt, realistisch betrachtet, zu einer negativen Bewertung, denn für sie ist der Verlust ja bereits eingetreten: Ihr Mann hat sich schon für eine andere Frau entschieden. Das angemessene Zielgefühl liegt daher auf der Trauerdimension. Die weitere Diskussion ergibt als Zielgefühl^{neu}: Trauer (9).

Korrektur des Zielverhaltens. Wenn Frau Schwarzblick die Beziehung zu ihrem Mann gern aufrechterhielte, ist ihr angestrebtes Verhalten eher kapitulierend und nicht zielführend. Denn falls sie auf ihre Ehe nicht schicksalsergeben verzichten will, könnte sie versuchen herauszufinden, warum ihr Mann sie verlassen möchte, und beispielsweise als Zielverhalten^{neu} sagen: „Das finde ich sehr schade. Ich bin ungeheuer enttäuscht und traurig. Was genau fehlt dir denn in unserer Beziehung?"

Der Therapeut diskutiert nun mit Frau Schwarzblick das Bewertungssystem.

➤ Diskussion der persönlichen Sichtweise von A:

„Angenommen, Sie lieben Ihren Mann immer noch. Aber wie war das denn bisher: Haben Sie alles, was Sie in Ihrem Leben taten, auf Ihren Mann ausgerichtet? Waren Sie bisher immer auf ihn angewiesen?"

„Nein, das nicht. Aber ich weiß gar nicht, wie es nun weitergehen soll."

„Heißt das, Sie wissen im Moment nicht, was Sie nun tun werden, weil Sie von seiner Offenbarung so überrascht sind?"

„Ja."

„Bedeutet das, dass Sie auch in den nächsten Tagen, Wochen, Monaten oder Jahren nicht wissen werden, was Sie ohne ihn tun könnten?"

„Nein."

„Was könnten Sie tun, um das herauszufinden?"

„Ich müsste in Ruhe darüber nachdenken. Die Konsequenzen überdenken und überlegen, wie ich damit fertig werde."

➤ Diskussion der Schlussfolgerungen und vermuteten Konsequenzen:

„Richtig. Betrachten wir nun die Konsequenzen, die Sie vermuten: Was genau glauben Sie, nicht aushalten oder ertragen zu können?"

(Frau Schwarzblick schweigt und beginnt nach einiger Zeit zu weinen.)

„Welches Gefühl ist es, das Sie jetzt weinen lässt?"

„Große Enttäuschung ... Trauer ... Ich hätte nie gedacht, dass er das tut. Für mich bricht da eine Welt zusammen."

„Ihre Enttäuschung und Trauer kann ich gut verstehen ... Möchten Sie eine kurze Pause oder wollen Sie trotz Ihrer Trauer weiterarbeiten?"

„Eine kurze Pause, bitte."

„Gut. Sagen Sie mir, wenn Sie weitermachen möchten."

(Nach ca. zwei Minuten:) „Wir können weitermachen."

„Erinnern Sie sich noch an meine letzte Frage?"

„Nein ..."

„Was genau glauben Sie, nicht aushalten oder ertragen zu können?"

(Nach langem Schweigen:) „Ich weiß nicht. Ich denk da wohl an die vielen Dinge und Konsequenzen, die auf mich zukommen. Dinge und Konsequenzen, die ich nie wollte und hoffte, nie ertragen zu müssen."

„Meinen Sie damit, dass es in nächster Zeit sehr schwer für Sie wird, sich mit dieser neuen Situation zurechtzufinden? Oder glauben Sie, dass Sie sie nicht ertragen, aushalten oder überleben können?"

„Überleben werd ich sie wohl, aber ich weiß nicht, ob sich das lohnt ..."

„Was müsste geschehen, damit es sich für Sie lohnte?"

„Mein Mann müsste zu mir zurückkehren."

„Wie fänden Sie das?"

„Toll. Ich wär wahnsinnig froh!"

„Gibt es, unabhängig davon, eventuell noch irgendeine andere Möglichkeit, in Ihrem Leben wieder etwas toll zu finden und sich zu freuen?"

„Im Moment wüsste ich keine."

„Könnte es je eine geben?"

„Mag sein."

„Wollen Sie danach suchen?"

(Frau Schwarzblick schweigt.)

„Wollen Sie irgendwann wieder nach neuen Möglichkeiten suchen, Freude oder genereller: Lebensfreude zu empfinden, oder lieber nicht?"

„Ich weiß nicht ..."

„Wovon hängt das ab, wie Sie sich entscheiden wollen?"

„Ich brauche noch Zeit, um mich mit dieser Situation zurechtzufinden."

„Das verstehe ich. Aber helfen Ihnen solche Gedanken wie eben dabei, sich damit zurechtzufinden?"

„Nein."

„Sondern?"

„Eher dabei zu resignieren."

„Möchten Sie das?"

„Nein."

„Wie ist das nun mit Ihrem Gedanken: ‚Ohne ihn hat das alles keinen Sinn mehr!' Hilft der Ihnen dabei, nicht zu resignieren?"

„Nein, im Gegenteil."

„Könnte das so sein oder wird das mit Sicherheit so kommen?"

„Ich weiß nicht."

„Gut, belassen wir es zunächst also bei: ‚Ich weiß nicht, was kommt.'
Wovon wird es ganz generell abhängen, ob Sie irgendetwas in Ihrem Leben jemals wieder in irgendeiner Weise sinnvoll für sich finden?"

„Ich weiß nicht."

„Was braucht man, um zu entscheiden, ob etwas sinnvoll ist oder nicht?"

„Ich weiß nicht."

„*Wenn ich Sie morgen in der Stadt träfe und Sie fragte: Frau Schwarzblick, wenn ich hier rechts um die Ecke gehe, ist das sinnvoll? Wie würden Sie antworten?*"

„Ich weiß nicht ... Ich müsste wissen, wo Sie hin wollen."

„*Genau. Was brauchen Sie also, um irgendwann einmal entscheiden zu können, ob etwas für Sie sinnvoll ist?*"

„Ich müsste wissen, wo ich hin will ... Ein Ziel. Ich bräuchte ein Ziel."

„*Genau. Wollen Sie irgendwann wieder nach neuen Zielen suchen?*"

„Muss ich wohl."

„*... wenn Sie nicht ziellos, orientierungslos Ihre Zeit verleben möchten.*"

„Ja."

➤ Diskussion der Bewertung:

„*Wenn wir nun Ihre Bewertung betrachten: ,Das ist alles so entsetzlich!' Passt das noch zu dem, was wir eben herausgefunden haben: Dass Sie nur im Moment noch nicht wissen, wie Sie mit dieser neuen Situation fertig werden sollen und erst darüber nachdenken müssen? Dass Sie es sehr wohl überleben können, aber erst neue Ziele finden oder alte wiedererkennen müssten, um Ihrem Leben wieder einen Sinn zu geben? Dass Sie nach anderen Möglichkeiten suchen können, um wieder Lebensfreude zu entwickeln?*"

„Das ist dann doch wohl etwas übertrieben."

„*Was schlagen Sie als sinnvolle Alternative vor?*"

„Das ist sehr schlimm für mich."

„*Einverstanden.*"

Beispiel 2: Frau Ojemine prüft ihr Versicherungsdenken

FALLBEISPIEL: Frau Ojemine

Auch Frau Ojemine kennen wir schon. Sie liest ihr ABCZ-Modell vor:

A Augenblickliche Situation	Ich stehe mit meinen Bildern unterm Arm vorm Galeristen. Er sieht mich an und lächelt.
B Bewertungssystem	1. Als Profi ist er bestimmt was Besseres gewöhnt. Er macht das bestimmt nur meiner Dozentin zuliebe. 2. Wo er jetzt die Bilder sieht, denkt er bestimmt: ‚Auf was habe ich mich da nur eingelassen?' Garantiert bereut er seine Zusage schon. 3. Mensch, ist mir das alles peinlich!
C Konsequenzen	1. Scham (8), Erröten, Erregungsanstieg. 2. Ich sage: „Ich habe Ihnen meine Bilder vorbeigebracht, aber ich weiß ja nicht …" Ich sehe auf den Boden, stelle die Bilder ab, zupfe an meiner Kleidung.
Z Zielsetzung	1. Freude. 2. Ich sage: „Ich habe Ihnen meine Arbeiten vorbeigebracht. Toll, dass ich hier ausstellen kann!"

Die Zieldiskussion ergibt keine Veränderung, denn das Ereignis ist für Frau Ojemines Ziele hilfreich. Eine positive Emotion ist daher als Zielgefühl angebracht. Auch ihr Zielverhalten ist sinnvoll und zielgerichtet, wenn sie für ihre Arbeit einsteht und ihre Freude über die Möglichkeit zeigt, die Bilder in der Galerie auszustellen.

Nun diskutiert der Therapeut mit ihr das vorliegende Bewertungssystem:

> Diskussion der persönlichen Sichtweise von A:

„Geht es bei der Beurteilung von Kunst um Tatsachen, die eine Bewertung in ‚gut' oder ‚schlecht' zulassen, oder ist das reine Geschmackssache?"

„Wohl beides."

„*Was genau könnte man sachlich beurteilen?*"

„Vielleicht, ob ich das, was ich erreichen wollte, auch erreicht habe."

„*Müsste man Ihre Ziele kennen, um das beurteilen zu können?*"

„Ja."

„*Kennt der Galerist Ihre Ziele?*"

„Ich weiß nicht. Vielleicht über meine Dozentin."

„Glauben Sie, dass Sie bei diesen Bildern Ihre Ziele erreicht haben?"

„Im Großen und Ganzen vielleicht."

„*Was meint denn Ihre Dozentin?*"

„Sie findet die Bilder toll."

„*Meint sie, dass Sie die selbst gesetzten Ziele erreicht haben?*"

„Ja."

„*Weiß Ihre Dozentin, worüber sie spricht? Halten Sie sie für kompetent?*"

„Doch, natürlich."

„*Spricht etwas dagegen, ihr Urteil ernst zu nehmen?*"

„Nein, so gesehen eigentlich nichts."

„*Eigentlich?*"

„Nein, nichts."

„*Aber angenommen, der Galerist hätte einen anderen Kunstgeschmack als Ihre Dozentin und er hätte tatsächlich die Bilder nur Ihrer Dozentin zuliebe angenommen. Nutzt oder schadet die Ausstellung Ihren persönlichen Zielen?*"

„Sie nutzt mir."

➤ Diskussion der Schlussfolgerungen und vermuteten Konsequenzen:

*„Auch wenn der Galerist Sie persönlich oder Ihre Bilder nicht mö-
gen und seine Zusage bereuen würde?"*

„Ja."

„Weshalb?"

„Weil ich dadurch einem breiteren Publikum bekannt werde."

„Ja. Das ist sinnvoll ... Wer ist Ihr Lieblingsmaler?"

„Dalí."

„Mögen alle Menschen Dalís Bilder?"

„Nein, eher nicht."

„Mögen alle Künstler oder Galeristen Dalís Bilder?"

„Wohl auch nicht."

„Könnten diese Galeristen dennoch seine Bilder ausstellen?"

„Na klar!"

„Weshalb?"

„Das ist ihr Geschäft! ... Ach so, nun seh' ich, worauf Sie hinaus
wollen."

„Nämlich?"

„Wenn er wirklich ein Profi ist, wird er die Bilder nicht mir oder
meiner Dozentin zuliebe aufhängen oder weil er sie persönlich
mag, sondern weil er hofft, dass das seinem Geschäft nutzt."

*„Genau. Aber wieso meinen Sie, Sie werden sich furchtbar bla-
mieren?"*

„Ich denke, die Leute werden über mich und meine Bilder lachen. Alle werden mich für eine Stümperin halten."

„*Das ist schon möglich. Aber wie wahrscheinlich ist das?*"

„Nun, vielleicht werden es einige tun, vielleicht 5 oder 10%."

„*Ging oder geht das auch anderen Künstlern so?*"

„Ja. Wohl fast allen."

„*Auch solchen wie Dalí?*"

„Ja, wohl auch dem."

„*Und wäre der dann blamiert?*"

„Natürlich nicht."

„*Weshalb der nicht?*"

„Der muss nicht mehr beweisen, dass er gut ist."

„*Und wem müssen Sie das beweisen?*"

„Na, in erster Linie mir selbst ... und den Kritikern."

„*Allen?*"

„Na ja, das geht wohl nicht."

„*Weshalb nicht?*"

„Weil sie unterschiedlich sind und unterschiedlich urteilen."

„*Sie werden also, egal, wie ,gut' Sie sind, mit Kritik zu rechnen haben?*"

„Ja."

„*Auch mit heftiger?*"

„Ja."

„*Was spricht dafür, dass es so kommen wird?*"

„Ich weiß nicht. Vielleicht, weil es meine erste Ausstellung ist ..."

„*Könnte es auch Ihr erster großer Erfolg werden?*"

„Könnte schon, das ist aber unwahrscheinlich.“

„*Was genau spricht dagegen?*“

„Ich weiß nicht. Ich denk einfach so.“

„*Was spricht denn dafür, so zu denken, wo Sie doch anscheinend keine Anhaltspunkte für Ihre Befürchtungen haben?*“

„Ich denke, es ist besser, ich bin darauf vorbereitet.“

„*Sonst?*“

„Sonst bin ich nachher nur maßlos enttäuscht.“

„*Und wie geht es Ihnen mit dieser Strategie?*“

„Wenn es nicht so schlecht kommt, kann es mir nur besser gehen. Mich kann dann nichts so leicht vom Sockel hauen.“

„*Welches Gefühl haben Sie denn vorher?*

„Vorher?“

„*Ja, welches Gefühl haben Sie, bevor Sie das Resultat Ihrer Bemühungen erfahren, wenn Sie so denken?*“

„Na ja, eher Angst, ... Scham und Minderwertigkeitsgedanken.“

„*Und welches Gefühl hätten Sie, wenn Sie vorher dächten, das könnte auch ganz gut für mich werden?*“

„Zuerst Freude, dann aber eventuell Enttäuschung oder Scham.“

„*Diese Strategie müssen wir uns einmal genauer ansehen. Wenn ich Sie richtig verstehe, sagten Sie: Ich fühl mich lieber gleich ganz schlecht. Dann laufe ich wenigstens nicht Gefahr, dass es mir irgendwann schlechter gehen könnte.*“

„Ja, das stimmt schon irgendwie.“

„*Prüfen wir diese Denkweise mal in einem anderen Fall: Stellen Sie sich vor, auf einem Herd stehen 2 Töpfe. In einem köchelt Schwei-*

nefutter, in dem anderen das, was normalerweise Ihre Lieblings-speise ist. Sie wissen aber nicht, wer beides nach welchem Rezept zubereitet hat. Welchen Topf wählen Sie?"

„Natürlich den mit meiner Lieblingsspeise!"

„Auch, wenn Sie nicht wissen, ob sie Ihnen so gut schmeckt wie er-wartet und ob Sie eventuell enttäuscht sein werden?"

„Auch dann."

„Weshalb?"

„Es wäre immer noch besser als Schweinefutter."

„Okay. Gehen wir nun wieder zurück zu Ihrem Beispiel. Sie haben auch hier die Wahl zwischen zwei Alternativen: Entweder sofort ein negatives Gefühl und danach ein positives oder weiter ein nega-tives, falls das Befürchtete eintritt. Oder aber: Sofort ein positives Gefühl und danach ein negatives, wenn sich Ihre Erwartungen nicht erfüllen, oder weiter ein positives. Welche Möglichkeit möch-ten Sie wählen?"

„Ich seh schon. Ich hab wohl doch immer den Topf mit dem Schweinefutter genommen. Die zweite Alternative wäre natür-lich sinnvoller."

„Wollen Sie diese künftig anwenden lernen?"

„Da müsste ich ja mein Innerstes nach außen kehren."

„Wie bitte?"

„Da wär ich ja gar nicht mehr ich selbst."

„Was genau wäre dann an Ihnen anders?"

„Meine ganze Art zu denken, mich zu geben und so."

„Würde sich dadurch Ihre ganze Persönlichkeit inklusive Ihrer Fä-higkeiten und Kenntnisse ändern oder nur der Teil Ihrer Denk-weisen, der Ihnen emotionale Probleme bereitet?"

„Das Letztere."

„Möchten Sie also lieber so bleiben und die damit verbundenen Gefühlskonsequenzen ertragen lernen, oder wollen Sie Ihre Denkweise ändern, um dann weniger unter belastenden Gefühlen zu leiden?"

„Ich will's verändern."

„Auch auf die ‚Gefahr' hin, von Zeit zu Zeit enttäuscht zu sein?"

„Ja."

„Was bedeutet das für diese ABC-Situation?"

Frau Ojemine schweigt zunächst, dann: „Da es positiv für meine Ziele ist, die Bilder ausstellen zu können, will ich mich auch darüber freuen. Wenn's dann später ein Flop wird, kann ich ja immer noch enttäuscht sein. Vielleicht wird's ja auch ganz gut oder so lala. Dann hätte ich vorher ganz umsonst gelitten."

„Gut. Das ist plausibel."

> Diskussion der Bewertung:

„Betrachten wir nun Ihre Bewertung. Was genau ist Ihnen peinlich?"

„Dass ich ihn mit meiner Stümperei in so eine Lage gebracht habe."

„Finden Sie sich peinlich oder nur Ihre Leistung als Malerin?"

„In dem Moment bin ich insgesamt *soooo* klein mit Hut."

„Haben Sie dann ein Pauschalurteil über sich gefällt oder Ihre künstlerische Leistung bewertet?"

„Ich glaub, ich hab die befürchtete Kritik an meiner künstlerischen Leistung auf meine ganze Person übertragen."

„Was hat die Situation, in der Sie dem Galeristen Ihre Bilder vorstellen, mit Ihrem persönlichen Wert oder Ihrer eigenen Wertschätzung zu tun?"

„Nichts."

„Angenommen, der Galerist mag Ihre Bilder nicht. Sie und Ihre Dozentin stehen mit Ihrer Meinung und Einschätzung völlig isoliert da. Hieße das, dass Sie nun nicht mehr liebens- oder achtenswert sind und sich schämen müssen?"

„Natürlich nicht. Aber ich wär doch schwer enttäuscht."

„Das kann ich gut verstehen. Aber ist es jetzt schon eingetreten?"

„Nein."

„Kann Ihre ‚vorsorgliche' Schwarzmalerei, Ihr Versicherungsdenken die Wahrscheinlichkeit verringern, dass es geschieht?"

„Leider nicht."

„Was genau müsste Ihnen in diesem Moment also peinlich sein?"

„Im Moment gar nichts."

„Und später?"

„Ich weiß nicht, ... wenn alle meine Arbeit verrissen ..."

„Müssten Sie sich dann schämen oder wären Sie über die schlechte Beurteilung enttäuscht?"

„Ich wäre enttäuscht."

„Weshalb?"

„Es behindert meine Ziele."

„Ja."

Beispiel 3: Herr Mussmann prüft seine Muss-Gedanken

FALLBEISPIEL: Herr Mussmann	
Herr Mussmann hat sich nun doch entschieden, die eigenen Normen zu prüfen und ggf. zu verändern. Er liest dem Therapeuten sein ABCZ vor:	
A Augen- blickliche Situation	Ich komme ins Büro. Mein Schreibtisch ist mit Akten bedeckt. Ein Kollege sagt: „Hoffentlich haben Sie sich gut erholt, denn hier gibt es einiges zu tun. Ich fahr übrigens Freitag für fünf Wochen in den Urlaub."
B Bewertungs- system	1. Die haben meine ganzen Sachen einfach liegen lassen. Jetzt erwarten die bestimmt, dass ich auch noch für ihn mitarbeite, wenn er im Urlaub ist. 2. Ich darf mich nicht überanstrengen! Das ist gefährlich für mein Herz. Die sollten gefälligst mehr Rücksicht nehmen! Das darf ich mir nicht gefallen lassen! Die sind schuld, wenn ich wieder einen Infarkt bekomme. 3. Es ist eine Sauerei, wie die mit meiner Gesundheit umgehen.
C Konse- quenzen	1. Ärger (10), (Erregungsanstieg, Schläfenpochen, Erröten, Magendruck). 2. Ich sage: „Das darf doch nicht wahr sein! Das lass ich mir nicht bieten!"
Z Zielsetzung	1. Unzufriedenheit, Ärger (1). 2. Ich sage: „Ich werd mir erst mal einen Überblick verschaffen, was da alles auf meinem Schreibtisch liegt. Ich werde übrigens ab sofort keine Überstunden mehr machen."

Die Diskussion der Zielsetzungen ergibt keine Veränderungen, denn das Ereignis A ist für Mussmanns Zielsetzungen unzuträglich. Unzufriedenheit als Zielgefühl ist daher angemessen. Es ist auch sinnvoll, sich vor weiteren Aktionen oder Aussagen erst einen Überblick über die tatsächliche Lage zu verschaffen. Eine generelle Abgrenzung und Abklärung, künftig keine Überstunden mehr machen zu wollen, kann in seinem Interesse liegen und wird daher zunächst so akzeptiert.

➤ Diskussion der persönlichen Sichtweise:

„Also, Herr Mussmann, betrachten wir nun zunächst Ihre persönliche Sichtweise. Wie lange waren Sie aus der Firma fort?"

„Zwölf Wochen."

„Wer hätte Ihre Arbeit in dieser Zeit erledigen können?"

„Allenfalls der, der jetzt in Urlaub geht. Andere blicken da nicht durch."

„Können Sie sofort, auf Anhieb erkennen, ob Ihr Kollege alle Arbeiten liegen gelassen hat, die in den zwölf Wochen für Sie angefallen sind?"

„Auf Anhieb nicht. Die wichtigsten Sachen hat er vielleicht gemacht."

„Haben Sie erwartet, dass er all Ihre Arbeiten erledigen würde?"

„Das wäre natürlich toll, aber er hätte es ebenso wenig geschafft wie ich."

„Aber Sie sind sich sicher, dass Ihr Kollege und Ihr Chef nun von Ihnen erwarten, dass Sie nach Ihrem Herzinfarkt nichts liegen lassen und für zwei arbeiten, obwohl Ihr gesunder Kollege das nicht schaffte?"

„Das sind wohl eher eigene Erwartungen an mich. Bei mir muss der Schreibtisch abends immer leer sein, sonst hat man nicht gut gearbeitet. Ich hab auch gedacht, dass andere das von mir fordern. Aber wenn ich's so betrachte, ist es eher unwahrscheinlich, dass sie es wirklich erwarten."

„Was könnten Sie tun, um es herauszubekommen?"

„Ich müsste sie fragen, was sie von mir erwarten und wie sie gedenken, diesen Aktenberg und die zusätzlich anfallende Arbeit zu bewältigen."

> Diskussion der Schlussfolgerungen und vermuteten Konsequenzen:

„Ja. Prüfen wir nun Ihre Schlussfolgerungen und vermuteten Konsequenzen: Angenommen, es ist nicht gut für Ihr Herz, wenn Sie sich überanstrengen. Woran erkennen Sie, dass Sie sich überanstrengen?"

„Wenn ich mehr arbeite, als mir gut tut."

„Wie viel Arbeit tut Ihnen gut?"

„Ich weiß nicht ..., gerade wollte ich sagen: ‚Wenn ich mich nicht überanstrenge.‘ Aber dann dreh ich mich ja wohl im Kreis ..."

„Was hat man Ihnen denn bei der Entlassung aus der Reha-Klinik gesagt? Sind Sie wieder arbeitsfähig?"

„Ja. Aber ich soll mich nicht überanstrengen!"

„Hat man Ihnen gesagt, dass sie wieder voll arbeiten können, 38 Stunden in der Woche? Oder sollten Sie künftig lieber eine Teilzeitarbeit annehmen oder den Beruf wechseln?"

„Nein. Ich kann angeblich wieder voll in meinem Beruf arbeiten."

„Glauben Sie das auch?"

„Muss ich wohl."

„Weshalb müssen Sie?"

„Ich kann's nicht widerlegen. Ich kann keine Fakten dagegen anführen."

„Möchten Sie das auch glauben oder ‚vorsichtshalber‘ lieber nicht?"

„Ich will's glauben."

„Heißt das, dass Sie sich auch wieder anstrengen dürfen?"

„Das heißt es wohl, aber ich darf mich eben nicht überanstrengen."

„*Was könnte das bedeuten: nicht überanstrengen?*"

„Na ja, nicht für zwei arbeiten, nicht tausend Überstunden schieben, nicht abends den Schreibtisch leer haben müssen, egal, was da kommt."

„*Ja, gut. Nehmen wir das als Beschreibung. Wer entscheidet demnach, ob Sie sich überanstrengen?*"

„Na ja, letztendlich ich selbst."

„*Heißt das, die anderen können erwarten, was sie wollen, sie könnten Sie aber nicht dazu zwingen, sich so zu verhalten?*"

„Ja."

„*Für wie wahrscheinlich halten Sie es denn, dass die erwarten, dass Sie für zwei arbeiten? Vor allem, nachdem Sie sahen, wie Ihr Kollege in Ihrer Abwesenheit gearbeitet hat, ohne gekündigt worden zu sein?*"

„Mein Kollege würd's sicher gut finden, aber wohl nicht erwarten. Mein Chef würd's auch gut finden. Ob er's erwartet, weiß ich nicht."

„*Was könnten Sie tun, um das herauszufinden?*"

„Ihn fragen."

„*Und wenn er sagte, er erwartet von Ihnen, dass Sie für zwei arbeiten?*"

„Dann kann ich sagen, dass ich das nicht möchte."

„*Und wenn er Ihnen dann mit Kündigung drohte?*"

„Das würde er wohl nicht tun. Er würd's auch nicht durchsetzen können. Ich würd dann zum Betriebsrat gehen. Schlimmstenfalls müsste ich mir einen neuen Job suchen, aber meine Gesundheit geht mir vor."

„Ja. Aber würden die beiden Sie noch mögen, wenn Sie das so sagten und täten?"

„Ich weiß nicht. Vielleicht nicht, besonders mein Chef ..."

„Und wie fänden Sie das?"

„Ich hätte es lieber anders."

„Das kann ich verstehen. Aber was wäre daran so schlimm, dass Sie sich deswegen möglicherweise überfordern sollten?"

„So gesehen nichts."

„Wenn Sie es aber doch täten: Wäre Ihr Chef oder Ihr Kollege dafür verantwortlich, oder wäre das Ihre eigene Entscheidung, für die Sie dann selbst die Verantwortung tragen?"

„Es wäre meine Verantwortung."

„Wer ginge mit Ihrer Gesundheit schlecht um?"

„Ich."

„Und Sie wollen künftig darauf achten, Ihre eigenen Ziele zu verfolgen und sich dementsprechend verhalten?"

„Ja."

„Wäre das moralisch in Ordnung?"

„Selbstverständlich!"

„Ist es auch in Ordnung, wenn Ihr Kollege oder Ihr Chef die eigenen Ziele verfolgen?"

„Ja, das auch."

> Diskussion der Bewertung:

„Auch wenn deren Ziele nicht mit Ihren übereinstimmen, ihnen vielleicht sogar entgegenstehen? Und wenn denen Ihr Infarkt völlig egal wäre?"

„Das fänd ich überhaupt nicht witzig!"

„Ja. Aber dürften die dann immer noch ihre eigenen Ziele verfolgen? Oder wäre das jetzt automatisch eine Sauerei?"

„Die dürften das schon, solange sie mich nicht überfordern."

„Wer entscheidet, ob er mehr arbeitet, als ihm gut tut?"

„In diesem Fall ich."

„Dürfen die anderen von Ihnen erwarten oder sogar fordern, dass Sie sich überanstrengen?"

„Dürfen ja, aber ich fänd's nich' gut."

„Das kann ich verstehen. Aber müssten Sie es deswegen dann auch tun?"

„Natürlich nicht!"

„Was daran ist nun so eine Sauerei von anderen, wenn Sie gegen Ihre eigenen Ziele verstoßen, nur weil Sie glauben, andere erwarteten es von Ihnen, und weil Sie von denen nicht abgelehnt werden möchten?"

„Dafür können die nichts."

„Angenommen, Sie hätten Recht, und die anderen erwarteten tatsächlich, dass Sie nun für zwei arbeiten. Wie fänden Sie das?"

„Unangemessen und unrealistisch von denen."

„In Ordnung."

Beispiel 4: Frau Pauschalix prüft ihr Generalisierungsdenken

FALLBEISPIEL: Frau Pauschalix	
Frau Pauschalix will nicht mehr darunter leiden, wenn ihr Sohn schlechte Schulleistungen zeigt. Zur Therapie bringt sie daher folgendes ABCZ mit:	
A Augenblickliche Situation	Ich sitze mit meinem Sohn am Schreibtisch im Kinderzimmer. Mein Sohn sagt: „Der Mathelehrer meinte, ich müsste mehr üben. Aber du weißt ja auch nix über Mengenlehre."
B Bewertungssystem	1. Nun hat er schon die dritte 5 geschrieben. Ich kann ihm bei diesen Dingen auch nich' helfen. Ich kenne das nicht. 2. Wenn er sitzen bleibt, bin ich schuld. Ich kann auch überhaupt nichts. Ich bin auch zu blöd und zu nichts nutze! 3. Das ist furchtbar!
C Konsequenzen	1. Deprimiert (7), keine Begleitsymptome. 2. Ich lasse die Schultern hängen und schweige.
Z Zielsetzung	1. Ärger (6) auf den Sohn. 2. Ich schlage auf den Tisch und sage: „Versuch ja nicht, deine Faulheit auf diese Weise zu entschuldigen. Ich wäre froh gewesen, wenn ich so eine Schule hätte besuchen dürfen!"

Die Korrektur des Zielgefühls. Frau Pauschalix macht fälschlicherweise ihren Sohn für ihre eigene Deprimiertheit verantwortlich. Bei der Diskussion ihres Zielgefühls erkennt sie, dass sie selbst dafür verantwortlich ist, wenn sie sich wegen seiner Äußerungen abwertet. Sie findet es nun angemessen, sich um die Versetzung ihres Sohns zu sorgen und formuliert das Zielgefuhl[neu]: Besorgnis oder Angst (1).

Die Korrektur des Zielverhaltens. Nach der Änderung ihres Zielgefühls findet sie auch ihr Zielverhalten unangemessen, denn es trägt weder ihrer Besorgnis Rechnung, noch hilft es, die unerwünschte Situation zu verändern. Der Therapeut versucht nun, mit ihr ein sinnvolles Zielverhalten herauszuarbeiten:

„Frau Pauschalix, Ihr Sohn hat die dritte Mathearbeit verhauen. Sie können mit ihm nicht üben, weil Sie den Stoff nicht beherrschen."

„Genau."

„Heißt das, Sie können Ihrem Sohn überhaupt nicht weiterhelfen?"

„Ich wüsste nicht, wie. Es nutzt ja nichts, wenn ich einfach nur da sitze."

„Lassen Sie uns mal ganz allgemein nach Unterstützungsmöglichkeiten suchen. Was könnte ich tun, wenn ich jemandem bei etwas behilflich sein möchte, was ich selbst nicht beherrsche?"

„Ich lern's selbst erst mal. Aber das wird ihm dann wohl kaum noch was nutzen. Bis ich das gepackt habe ..."

„Ja, das könnte etwas dauern. Betrachten wir doch mal eine andere Situation: Da ist eine 40-jährige Mutter, deren 15-jähriger Sohn möchte boxen lernen. Was könnte die Mutter tun, um ihrem Sohn zu helfen? Selbst boxen lernen?"

„Natürlich nicht ... Nun, ... sie könnte sein Training bezahlen."

„Ja. Nun zurück zu unserer Situation: Was könnten Sie tun?"

„Sein Training bezahlen? ... Ach so. Ich könnte ihm Nachhilfe bezahlen."

„Könnte ihm das helfen?"

„Bestimmt!"

„Möchten Sie ihm das ermöglichen und das Geld dafür zahlen?"

„Klar!"

Frau Pauschalix formuliert nun folgendes Zielverhalten[neu]: Ich sage: „Du hast Recht, ich kann dir dabei kaum helfen. Leider hab ich das nie gelernt. Wir werden besser Nachhilfe für dich besorgen."

Der Therapeut geht nun zur Diskussion ihres Bewertungssystems über:

> Diskussion der persönlichen Sichtweise:

„Frau Pauschalix, wollen Sie nach dem eben geänderten Zielverhalten noch Ihre alte Sichtweise aufrechterhalten?"

„Natürlich nicht. Er hat zwar tatsächlich bereits die dritte 5 geschrieben. Aber ich muss ihm nicht selbst immer, überall und sofort helfen können. Hier kann ich ihn unterstützen, indem ich ihm fremde Hilfe besorge."

„Gut. Prüfen wir nun Ihre Schlussfolgerungen und vermuteten Konsequenzen."

> Diskussion der Schlussfolgerungen und vermuteten Konsequenzen:

„Sie sind sich sicher: Er wird sitzen bleiben. Wie kommen Sie darauf?"

„Er wird eine 5 in Mathe kriegen."

„Sicher?"

„Wenn er so weitermacht ..."

„Auch wenn er Nachhilfe bekommt?"

„Dann vielleicht nicht."

„Und wenn er eine 5 in Mathe bekäme. Wird er dann sitzen bleiben?"

„Ich weiß nicht. Vermutlich nicht."

„Sie wissen gar nicht, wie er in den anderen Fächern steht?"

„Doch."

„Wie sind seine Leistungen?"

„So zwischen 2 und 3."

„Wird er dann sitzen bleiben?"

„Nein ..."

„Angenommen, er bekäme eine 5 und bliebe sitzen. Wer wäre schuld?"

„Ich hätte ihm besser helfen müssen."

„Sie wären schuld, wenn er in Mathe ungenügend gelernt hat, obwohl Sie Ihr Möglichstes taten? Obwohl Sie ihn zur Arbeit anhielten, ihn beaufsichtigten, ohne ihm aber inhaltlich helfen zu können?"

„Ja."

„Und Sie wären auch schuld daran, nicht genug zu wissen, um Ihrem Sohn zu helfen?"

„Ja."

„Das verstehe ich nicht."

„Wieso?"

„Wie können Sie an beidem schuld sein? Daran, dass Ihr Kind nicht genug gelernt hat und daran, dass Sie selbst nicht genügend lernten?"

„Ach so, ... Also, meine Eltern hatten daran keine Schuld. Die haben getan, was sie konnten. Damals gab's auch noch gar keine Mengenlehre."

„Und Sie? Haben Sie geholfen, wo Sie konnten?"

„Schon. Bis auf die Nachhilfe."

„Hatten Sie Mengenlehre in der Schule?"

„Nein.“

„*Was meinen Sie: Wer soll denn nun wofür verantwortlich sein?*“

„Er dafür zu lernen, so gut er kann. Ich dafür, ihm zu helfen, so gut ich kann.“

„*Ja, gut. Nun zur Schlussfolgerung: ‚Ich kann auch überhaupt nichts.‘*“

„Das ist Quatsch. Ich kann schon was. Aber vieles eben auch nicht!“

„*Kennen Sie jemanden, der alles kann?*“

„Alles nicht, aber viel mehr als ich.“

„*Woran liegt das?*“

„Die haben mehr gelernt.“

„*Kann man so etwas auch heute noch nachholen?*“

„In Maßen vielleicht … Ich denke schon.“

„*Wenn's einem denn der Mühe wert ist. Das heißt, wenn es wichtigen Zielen dient. Aber wofür sind Sie zu blöd, wozu nicht zu gebrauchen? Zu allem?*“

„Natürlich nicht. Aber zum Beispiel zur Mathe-Nachhilfe.“

„*Und deswegen sind Sie auch ‚zu blöd‘ und ‚zu nichts zu gebrauchen‘?*“

„Das ist Unsinn.“

➤ Diskussion der Bewertung:

„*Was ist so furchtbar daran, keine gute Mathe-Nachhilfelehrerin zu sein?*“

„Furchtbar nicht, … aber schon schade.“

„Schade?"

„Weil ich meinem Sohn dann nicht *selbst* helfen kann."

„Das versteh ich."

Fazit

Durch die Diskussion unseres Bewertungssystems erkennen wir also, an welchen Stellen uns unsere Denkweise daran hindert, uns so zu fühlen, wie wir es normalerweise angemessen finden. Wenn wir künftig wieder in ähnliche, problemtypische Situationen geraten, werden wir aber nicht immer die Zeit finden, jedes Mal erneut alle Denkmuster ausführlich zu diskutieren. Deswegen fassen wir das Ergebnis unserer Bewertungsdiskussionen am Ende in prägnante, leicht zu behaltende Merksätze zusammen und lernen diese dann auswendig, damit wir sie jederzeit parat haben, wenn wir sie brauchen.

Wie man das macht, betrachten wir jetzt.

8.2 Austauschmuster: Das Erstellen neuer, sinnvoller Alternativgedanken

Nachdem wir unsere Denkmuster auf Angemessenheit, Realitätsbezug und Zielgerichtetheit untersucht haben, fassen wir das Resultat dieser Überprüfung möglichst komprimiert, in wenigen *Kernsätzen* zusammen. Denn wir werden in Alltagssituationen selten die Zeit haben, all diese Überlegungen von neuem zu durchlaufen. Wir werden das Ergebnis unserer Bewertungsdiskussion daher zunächst *auswendig* lernen. Es soll uns mindestens ebenso geläufig und präsent sein wie die alten Gedanken, damit wir die neue Denkalternative künftig auch in problemtypischen Situationen parat haben. Denn die soll uns dann ja zum angemessenen Zielgefühl führen.

Dieses komprimierte, neue Gedankengut (künftig abgekürzt mit: B^{neu}) ist die notwendige Voraussetzung für das Training neuer Denk- und Verhaltensmuster. Wie das funktioniert, werden wir in Kapitel 9 ausführlich betrachten. Zunächst erstellen wir nun für die Beispiele aus Kapitel 8.1 (vgl. Seiten 195–220) die erarbeiteten B^{neu}:

FALLBEISPIEL (Fortsetzung): Frau Schwarzblick erstellt ihr B^{neu}

Frau Schwarzblicks B^{neu} lautet:
„Das ist jetzt sehr schwer für mich, aber ich werd's überleben. Ich hab auch gut gelebt, bevor ich ihn kannte. Es gibt keinen Grund, wieso das nicht wieder gehen sollte. Ich bin momentan sehr enttäuscht und traurig. Das ist normal in meiner Situation. Ich werde überlegen, wie es weitergehen soll, setze mir neue Ziele und lebe danach. Ich werde dann auch wieder zufrieden und glücklich sein können."

FALLBEISPIEL (Fortsetzung): Frau Ojemine erstellt ihr B^{neu}

Frau Ojemine hat folgendes B^{neu} aufgestellt:
„Die Ausstellung ist positiv für mich, sie dient meinen Zielen. Ob ich den Geschmack des Galeristen oder der meisten Leute treffe, ob ich Erfolg habe, weiß ich noch nicht. Ich denke aber wie meine Dozentin, dass meine Bilder gut sind. Zweckpessimismus nutzt mir nicht. Er verdirbt mir nur die Stimmung, bevor ich das Ergebnis überhaupt kenne.
Ich kann es nicht allen recht machen. Mit negativer Kritik muss ich rechnen. Selbst wenn keiner meine Bilder mag, hat das nichts mit meinem Wert zu tun. Ich fänd's nur sehr schade. Es gibt nichts, wofür ich mich schämen müsste."

FALLBEISPIEL (Fortsetzung): Herr Mussmann erstellt sein B^{neu}

Herr Mussmann möchte seine Denkweise ändern in B^{neu}:
„Ich will versuchen herauszufinden, was andere von mir erwarten. Sollte mir das zu viel sein, muss ich es nicht erfüllen.

▶

Überfordern kann ich mich nur selbst. Das werde ich nicht tun. Aber ich bin wieder belastbar und kann normal arbeiten. Sollte das dem Chef nicht reichen, werde ich mir schlimmstenfalls eine andere Stelle suchen müssen. Aber das ist sehr unwahrscheinlich. Die anderen verfolgen ihre Ziele, ich meine. Das ist okay, obwohl es lästig sein und mich bei meinen Zielen behindern kann."

FALLBEISPIEL (Fortsetzung): Frau Pauschalix erstellt ihr B^{neu}

Frau Pauschalix fasst die Ergebnisse ihrer B-Diskussion zusammen in B^{neu} :

„Ich kann und muss nicht alles wissen. Es hat nichts mit meinem Wert zu tun, ob ich Mengenlehre beherrsche oder ob ich fähig bin, meinem Sohn in *jeder* Situation zu helfen. Kann ich es mal nicht, habe ich trotzdem meine anderen Qualitäten und Fähigkeiten. Schade, wenn ich nicht selbst helfen kann. Aber in diesem Fall bin ich in der Lage, ihm Nachhilfe zu ermöglichen.
Ich bin nicht für alles verantwortlich, sondern nur für das, was in meiner Macht steht. Falls mein Sohn nicht genug arbeitet und sitzen bleibt, was höchst unwahrscheinlich ist, fände ich das sehr schade, aber nicht katastrophal. Das Leben ginge trotzdem weiter."

UND JETZT SIE:

Fassen nun auch Sie Ihre alternativen Gedanken in wenigen Merksätzen zu einem B^{neu} zusammen und lernen Sie diese Alternativgedanken dann auswendig.

8.3 Das Modell zur Selbstanalyse von Emotionen (SAE)

Wir haben nun sämtliche Bereiche unseres Diagnose- und Analysemodells für Denkmuster und deren Gefühls- und Verhaltenskonsequenzen erarbeitet. Jetzt können wir aus diesen Bausteinen ein sehr hilfreiches Instrumentarium zur *Selbstanalyse von Emotionen* (SAE) erstellen. Damit werden wir künftig üben, unsere Denkmuster, Gefühle und Verhaltensweisen in einer Situation A zu beschreiben, sie danach auf Angemessenheit und Zielgerichtetheit zu prüfen und gegebenenfalls so zu verändern, dass uns die erarbeitete neue Denkweise (B^{neu}) zum angestrebten Zielgefühl und Zielverhalten führt. Betrachten wir nun das Modell zur Selbstanalyse von Emotionen, das SAE-Modell genauer. Hierin sind alle bisherigen Bausteine zusammengetragen. Die Hilfsfragen zu den einzelnen Unterpunkten stehen in Klammern:

Modell zur Selbstanalyse von Emotionen (SAE)

Teil I: Das Erstellen des ABCZ-Modells

A: Augenblickliche Situation

(Was geschieht gerade zum Zeitpunkt, als ich diese Gedanken oder dieses Gefühl habe? Was könnte hier jeder ohne Vorwissen wahrnehmen und beschreiben?)

B: Bewertungssystem

1. Meine persönliche Sichtweise von A
   (Was sehe ich mit meinem Vorwissen und meinen Normen in der Situation A?)

2. Schlussfolgerungen und vermutete Konsequenzen aus 1.
   (Wie interpretiere ich das? Welche Schlussfolgerungen ziehe ich aus meiner persönlichen Sichtweise von A? Welche Konsequenzen vermute ich?)

3. Bewertung meiner Schlussfolgerungen und vermuteten Konsequenzen
   (Wie finde bzw. fände ich das?)

▶

C: Konsequenzen

1. Gefühlsreaktion
   (Welches Gefühl habe ich nach B? Gibt es körperliche Begleitsymptome?)

2. Verhaltensreaktion
   (Was genau tue ich daraufhin? Wie verhalte ich mich?)

Z: Zielsetzungen

1. Zielgefühl
   (Welches Gefühl halte ich in der Situation A für angemessen und zielführend?)

2. Zielverhalten
   (Welches Verhalten finde ich in der Situation A angemessen und zielführend?)

▶

Teil II: Die Diskussion des ABCZ-Modells

Diskussion der augenblicklichen Situation A

(Beziehe ich mich auf einen konkreten Zeitpunkt? Habe ich Interpretationen oder Bewertungen vermieden? Ist A sachlich beschrieben?)

ggf.: Mein neues, verbessertes A lautet:

Diskussion der Konsequenzen C

1. Diskussion der Gefühlsreaktion:
(Ist ein Gefühl genannt? Falls mehrere genannt sind, entsprechend viele ABCs erstellen. Ist dies das Gefühl in der Situation A? Habe ich Interpretationen und Bewertungen vermieden? Gehören die körperlichen Begleitsymptome zu *diesem* Gefühl?)

ggf.: Meine neue, verbesserte Gefühlsreaktion lautet:

2. Diskussion der Verhaltensreaktion:
(Ist eine konkrete Verhaltensreaktion genannt? Bezieht sie sich auf A?)

ggf.: Meine neue, verbesserte Verhaltensreaktion lautet:

▶

| 8. Renovierungsarbeiten: alte Denkmuster geradebiegen

Diskussion der Zielsetzungen Z

1. Diskussion des Zielgefühls:
(Ist ein Gefühl genannt? Ist es sinnvoll, realistisch, erreichbar? Bezieht es sich auf den Zeitpunkt A? Habe ich Interpretationen und Bewertungen vermieden?)

ggf.: Mein neues, verbessertes Zielgefühl lautet:

2. Diskussion des Zielverhaltens:
(Ist konkretes Verhalten beschrieben? Bezieht es sich auf A? Ist es realistisch, erreichbar, sinnvoll? Habe ich Interpretationen und Bewertungen vermieden? Vermute ich irrtümlicherweise neue Fähigkeiten wegen der Gefühlsänderung? Ist es ein Lernziel?)

ggf.: Mein neues, verbessertes Zielverhalten lautet:

Die Anforderungen an gesundes Denken

Ich prüfe meine Denkmuster auf Angemessenheit anhand folgender Merkmale:

Diskussion des Bewertungssystems B

1. Diskussion der persönlichen Sichtweise:
(Beschreibe ich Ereignisse tatsachengetreu? Vermeide ich ungeprüfte Aussagen, Gerüchte, Fantasien, moralische Wertvorstellungen? Gibt es Beweise für oder gegen meine Sichtweise?)

2. Diskussion der Schlussfolgerungen und vermuteten Konsequenzen:
(Sind die Schlussfolgerungen zwingend und logisch? Gibt es auch andere Möglichkeiten? Falls nein: weshalb nicht? Gibt es Beweise dafür oder dagegen? Sind die Konsequenzen zwingend so? Falls nein: was könnte noch passieren? Was wäre, wenn es so einträte? Hilft es, dauernd an die möglichen Folgen zu denken?)

3. Diskussion der Bewertung:
(Ist sie angemessen? Würdigt sie alle Vor- und Nachteile? Ist es wirklich nicht auszuhalten, furchtbar oder katastrophal, oder ginge das Leben trotzdem weiter? Weshalb sollte es mir peinlich sein? Wieso ist das eine Sauerei? Ist es so schlimm, dass *diese* Konsequenzen angemessen sind?)

Neue Zielgedanken B^{neu} (Merksätze)

(Was will ich künftig in so einer Situation A denken lernen? Wird dies zu dem angestrebten Zielgefühl und Zielverhalten führen?)

▶

Sollten Sie Schwierigkeiten haben, einzelne Punkte dieses Modells einzuordnen oder zu verstehen, hier nochmals zur Erinnerung die Beschreibung der einzelnen Schritte. (Falls Sie genauer nachlesen möchten, finden Sie in Klammern Hinweise auf die Textstellen im Buch.)

> A, B, C: Diese Punkte entsprechen unserem ursprünglichen ABC-Modell (vgl. Kapitel 2.4).

> Z: Das Zielgefühl und das Zielverhalten erhalten wir durch Beantwortung der Fragen: Welches Gefühl bzw. Verhalten halte ich in der Situation A für angemessen? (Vgl. Kapitel 7.1.)

> Diskussion der augenblicklichen Situation: Bei der Diskussion von A prüfen wir, ob die Wiedergabe der augenblicklichen Situation den dafür aufgestellten Anforderungen genügt (vgl. Kapitel 2.4).

> Diskussion der Konsequenzen: Bei der Diskussion der Konsequenzen wird geprüft, ob die Beschreibung der tatsächlichen Gefühls- und Verhaltensreaktion die notwendigen Bedingungen erfüllt (vgl. Kapitel 2.4).

> Diskussion der Zielsetzung: Bei der Zieldiskussion wird untersucht, ob das angestrebte Zielgefühl und Zielverhalten hinsichtlich der übergeordneten persönlichen Zielsetzungen, Lebensziele und Zielhierarchien realistisch, widerspruchsfrei, angemessen und zielführend sind (vgl. Kapitel 7.2).

> Die Anforderungen an gesundes Denken sind die Maßstäbe zur Beurteilung von Denkweisen, die Entscheidungskriterien dafür, ob ein B angemessen oder unangemessen, sinnvoll oder unsinnig, zielführend oder nicht zielführend ist (vgl. Kapitel 3.3).

> Diskussion des Bewertungssystems: Hier werden die einzelnen Teile von B auf Angemessenheit und Zielgerichtetheit geprüft (vgl. Kapitel 8.1).

> B^{neu} beschreibt zusammengefasst die erarbeitete angemessene Denkweise, die wir künftig in Situationen, wie dem angeführten A, verwenden wollen (vgl. Kapitel 8.2).

UND JETZT SIE:

Bitte erstellen Sie in den nächsten 6 Monaten wöchentlich mindestens ein SAE-Beispiel zu Ihrem Problem.

Für den geplanten Veränderungsprozess ist es sehr hilfreich, möglichst viele problembezogene Situationen mithilfe dieses Selbstanalyse-Modells zu beschreiben und zu analysieren, um so die Technik des Hinterfragens und des Austauschens unangemessener Denkweisen durch sinnvolle, zielgerichtete zu trainieren. Und in einer Therapie kann man mit solchen Selbstanalysen bereits jetzt einen großen Teil der Veränderungsarbeit aus der Therapiestunde nach außen verlagern. Die zu Hause, in der Firma oder unterwegs aufgestellten SAE-Modelle sind dann Inhalte der nächsten Therapiestunde. Sie werden dort besprochen und, wenn nötig, verbessert.

Zum besseren Verständnis des SAE-Modells folgen nun exemplarisch zwei von Patienten als Hausaufgabe erstellte Selbstanalysen:

Beispiel 1: Herr Anmach erstellt ein SAE

Herr Anmach hat ein neues SAE mit in die Therapiestunde gebracht. Wir wissen ja bereits, dass er sich vor Ablehnung fürchtet. Er traut sich nicht, andere anzusprechen oder Situationen aufzusuchen, in denen er im Mittelpunkt stehen und Aufmerksamkeit erregen könnte.

In der letzten Woche hat Herr Anmach sich vorgenommen, seine Kollegin anzusprechen und zum Essen einzuladen.

Er hält diese Übung in folgendem SAE-Schema fest:

Modell zur Selbstanalyse von Emotionen (SAE) – Beispiel

Teil I: Das Erstellen des ABCZ-Modells

A: Augenblickliche Situation

(Was geschieht gerade zum Zeitpunkt, als ich diese Gedanken oder dieses Gefühl habe? Was könnte hier jeder ohne Vorwissen wahrnehmen und beschreiben?)

Ich bin im Büro, es ist 16.00 Uhr, meine Kollegin sitzt mir gegenüber.

B: Bewertungssystem

1. Meine persönliche Sichtweise von A
   (Was sehe ich mit meinem Vorwissen und meinen Normen in der Situation A?)

   Es ist gleich Feierabend, und ich habe sie immer noch nicht gefragt.

2. Schlussfolgerungen und vermutete Konsequenzen aus 1.
   (Wie interpretiere ich das? Welche Schlussfolgerungen ziehe ich aus meiner persönlichen Sichtweise von A? Welche Konsequenzen vermute ich?)

   Wenn ich sie jetzt nicht frage, ist der Zug wieder abgefahren. Sie könnte „nein" sagen und mich auslachen. Vielleicht erzählt sie es auch den anderen Kollegen, und alle machen sich über mich lustig. Ich könnte mich hier dann erst mal nicht mehr sehen lassen.

3. Bewertung meiner Schlussfolgerungen und vermuteten Konsequenzen
   (Wie finde bzw. fände ich das?)

   Das wäre furchtbar peinlich!

C: Konsequenzen

1. Gefühlsreaktion
   (Welches Gefühl habe ich nach B? Gibt es körperliche Begleitsymptome?)

   Angst (8), (starker Erregungsanstieg, Herzklopfen, Magendruck)

2. Verhaltensreaktion
   (Was genau tue ich daraufhin? Wie verhalte ich mich?)

   Ich rutsche auf dem Stuhl hin und her und spiele nervös mit einer Büroklammer.

▶

Z: Zielsetzungen

1. Zielgefühl
   (Welches Gefühl halte ich in der Situation A für angemessen und zielführend?)

   leichte Freude (etwas aufgeregt)

2. Zielverhalten
   (Welches Verhalten finde ich in der Situation A angemessen und zielführend?)

   Ich sage: „Ich wollte Sie immer schon fragen, ob Sie Lust haben, mit mir essen zu gehen. Heute hab ich mir nun endlich ein Herz gefasst: Wollen wir heute Abend zusammen essen gehen?"

Teil II: Die Diskussion des ABCZ-Modells

Diskussion der augenblicklichen Situation A

(Beziehe ich mich auf einen konkreten Zeitpunkt? Habe ich Interpretationen oder Bewertungen vermieden? Ist A sachlich beschrieben?)

A ist objektiv und beschreibt einen Zeitpunkt.

ggf.: Mein neues, verbessertes A lautet:

Diskussion der Konsequenzen C

1. Diskussion der Gefühlsreaktion:
   (Ist ein Gefühl genannt? Falls mehrere genannt sind, entsprechend viele ABCs erstellen. Ist dies das Gefühl in der Situation A? Habe ich Interpretationen und Bewertungen vermieden? Gehören die körperlichen Begleitsymptome zu *diesem* Gefühl?)

   Es ist eine Emotion benannt, die sich auf den Zeitpunkt A bezieht. Gedanken sind nicht enthalten.
   Die Begleiterscheinungen sind durch das Gefühl verursacht.

   ggf.: Meine neue, verbesserte Gefühlsreaktion lautet:

   ▶

2. Diskussion der Verhaltensreaktion:
(Ist eine konkrete Verhaltensreaktion genannt? Bezieht sie sich auf A?)

Eine konkrete Verhaltensweise ist angeführt, aber „ich spiele nervös" ist eine Sichtweise und hat hier nichts zu suchen.

„Hin und her" beschreibt keinen Zeitpunkt.

Das Verhalten bezieht sich auf den Zeitpunkt A.

ggf.: Meine neue, verbesserte Verhaltensreaktion lautet:

Ich rutsche auf dem Stuhl herum und verbiege eine Büroklammer.

Diskussion der Zielsetzungen Z

1. Diskussion des Zielgefühls:
(Ist ein Gefühl genannt? Ist es sinnvoll, realistisch, erreichbar? Bezieht es sich auf den Zeitpunkt A? Habe ich Interpretationen und Bewertungen vermieden?)

Das Zielgefühl ist erreichbar, sinnvoll und realistisch, denn prinzipiell kann ich nur gewinnen. Selbst wenn meine Kollegin nichts mit mir zu tun haben will und dies auch allen Kollegen erzählte, wäre das zwar schade, aber nicht schlimm. Ich habe sie lediglich gefragt, ob sie mit mir essen gehen möchte.

Ich habe weder mein „Gesicht", noch meine Selbstachtung zur Disposition gestellt und kann sie daher auch nicht verlieren. In jedem Fall habe ich was für mein Ziel getan.

ggf.: Mein neues, verbessertes Zielgefühl lautet:

2. Diskussion des Zielverhaltens:
(Ist konkretes Verhalten beschrieben? Bezieht es sich auf A? Ist es realistisch, erreichbar, sinnvoll? Habe ich Interpretationen und Bewertungen vermieden? Vermute ich irrtümlicherweise neue Fähigkeiten wegen der Gefühlsänderung? Ist es ein Lernziel?)

Mein Zielverhalten beschreibt eine konkrete, auf den Zeitpunkt A bezogene, zielgerichtete, sinnvolle, realistische und erreichbare Verhaltensweise. Gedanken sind nicht enthalten. Es ist kein Könnerziel.

ggf.: Mein neues, verbessertes Zielverhalten lautet:

▶

Die Anforderungen an gesundes Denken

Ich prüfe meine Denkmuster auf Angemessenheit anhand folgender Merkmale:

Sinnvolles Denken stützt sich möglichst auf Tatsachen statt auf Meinungen oder Spekulationen. Es widerspricht nicht der Realität.

Es ist auf das Erreichen der persönlichen Ziele ausgerichtet und bewirkt nur die dafür notwendige emotionale Belastung. Es verhindert unnötige Konflikte mit mir selbst oder meiner Umwelt.

Diskussion des Bewertungssystems B

1. Diskussion der persönlichen Sichtweise:
(Beschreibe ich Ereignisse tatsachengetreu? Vermeide ich ungeprüfte Aussagen, Gerüchte, Fantasien, moralische Wertvorstellungen? Gibt es Beweise für oder gegen meine Sichtweise?)

Meine persönliche Sichtweise ist richtig.

2. Diskussion der Schlussfolgerungen und vermuteten Konsequenzen:
(Sind die Schlussfolgerungen zwingend und logisch? Gibt es auch andere Möglichkeiten? Falls nein: weshalb nicht? Gibt es Beweise dafür oder dagegen?
Sind die Konsequenzen zwingend so? Falls nein: was könnte noch passieren? Was wäre, wenn es so einträte? Hilft es, dauernd an die möglichen Folgen zu denken?)

Der Zug ist nicht abgefahren, weil ich sie ja auch weiterhin fragen könnte. Richtig ist, dass ich mich dann mal wieder nicht getraut hätte. Ich tue so, als ob ich in die Zukunft blicken könnte und betreibe Katastrophendenken. Aber selbst, wenn sie „nein" sagte, mich auslachte und es den Kollegen erzählte (das ist zwar möglich, aber ich halte es für unwahrscheinlich), es gibt keinen sinnvollen Grund, mich deswegen auszulachen oder abzuwerten. Falls es einige dennoch täten, fände ich das schade, aber nicht zu ändern.

Es gibt keine sinnvollen, realistischen Befürchtungen, wenn ich wegen unsinniger, dummer Bewertungen ausgelacht werde. Wenn jemand mein Interesse zurückweist, hat das nichts mit einem Gesichts- oder Wertverlust zu tun. Es heißt lediglich, dass meine Annäherung, warum auch immer, zur Zeit nicht gewollt ist. Vielleicht entspreche ich auch nicht dem Geschmack der anderen Person. Auch das wäre keine Abwertung für mich, nichts, weshalb ich mich schämen oder verstecken müsste.

▶

3. Diskussion der Bewertung:
(Ist sie angemessen? Würdigt sie alle Vor- und Nachteile? Ist es wirklich nicht auszuhalten, furchtbar oder katastrophal oder ginge das Leben trotzdem weiter? Weshalb sollte es mir peinlich sein? Wieso ist das eine Sauerei? Ist es so schlimm, dass *diese* Konsequenzen angemessen sind?)

Es wäre weder schlimm noch peinlich, wenn sie mir einen Korb gäbe, allenfalls schade, da ich nicht bekomme, was ich gern gehabt hätte. Es gibt nichts, wofür ich mich schämen müsste.

Neue Zielgedanken B^neu (Merksätze)

(Was will ich künftig in so einer Situation A denken lernen? Wird dies zu dem angestrebten Zielgefühl und Zielverhalten führen?)

Wenn ich sie frage, wird sie zustimmen oder ablehnen. Um das herauszufinden, muss ich sie fragen. Sagt sie „nein", fände ich das schade. Aber ich habe keine weiteren negativen Konsequenzen zu fürchten. Falls einige mich unsinnigerweise auslachten: Schade, aber das kann ich ertragen. Ich werde so etwas nicht wichtig nehmen.
Vielleicht sagt sie „ja", und wir haben einen schönen Abend. Aber dazu muss ich zunächst einmal fragen. Ich kann nur dazugewinnen.
Diese Denkweise führt zu meinen Gefühls- und Verhaltenszielen.

Beispiel 2: Frau Kontrolletti erstellt ein SAE

Auch Frau Kontrolletti kennen wir bereits: Sie fürchtet sich vor Situationen, in denen sie keine Kontrolle über den Ablauf der Dinge hat und den Ort des Geschehens nicht jederzeit verlassen kann, ohne Aufsehen zu erregen. Als Beispiele nennt sie: U-Bahn, Fahrstuhl, Schiff oder Bus zu fahren, im Kino oder Theater auf einem Mittelplatz zu sitzen, durch einen Tunnel zu gehen, über Brücken zu fahren oder im Flugzeug zu sein.

In der vorletzten Therapiestunde hat sie sich die Aufgabe gestellt, eine Station mit der U-Bahn zu fahren. Nachdem sie die letzte Therapiestunde versäumt hat, legt sie heute folgendes SAE vor:

Modell zur Selbstanalyse von Emotionen (SAE) – Beispiel

Teil I: Das Erstellen des ABCZ-Modells

A: Augenblickliche Situation

(Was geschieht gerade zum Zeitpunkt, als ich diese Gedanken oder dieses Gefühl habe? Was könnte hier jeder ohne Vorwissen wahrnehmen und beschreiben?)

Ich will nicht U-Bahn fahren und muss erklären, warum nicht.

B: Bewertungssystem

1. Meine persönliche Sichtweise von A
   (Was sehe ich mit meinem Vorwissen und meinen Normen in der Situation A?)

   Ich muss gleich zur Therapiestunde. Ich bin nicht U-Bahn gefahren.

2. Schlussfolgerungen und vermutete Konsequenzen aus 1.
   (Wie interpretiere ich das? Welche Schlussfolgerungen ziehe ich aus meiner persönlichen Sichtweise von A? Welche Konsequenzen vermute ich?)

   Ich muss erklären, warum ich nicht gefahren bin. Es gibt keinen sinnvollen Grund dafür, dass ich nicht gefahren bin.

3. Bewertung meiner Schlussfolgerungen und vermuteten Konsequenzen
   (Wie finde bzw. fände ich das?)

   Das wird furchtbar unangenehm und peinlich. Ich finde es furchtbar, mich rechtfertigen zu müssen. Ich werde mit unangenehmen Konsequenzen rechnen müssen. Es wird ein sehr unangenehmes Gespräch werden, weil ich keine Rechtfertigung habe. Das Thema ist immer noch nicht vom Tisch und ich müsste doch noch ran. Wenn ich's dann wieder vermeide, könnte ich aus der Therapie rausfliegen.

C: Konsequenzen

1. Gefühlsreaktion
   (Welches Gefühl habe ich nach B? Gibt es körperliche Begleitsymptome?)

   Ich habe Angst (7) und Bauchschmerzen.

2. Verhaltensreaktion
   (Was genau tue ich daraufhin? Wie verhalte ich mich?)

   Ich gehe nicht zur Therapiestunde.

▶

Z: Zielsetzungen

1. Zielgefühl
   (Welches Gefühl halte ich in der Situation A für angemessen und zielführend?)
   Ich möchte ruhig sein.

2. Zielverhalten
   (Welches Verhalten finde ich in der Situation A angemessen und zielführend?)
   Ich gehe zur Therapiestunde.

Teil II: Die Diskussion des ABCZ-Modells

Diskussion der augenblicklichen Situation A

(Beziehe ich mich auf einen konkreten Zeitpunkt? Habe ich Interpretationen oder Bewertungen vermieden? Ist A sachlich beschrieben?)

Mein A ist schon eine Bewertung, es ist nicht objektiv und beschreibt keinen Zeitpunkt.

ggf.: Mein neues, verbessertes A lautet:

Es ist Dienstag, der 2. August, 14 ^{30} Uhr. Ich bin zu Hause.

Diskussion der Konsequenzen C

1. Diskussion der Gefühlsreaktion:
   (Ist ein Gefühl genannt? Falls mehrere genannt sind, entsprechend viele ABCs erstellen. Ist dies das Gefühl in der Situation A? Habe ich Interpretationen und Bewertungen vermieden? Gehören die körperlichen Begleitsymptome zu diesem Gefühl?)
   Ich beschreibe ein Gefühl. Es sind keine Gedanken enthalten und es ist auf den Zeitpunkt A bezogen.

   ggf.: Meine neue, verbesserte Gefühlsreaktion lautet:

2. Diskussion der Verhaltensreaktion:
   (Ist eine konkrete Verhaltensreaktion genannt? Bezieht sie sich auf A?)
   Es ist kein konkretes Verhalten beschrieben, sondern nur das, was ich nicht tue.
   ggf.: Meine neue, verbesserte Verhaltensreaktion lautet:
   Ich schalte den Fernseher ein.

▶

Diskussion der Zielsetzungen Z

1. Diskussion des Zielgefühls:
   (Ist ein Gefühl genannt? Ist es sinnvoll, realistisch, erreichbar? Bezieht es sich auf den Zeitpunkt A? Habe ich Interpretationen und Bewertungen vermieden?)

   Ich beschreibe kein Gefühl, sondern das Erregungsniveau. Da mein Verhalten nicht zielgerichtet war und meine Veränderungsziele sabotiert, bin ich angemessenerweise damit unzufrieden.

   ggf.: Mein neues, verbessertes Zielgefühl lautet:
   Unzufriedenheit (mit meinem Verhalten)

2. Diskussion des Zielverhaltens:
   (Ist konkretes Verhalten beschrieben? Bezieht es sich auf A? Ist es realistisch, erreichbar, sinnvoll? Habe ich Interpretationen und Bewertungen vermieden? Vermute ich irrtümlicherweise neue Fähigkeiten wegen der Gefühlsänderung? Ist es ein Lernziel?)

   Ich beschreibe konkretes Verhalten. Es ist zielgerichtet, erreichbar und sinnvoll. Gedanken sind nicht enthalten. Es ist ein Lernziel.

   ggf.: Mein neues, verbessertes Zielverhalten lautet:

Die Anforderungen an gesundes Denken

Ich prüfe meine Denkmuster auf Angemessenheit anhand folgender Merkmale:

Sinnvolle Bewertungen stützen sich möglichst auf Tatsachen anstatt auf Meinungen und Spekulationen. Sie widersprechen nicht der Realität, sind auf meine persönlichen Ziele ausgerichtet und vermeiden unnötige Konflikte mit mir selbst oder meiner Umwelt.

Diskussion des Bewertungssystems B

1. Diskussion der persönlichen Sichtweise:
   (Beschreibe ich Ereignisse tatsachengetreu? Vermeide ich ungeprüfte Aussagen, Gerüchte, Fantasien, moralische Wertvorstellungen? Gibt es Beweise für oder gegen meine Sichtweise?)

   Tatsache ist, dass ich nicht wie vereinbart U-Bahn gefahren bin und dass ich um 15^{00} Uhr einen Therapietermin habe. Aber ich muss nicht hin. Ich entscheide das selbst. Und ich habe mich dazu entschlossen.

▶

2. Diskussion der Schlussfolgerungen und vermuteten Konsequenzen:
(Sind die Schlussfolgerungen zwingend und logisch? Gibt es auch andere
Möglichkeiten? Falls nein: weshalb nicht? Gibt es Beweise dafür oder dagegen?
Sind die Konsequenzen zwingend so? Falls nein: was könnte noch passie-
ren? Was wäre, wenn es so einträte? Hilft es, dauernd an die möglichen
Folgen zu denken?)

*„Es gibt keinen sinnvollen Grund, dass ich nicht gefahren bin" ist eine
persönliche Sichtweise. Sie entspricht den Tatsachen, denn für meine
Therapieziele war es nicht sinnvoll, es zu vermeiden.
Ich muss mein Verhalten nicht erklären. Aber es wäre sinnvoll, darüber
zu sprechen, wenn ich etwas mit dieser Therapie erreichen möchte.*

3. Diskussion der Bewertung:
(Ist sie angemessen? Würdigt sie alle Vor- und Nachteile? Ist es wirklich
nicht auszuhalten, furchtbar oder katastrophal oder ginge das Leben
trotzdem weiter? Weshalb sollte es mir peinlich sein? Wieso ist das eine
Sauerei? Ist es so schlimm, dass *diese* Konsequenzen angemessen sind?)

*„Ich muss mich rechtfertigen. Ich werde mit unangenehmen Konsequen-
zen rechnen müssen …" sind Schlussfolgerungen und vermutete Konsequenzen. Es ist zwar eine Vermutung, aber sehr wahrscheinlich, dass der
Therapeut mich auf mein Verhalten ansprechen wird.
Da mein Verhalten, an meinen eigenen Zielen gemessen, unsinnig und
zielbehindernd ist, habe ich keine sinnvolle Erklärung dafür. Ich werde
daher jede Rechtfertigung unterlassen.
Es ist schon möglich, dass ich dieses Gespräch recht unangenehm finde.
Vor allem finde ich es unangenehm vor mir selbst, keine sinnvolle Begründung für mein Vermeidungsverhalten zu haben. Aber es ist kein
„unangenehmes Gespräch". So was gibt es nicht. Es gibt nur Gespräche
und die kann man so oder so finden.
Richtig ist auch, dass ich noch einmal ran muss, wenn ich mein Ziel erreichen
will. Aber das entscheide ich ebenso selbst, wie zuvor den Therapiebeginn.
Es könnte sein, dass mir der Therapeut den Therapieabbruch nahe legt,
wenn ich weiter vermeide. Aber das habe ich ja mit in der Hand. Schlimmstenfalls muss ich einen neuen Therapieplatz suchen und von vorn beginnen.
Die zu erwartenden Konsequenzen sind nicht furchtbar, sondern allenfalls lästig und unangenehm. Ich gehe nicht zur Therapie oder mache
Übungen, nur um vor dem Therapeuten gut dazustehen.
Wenn ich mich zielbehindernd verhalte, bin ich die Dumme, nicht der
Therapeut ist geschädigt. Es ist mir also eher vor mir selbst unangenehm, wie ich mich verhalten habe. Ich versuche, das sofort zu ändern.
Dabei hilft es mir, wenn ich in die Therapiestunde gehe und mir Hilfe
hole. Ich werde die Verantwortung für mein Verhalten übernehmen.*

►

(Was will ich künftig in so einer Situation A denken lernen? Wird dies zu dem angestrebten Zielgefühl und Zielverhalten führen?)

Schlecht, dass ich mich nicht zielgemäß verhalten und etwas aus Angst vermieden habe, obwohl ich weiß, dass die Befürchtungen unrealistisch und unsinnig sind.

Wenn ich nicht zur Therapie gehe, sabotiere ich meine Ziele noch mehr. Im eigenen Interesse werde ich hingehen, um weiter an mir zu arbeiten. Ich werde versuchen, künftig mein Verhalten zu ändern.

Ich muss kein „guter Patient" sein und darf mich auch unsinnig und dumm verhalten. Aber ich will lernen, das sein zu lassen.

Es wird mir nichts Schlimmes passieren, wenn ich ohne meine Hausaufgaben in die Therapiestunde gehe.

(Diese Gedanken führen zu meinem Zielgefühl und Zielverhalten.)

8.4 Einsicht: Ja – und nun?

Na gut, wir wissen nun, dass unsere Gefühle durch Einschätzen, Schlussfolgern und Bewerten entstehen, dass wir für unser Denken, Fühlen und Verhalten selbst verantwortlich sind. Und wir haben gesehen, was man tun kann, um unangemessene Denk- und Verhaltensmuster zu erkennen und zu verändern:

Wir wenden einfach unser ABC- oder SAE-Modell an, finden damit die veränderungsbedürftigen Bewertungen heraus, erstellen ein B^{neu} und wissen dann, wie wir zukünftig denken müssen, um zu anderen Gefühlen zu kommen. Problem erkannt, Problem gebannt. Ganz einfach.

Aber ist es das wirklich?

Auch für Sie war es bei der Lektüre dieses Buchs sicherlich oft schwer, die erarbeiteten Einsichten auf eigene Probleme zu übertragen und die neuen Erkenntnisse in die eigene Art zu denken, zu fühlen und zu handeln umzusetzen.

Und wenn Sie tatsächlich schon die Umsetzung im Alltag üben, so werden Sie sich häufig dabei erwischt haben, dass Sie Ihre alten Gedanken oder Reaktionen erst erkannten, als der

Zug bereits abgefahren war: Sie haben dann wieder einmal eine unangemessene Bewertung nicht oder nicht rechtzeitig genug erkannt, um sie und die nachfolgenden Gefühlskonsequenzen zu verhindern. Schade, aber das ist leider ganz normal.

Daher an dieser Stelle nochmals die anfängliche Warnung: Bitte glauben Sie nicht, dass Sie irgendetwas allein dadurch verändern könnten, weil Sie dieses Buch gelesen, gut bearbeitet und verstanden haben. Nun gut, Sie haben hoffentlich neue Erkenntnisse und Einsichten gewonnen. Aber die allein sind nicht in der Lage, Probleme zu beseitigen.

 Einsichten oder Erkenntnisse allein bewirken keine Problemlösung. Dazu müssen sie erst im Alltag umgesetzt und verinnerlicht werden.

Was nutzte es dem Eifersüchtigen einzusehen, dass Eifersucht seiner Beziehung nicht dienlich ist, sondern eher schadet? Wozu diente es demjenigen, der Angst vor Spinnen hat, wenn er erkennen würde, dass diese Tiere ungefährlich und nicht lebensbedrohend sind? Würde der eine seine Eifersucht oder der andere seine Angst vor Spinnen allein dadurch los?

Natürlich nicht. Vor beiden liegt zunächst ein Stück harter Arbeit: Sie müssten erst einmal lernen, ihre zunächst nur auf theoretischer Einsicht begründeten Erkenntnisse auch in der akuten Situation zu *glauben*.

Und um etwas glauben zu lernen, ist es hilfreich, die neuen Einsichten immer wieder anhand der Realität im Alltagsleben zu überprüfen. Bewahrheiten sie sich und stimmen sie mit den Alltagserfahrungen überein, werden wir eher bereit sein, sie zu glauben, als wenn sie dies nicht oder nur teilweise täten. Und je häufiger wir uns von ihrer Richtigkeit und Angemessenheit überzeugen, desto eher werden wir unsere neuen Denkweisen übernehmen und verinnerlichen. Halten wir also fest:

> **!** Einsichten kann man verinnerlichen und glauben lernen, indem man sie durch Übungen im Alltagsleben wiederholt prüft und bestätigt.

Jetzt beginnt für die meisten Lernwilligen der lästigste und schwierigste Teil des Veränderungsprozesses, denn es ist oft recht mühsam, unangemessene Denk- und Verhaltensmuster durch neue, sinnvolle Alternativen zu ersetzen.

Dazu müssen wir lernen umzudenken, alte, verinnerlichte Denkweisen aufzugeben und die neue Art zu denken, zu fühlen und uns zu verhalten so lange zu üben, bis wir sie in den entsprechenden Situationen ebenso spontan parat haben wie zuvor unsere alten, unangemessenen Muster.

Wie gesagt: Leider ist das meist sehr mühsam und arbeitsaufwendig. Wenn wir nun aber deswegen auf der Einsichtsebene verharrten, wären wir so richtig schlecht dran. Wir *wüssten* dann künftig zwar, was wir gerade mal wieder falsch gedacht haben, und würden *erkennen*, was da wieder schief gelaufen ist, hätten aber allein dadurch den alten, unangemessenen Mustern nichts wirkungsvoll entgegenzusetzen.

Unsere neuen Erkenntnisse führen dann zwar zur verbesserten Wahrnehmung eigener Denk- und Bewertungsfehler, aber das bedeutet nicht, dass wir diesen für die Veränderung notwendigen Fortschritt auch besonders positiv finden müssen. Denn diese Phase des bereits Besser-Wissens, aber noch nicht Könnens, ist häufig mit Frustration über das eigene Unvermögen gespickt. Und es führt womöglich einige Ungeduldige unversehens zu einem neuen Problem, wenn sie sich nun wegen ihrer selbst erkannten Fehlleistungen abwerten und herunterputzen. Einige meinen nun vielleicht:

?!

„Aber das ist ja auch schon was: wenigstens endlich zu wissen, wie man es richtig machen kann."

Na ja.

Aber wer erwischt sich schon gern dabei, schon wieder unangemessen gedacht, gefühlt oder gehandelt zu haben?

Und wer besonders gut neue Einsichten gelernt hat, wird sich auch besonders häufig bei alten Fehlern erwischen. Viele sind dann frustriert.

Und in der Tat:

 Wer es bei neuen Einsichten belässt, sie nicht trainiert und umzusetzen lernt, ist oft frustriert und öfter unzufrieden mit sich als vorher.

Viele Patienten glauben an diesem Punkt ihrer Therapie, dass eine *Verschlechterung* ihrer Situation oder ihrer Fähigkeiten eingetreten sei, weil sie mithilfe ihrer neuen Erkenntnisse immer häufiger Fehler in Form von unangemessenen Denk- und Verhaltensweisen bei sich erkennen.

Sie reagieren dann entsprechend frustriert oder möchten am liebsten aufgeben, weil sie meinen, immer tiefer abzusacken.

Tatsächlich haben sich ihre Leistungen und Denkgewohnheiten natürlich nicht verschlechtert. Sie haben vielmehr ihre Fähigkeit verbessert, unangemessene Denk- und Verhaltensmuster zu erkennen.

Der vermeintliche Rückschritt ist also tatsächlich ein Fortschritt. Denn er ist eine notwendige Voraussetzung für den nun möglichen Veränderungsprozess.

Vor dem Erarbeiten neuer, sinnvoller Alternativen steht notwendigerweise die Erkenntnis, was am alten Denken, Fühlen und Handeln unangemessen oder falsch ist. Das sind Einsichten, die normalerweise nicht von Hochgefühlen begleitet sind ...

„Aber weshalb ist es denn so schwer, mein altes Denken, meine Gefühls- und Verhaltensreaktionen zu ändern, wenn ich doch einsehe, dass es unangemessen, unsinnig und zielbehindernd ist, und wenn ich auch schon die sinnvollen Alternativgedanken kenne?"

Frust durch Erkenntnis

Nun, das liegt zum einen an unserem natürlichen Hang zur Bequemlichkeit und Trägheit, an unserer Neigung, alte Entscheidungen, Lösungswege, Bewertungen und Handlungsweisen möglichst unverändert beizubehalten, einmal gelernte Denk-

und Verhaltensmuster immer wieder *automatisch* anzuwenden. Nach dem Motto: „Warum sollte das auf einmal schlecht sein?", „Bis jetzt war das doch aber immer so!" oder „Ich weiß ja, dass es anders richtig ist, aber ich mach's vorsichtshalber noch mal so wie früher. Das kann ich wenigstens. Da weiß ich, was ich tun muss."

Zum anderen liegt es an der menschlichen Fähigkeit, gleichzeitig widersprüchliche Meinungen glauben zu können: Eine verstandesmäßige, vernünftige und eine alteingefahrene, gefühlsmäßige Überzeugung. An Letzterer klammern wir uns oft aus den oben genannten Gründen fest und handeln zunächst noch „automatisch" danach. Auch wenn wir uns hinterher dafür selbst tadeln, verachten oder beschimpfen.

So können beispielsweise den intellektuellen Einsichten „Ich weiß, dass Rauchen gesundheitsschädlich ist" und „Ich müsste mehr arbeiten, um mein Ziel zu erreichen" die lieb gewonnenen Überzeugungen gegenüberstehen: „Mein Opa hat geraucht wie ein Schlot und ist dabei uralt geworden." Und: „Wenn ich mich jetzt ausruhe, kann ich nachher umso besser arbeiten."

UND JETZT SIE:

Suchen und beschreiben Sie eigene widersprüchliche Meinungen. Vergleichen Sie dann Ihre theoretische Einsicht und Ihr Wissen einerseits mit der widersprechenden, gefühlsmäßig bevorzugten, alten Denkweise andererseits. Diese ist dafür verantwortlich, dass es Ihnen so schwer fällt, die neu erarbeiteten Einsichten auch zu glauben und umzusetzen.

Im nächsten Kapitel betrachten wir, wie man mithilfe spezieller Übungen eine dauerhafte Änderung unangemessener Denk- und Verhaltensmuster erreicht und gewonnene Einsichten in neue Denk- und Verhaltensweisen umsetzt.

Die ganz Vorsichtigen und Misstrauischen ahnen bereits, dass es nun ungemütlich wird: Jetzt geht's ans Eingemachte. Wir müssen nun Farbe bekennen: Was ist stärker, unser Veränderungswunsch oder der Hang zur Bequemlichkeit, zum Ausweichen und Vermeiden?

Sind wir wirklich bereit, den inneren Schweinehund zu überwinden, dem zuliebe wir uns das Problem meist eingebrockt haben?

9. Denk-Training: Wie lerne ich umzudenken?

Bisher haben wir uns um das Aufspüren unangemessener, krank machender Gedanken und Gefühle gekümmert, uns mit der Prüfung dieser Denkmuster befasst und uns um eine sinnvollere Alternative bemüht.

Wir befinden uns jetzt auf der *Einsichtsebene*: Wir wissen bereits, was wir besser machen und sinnvollerweise denken sollten, um nicht wieder in unangemessene emotionale Probleme zu geraten. Dabei haben einige frustriert festgestellt, dass Einsichten dem Glauben und besonders dem Können oft weit vorauseilen.

In diesem Kapitel betrachten wir nun verschiedene Möglichkeiten, unseren neuen Einsichten auf die Sprünge zu helfen, denn wir wollen sie ja nicht nur kennen, sondern auch glauben lernen. Hierzu werden wir in drei Stufen vorgehen: Zunächst trainieren wir unsere neuen Überzeugungen theoretisch, „auf dem Trockenen", danach in der Vorstellung und schließlich live in der gezielten, praktischen Umsetzung und Anwendung im Alltagsleben.

Doch bevor wir damit beginnen, müssen wir natürlich erst einmal festlegen, was genau wir denn eigentlich üben wollen, in welchen Bereichen unsere problemtypischen Situationen liegen.

Alle Übungen haben ja das Ziel, dass wir darin unser neues Denken und Verhalten trainieren, dass wir in ihnen beispielhaft lernen, die alten Denkmuster durch unsere neuen zu ersetzen. Es geht hier also nicht um die Übung selbst oder darum, neue Verhaltensweisen zu drillen, sondern in erster Linie darum, unser B^{neu} an der Realität zu überprüfen, um es leichter glauben zu lernen.

Je häufiger wir dies tun, umso eher werden wir es dann auch in anderen Situationen parat haben, denn es wird mit zunehmender Übung generalisieren.

Zunächst sammeln wir für unseren Problembereich typische Situationen, in denen wir bisher mit den alten Mustern reagiert haben. Diese Übungssituationen werden wir dann später in einer *Übungsleiter* zusammenstellen (s. Kap. 9.1).

Bevor wir unsere Übungen zusammenstellen, lassen Sie uns noch zwei allgemeine Anforderungen an solche Aufgaben betrachten:

Übungen sollen gezielt aufzusuchen und auszulösen sein.

Wir sollen selbst entscheiden können, wann wir welche Übungssituation aufsuchen, um sie mit unserer selbst gewählten Übungsgeschwindigkeit zu trainieren. Dazu muss das, was wir üben wollen, natürlich durch uns selbst auslösbar und steuerbar sein. Es sollte nicht vom Verhalten oder von der Reaktion anderer abhängen.

Beispiele für solche Übungssituationen sind:
> Ich fahre drei Stationen mit der U-Bahn.
> Ich frage eine Frau in der Cafeteria: „Hallo. Kann ich mich dazusetzen?"
> Ich frage drei Passanten: „Haben Sie bitte 1 Mark für mich?"
> Ich summe „Alle meine Entchen" an der Haltestelle in Gegenwart anderer.

Diese Übungssituationen können wir selbst steuern. Wir bestimmen, wann wir sie beginnen und mit welcher Geschwindigkeit wir darangehen. So sind wir eher in der Lage, unser neues Denken, das B^{neu}, vor und während des Übens parat zu haben.

Folgende Beispiele erfüllen diese Anforderung nicht:
> Wenn ich das nächste Mal kritisiert werde, will ich ruhig bleiben.

- Ich fahre ohne Angst und ohne Angstsymptome mit der U-Bahn.
- Ich unterhalte mich angeregt mit einer Frau in der Cafeteria.
- Ich streite mich mit meinem Kollegen.

Bei diesen Übungssituationen sind wir von der Reaktion anderer abhängig oder wir setzen bestimmte eigene Fähigkeiten voraus, die wir doch erst noch lernen müssen:

Im ersten Beispiel werden wir von der Situation überrascht, sie ist nicht gezielt auslösbar: Andere entscheiden, ob und wann sie mich kritisieren wollen.

In die beiden ersten Aufgaben haben wir bereits Fähigkeiten eingebaut, die wir noch gar nicht besitzen. Wir wollen doch erst lernen, in solchen Situationen so zu denken und nicht mehr mit den alten Gefühlen und ihren Begleitsymptomen zu reagieren.

Und in den letzten beiden Beispielen sind wir auf bestimmte Reaktionen anderer angewiesen, nämlich dass sie sich mit uns unterhalten oder streiten wollen.

Übungen sollen nicht schädigen.

 Übungsaufgaben schädigen niemanden, weder uns selbst noch andere und sie sind nicht gefährlicher als das normale Alltagsleben.

Wir verzichten daher auf Übungen, die diese Bedingung verletzen, wie z.B.:
- Ich sage meinem blöden Chef endlich mal, was ich von ihm denke.
- Ich stelle mich im 4. Stock auf das Balkongeländer und sehe hinab.
- Ich verprügle meinen Nachbarn, wenn er mich noch mal auslacht.
- Ich umarme eine Frau auf der Straße und drücke sie fest an mich.

Die beiden ersten Beispiele sind für unsere langfristige Zielsetzung vermutlich schädlich. So auch die beiden Letzteren, wenn die, womöglich ungefragt in die Übung einbezogenen Personen entsprechende Konsequenzen zögen.

Und natürlich werden wir auch bedenken, wie *wir* es denn fänden, wenn andere mit uns auf diese Weise ihre Bewertungsänderungen trainierten.

Fassen wir zusammen:

> **!** Verhaltensübungen führen wir in problemtypischen Situationen durch, dort, wo wir zuvor mit der alten, unangemessenen Denkweise reagiert haben. Sie dienen dazu, die alten Denkmuster zu widerlegen und das B^{neu} zu trainieren. Es geht nicht darum, neue Verhaltensweisen zu üben. Die konkrete Übungssituation kann daher für den Alltag völlig unwichtig sein.
>
> Verhaltensübungen sollen gezielt aufzusuchen und auszulösen sein. Sie schädigen niemanden und sind nicht gefährlicher als das normale Leben.
>
> Je häufiger wir das B^{neu} in unterschiedlichen Situationen trainieren und durch Erfahrung bestätigen, desto schneller werden wir es glauben und auch in anderen problemtypischen Situationen parat haben. Wir werden es generalisieren.

9.1 Das Erstellen einer Übungsleiter

Angenommen, wir hätten gerade schwimmen gelernt und wollten nun ins Wasser hüpfen. Normalerweise werden wir nicht damit beginnen, auf den 10 m-Turm zu steigen und hinunterzuspringen. Wir würden zunächst in das Wasser gleiten, später vom Beckenrand, dann vom 1 m-, 3 m- und 5 m-Brett springen, bis wir uns irgendwann, falls das unser Ziel ist, auch auf den 10 m-Turm wagen. Wären wir gleich dort hinaufgestiegen, ... die meisten von uns hätten wohl sofort kapituliert. Die Angst wäre zu stark gewesen. Ähnlich ist das bei Verhaltensübungen. Auch die werden wir unterschiedlich schwer finden. Und um nicht versehentlich sofort mit der schwierigsten zu beginnen, erstellen wir zunächst eine *Übungsleiter,* d. h. wir ordnen unsere Übungsaufgaben nach ihrem Schwierigkeitsgrad.

(1)----(2)----(3)----(4)----(5)----(6)----(7)----(8)----(9)----(10)
niedrigste   höchste
                                          Schwierigkeitsstufe

Wir werden mit den leichteren Übungen beginnen und sie so lange trainieren, bis wir dabei das B^{neu} so gut parat haben, dass wir anstelle der alten Gefühlsturbulenzen nun mit unserem Zielgefühl reagieren.

Erst danach üben wir auf der nächsten Schwierigkeitsstufe, bis wir auch dort auf die erstrebte Art und Weise denken, fühlen und handeln.

So arbeiten wir uns schrittweise auf der Übungsleiter empor, bis auch die letzten angestrebten Schwierigkeitsgrade bewältigt sind. Wie auf dem Sprungturm gilt hierbei die Regel, dass es leichter ist, mit schwierigen Aufgaben umzugehen, wenn zuvor die leichteren zielgerecht und erfolgreich bearbeitet wurden. Dies ist auch deswegen so, weil unser Selbstvertrauen durch diese Übungserfolge entsprechend steigt. Und wenn ich erst einmal ohne besondere Angst vom 9 m-Brett zu springen gelernt habe, ist es bis zum 10 m-Turm nur noch ein kleiner Schritt.

10. Ich lasse eine große Spinne über mein Gesicht laufen. Ich lasse 3 Spinnen zugleich über meinen nackten Körper laufen.

9. Ich lasse eine große Spinne über meinen nackten Körper laufen. Ich lasse eine mittlere Spinne über mein Gesicht laufen.

8. Ich lasse eine mittlere Spinne über meinen nackten Körper laufen. Ich lasse eine kleine Spinne über mein Gesicht laufen.

7. Ich lasse eine kleine Spinne über meinen nackten Körper laufen. Ich lasse eine große Spinne über meinen nackten Arm laufen.

6. Ich suche eine große Spinne und nehme sie in die Hand. Ich lasse eine mittelgroße Spinne über den nackten Arm laufen.

5. Ich suche eine mittelgroße Spinne und nehme sie in die Hand. Ich lasse eine kleine Spinne über meinen nackten Arm laufen.

4. Ich suche eine kleine Spinne und nehme sie in die Hand.

3. Ich betrachte tote und lebende Spinnen im Zoo oder Troparium. Ich suche und beobachte Spinnen im Garten und im Keller.

2. Ich betrachte einen Bildband über Spinnen. Ich sehe einen Videofilm über Spinnen.

1. Ich spreche über meine Phantasien in Bezug auf Spinnen.

Übungsleiter von Frau Igitt

Betrachten wir an drei Beispielen, wie solche Übungsleitern in der Praxis aussehen:

FALLBEISPIEL: Frau Igitt auf der Übungsleiter

Frau Igitt hat große Furcht vor Spinnen. Bislang hat sie mehr oder weniger erfolgreich versucht, Orte zu meiden, an denen sie Spinnen vermutet. Oft hat sie in fremden Räumen jemanden vorgeschickt und erkunden lassen, ob alles spinnenfrei sei. Aus beruflichen Gründen steht ihr nun ein Umzug aufs Land bevor. Wegen ihrer realistischen Annahme, dort häufiger Spinnen zu begegnen, entscheidet sie sich zu einer Therapie, um etwas gegen ihre unangemessenen Befürchtungen zu unternehmen.

In den letzten Therapiestunden hat sie folgendes B^{neu} erarbeitet: „Spinnen sind hier völlig ungefährlich. Ich mag sie zwar nicht, aber sie können mir nicht schaden. Es gibt keinen Grund zur Besorgnis."

Dieses B^{neu} will Frau Igitt jetzt in unterschiedlich schwierigen Situationen üben. Ihre Übungsleiter dazu siehe Seite 252.

FALLBEISPIEL: Herr Trugschluss auf der Übungsleiter

Herrn Trugschluss kennen wir bereits als gewieften Deutungskünstler. Wie wir wissen, leidet er unter einem ausgeprägten Selbstwertproblem. Dies äußert sich unter anderem in seiner extremen Angst vor Menschen. Er fürchtet sich so sehr, öffentlich im Mittelpunkt zu stehen und dabei unangenehm aufzufallen, ausgelacht oder abgelehnt zu werden, dass er sich seit Monaten kaum noch unter Menschen traut.

Herr Trugschluss hat nun einige problemtypische Situationen gesammelt und in eine Übungsleiter geordnet. In diese Situationen will er sich nun nach und nach begeben, um die neuen Gedanken zu üben. Sein B^{neu} lautet: „Mein Wert ist nicht von der Meinung anderer, von ihrem Applaus oder

▶

Missfallen abhängig. Ich kann es nie allen gleichzeitig recht machen. Ich werde mich daher an meinen eigenen Normen und Zielen orientieren. Wenn andere das nicht mögen, fände ich das allenfalls schade oder auch nachteilig. Es wäre aber keine Katastrophe. Es gibt keinen Grund, mich zu verbergen und nicht meine eigenen Ziele zu verfolgen."

Seine Übungsleiter sieht so aus:

1. Ich gehe um den Wohnblock.
   Ich kaufe eine Zeitung am nächsten Kiosk.
2. Ich fahre mit dem Auto ins Einkaufszentrum und gehe umher.
   Ich gehe zum Kaufmann an der Ecke und kaufe ein.
3. Ich fahre mit dem Auto ins Einkaufszentrum und kaufe ein.
   Ich gehe am Samstag über den Wochenmarkt und kaufe ein.
4. Ich fahre mit dem Bus ins Einkaufszentrum und kaufe ein.
   Ich rufe auf der Straße laut den Namen einer Frau.
5. Ich rufe auf der Straße laut den Kosenamen einer Frau.
   Ich summe ein Lied im Bus.
6. Ich bewege mich hüpfend durch die Fußgängerpassage.
   Ich frage in meiner ältesten Arbeitskleidung in einer eleganten Parfümerie nach Proben teurer Marken und spreche dabei die Namen falsch aus.
7. Ich gehe mit eingeschaltetem Kofferradio spazieren.
   Ich mache einen Fahrgast im Bus auf meine Angst aufmerksam.
8. Ich frage eine Schlange wartender Kunden, ob ich mal vor darf.
   Ich frage Passanten, ob sie 1 Mark für mich haben.
9. Ich stehe an einer Bushaltestelle, halte den Daumen hoch und tue so, als ob ich trampen wollte.
   Ich frage im Bus, ob jemand meine alte Zeitung kaufen will.
10. Ich rufe die Stationen in der U-Bahn aus.
    Ich trage alte, ungepflegte Kleidung, halte eine Bierflasche in der Hand und schreie: *„Hamburg vor, noch ein Tor!"*

Auch Herr Anmach ist uns schon mehrfach begegnet. Wie wir wissen, hat auch er ein Selbstwertproblem. Aus Furcht vor Ablehnung und emotionaler Verletzung vermeidet er seit Jahren, zu anderen privaten Kontakt zu suchen. Er ist jetzt 30 Jahre alt, hat noch nie eine Freundin gehabt und ist völlig vereinsamt. Er will nun üben, auf andere zuzugehen, ihnen sein Interesse zu zeigen und Annäherungsverhalten zu trainieren. Sein B^{neu} lautet:

„Mein persönlicher Wert ist unabhängig von der Akzeptanz oder Ablehnung durch andere. Ich kann ihn daher auch dann nicht verlieren, wenn ich zurückgewiesen werde. Das wäre allenfalls schade. Ich wäre enttäuscht. Aber ich habe nichts zu verlieren. Ich kann nur gewinnen. Aber dazu muss ich bereit sein, aktiv zu werden und vielleicht auch viele Körbe einzustecken."

Herr Anmach hat folgende Übungsleiter aufgestellt:

1. Ich sehe Menschen in der U-Bahn und im Bus in die Augen.
   Ich frage andere in der Cafeteria, ob ich mich dazusetzen kann.
2. Ich sehe anderen unterwegs in die Augen und lächle sie an.
   Ich lade meine beiden Kollegen zu einem Drink ein.
3. Ich melde mich zu einem Tanzkurs an und gehe hin.
   Ich gehe allein in eine Diskothek.
4. Ich stelle mich neben eine Frau im Stehcafé und spreche sie an.
   Ich mache einer Frau in der U-Bahn ein Kompliment.
5. Ich schreibe und beantworte Kontaktanzeigen.
   Ich flirte mit Frauen im Bus und in der U-Bahn.
6. Ich treffe mich mit den Kontaktanzeigen-Verabredungen.
   Ich flirte mit Frauen und spreche sie an, mache Komplimente.

▶

7. Ich frage eine Frau in der Disko, ob sie mit mir tanzen möchte.
Ich lade Kollegen, Personen aus der Tanzstunde und Leute, die ich aus Kontaktanzeigen kenne, zu einer Party ein.
8. Ich frage eine Frau aus meiner Tanzstunde, ob sie mit mir ausgeht.
Ich frage eine Frau in der Disko, ob ich sie zu einem Drink einladen und mich zu ihr setzen darf.
9. Ich sage einer Frau, dass ich sie sehr gern habe.
10. Ich sage einer Frau, dass ich sie liebe, und frage, ob sie mich als Partner mag.

Meine persönliche Übungsleiter:

UND JETZT SIE:

Bitte erstellen Sie nun eine Übungsleiter für Ihren Problembereich. Schreiben Sie dazu verschiedene problemtypische Situationen auf kleine Zettel. Dabei achten Sie darauf, dass alle Aufgaben den oben beschriebenen Anforderungen entsprechen.

Dann bringen Sie die Zettel in eine Schwierigkeits-Rangreihe. Dies gelingt am einfachsten, wenn Sie zunächst die leichteste und die schwierigste Übung bestimmen. Diese erhalten die Rangplätze 1 und 10. Die Aufgabe auf dem nächsten Zettel ist entweder genauso leicht oder schwer und kommt somit ebenfalls auf Rang 1 oder 10 oder sie liegt irgendwo dazwischen. Alle weiteren Zettel fügen wir nun ein, indem wir sie mit jeder bereits eingeordneten Übung daraufhin vergleichen, ob sie leichter, schwerer oder gleich schwer ist.

Auf diese Weise ordnen Sie so viele Übungsbeispiele ein, bis möglichst auf jeder Schwierigkeitsstufe mindestens zwei verschiedene Aufgaben stehen.

Bei mehreren Problemfeldern erstellen Sie bitte für jeden Bereich eine eigene Übungsleiter.

10.

9.

8.

7.

6.

5.

4.

3.

2.

1.

9.2 Trockenübungen: die innere Überzeugungsarbeit

Wir haben nun unsere persönliche Übungsleiter erstellt und werden als Nächstes für alle angeführten Situationen ABC- oder SAE-Modelle anfertigen, um so die alten Denkmuster herauszuarbeiten und uns mit ihnen auf der theoretischen Ebene auseinander zu setzen.

Wir werden unser bisheriges Denken überprüfen, die unsinnigen, krank machenden Ansichten und Einschätzungen entlarven, überzeugend widerlegen und durch angemessene ersetzen. Und das können wir umso leichter, je ausführlicher, logischer und plausibler wir uns selbst begründen,

➤ was an unseren Gedanken unangemessen, unsinnig oder krank machend ist,

➤ weshalb wir sie ändern sollten und

➤ wofür das gut wäre.

Denn wohl niemand gibt ohne Grund, ohne wichtigen Anlass, nur „mal eben so" alte, mehr oder weniger lieb gewonnene Überzeugungen auf.

Daher werden wir uns klar und deutlich vor Augen führen, weshalb und wofür die neue Denkweise besser, angemessener ist. Wir selbst müssen davon hundertprozentig überzeugt sein. Denn warum sollten wir sonst die Mühe auf uns nehmen, alt eingefahrenes Denken zu verändern?

Durch diese innere Überzeugungsarbeit werden unsere alten Denkweisen, im eigentlichen Sinne des Wortes, immer unglaubwürdiger. Und erst dann sind wir normalerweise bereit und offen für neue, alternative Blickwinkel.

Wie wir unsere alten, unangemessenen Bewertungen „demontieren" und die neuen, zielführenden B^{neu} „installieren" können, haben wir bereits in den Kapiteln 8.1 und 8.2 an den Fallbeispielen (vgl. S. 195–196, 201, 209, 215 und 221–222) gesehen. Halten wir hierzu fest:

> Um B-Änderungen zu ermöglichen, müssen wir erst die alte Überzeugung aufgeben. Das ist umso leichter, je deutlicher wir ihre Unangemessenheit nachweisen und begründen. Neue Denkweisen übernehmen und verinnerlichen wir umso leichter, je glaubhafter und plausibler wir ihre Angemessenheit begründen und je häufiger sie unserer Realitätsprüfung im Alltag standhalten.

UND JETZT SIE:

Bitte erstellen Sie für alle Situationen, die Sie in Ihre Übungsleiter aufgenommen haben, ein SAE-Modell. Schreiben Sie die daraus gewonnenen neuen, alternativen Denkweisen B^{neu} auf und lernen Sie sie auswendig.

Prüfen Sie nun in Ihrem Alltagsleben, ob Ihre B^{neu} glaubhaft, plausibel und realitätsgerecht sind.

9.3 Das innere Drehbuch: Übungen auf der Vorstellungsebene

Wir haben nun die Aufgaben unserer persönlichen Übungsleiter auf der theoretischen Ebene betrachtet, indem wir ABC- oder SAE-Modelle dazu erstellten, darin enthaltene unsinnige Überzeugungen widerlegten, ihre Unangemessenheit bewiesen und alternative sinnvolle, plausible Denkweisen erarbeiteten.

Bevor wir uns aber nun mit unseren neuen Zielen und Vorsätzen ins Alltagsleben stürzen, unsere B^{neu} dort „live" anzuwenden versuchen und unsere neue Art zu denken und zu handeln ausprobieren, werden wir unsere Übungen zunächst auf der *Vorstellungsebene* durchdenken und vorbereiten.

„Ja, wozu denn das?"

Nun, betrachten wir dazu Herrn Anmach bei seinem ersten Übungsversuch auf der Verhaltensebene: Er hatte sich ja vorgenommen, eine Frau in der Cafeteria anzusprechen und zu versuchen, sich mit ihr zu unterhalten. Bisher hat er so etwas noch nie getan.

Herr Anmach steht jetzt in der Cafeteria. Vor ihm am Tisch sitzt eine Frau. Er spürt, wie er unruhig wird und denkt: Was soll ich bloß sagen? Vielleicht: „Äh ..., hallo ...," oder: „Na, auch hier?" Und was sag ich danach?

Herr Anmach hätte sich besser vorbereiten sollen. Es wäre günstig für seine Lernziele, wenn er sich zuvor überlegt hätte, was er sagen könnte, worüber er sprechen und welche Worte er benutzen will.

Was ihm trotz seines zielführenden B^{neu} noch fehlt, ist die klare *Vorstellung* von seiner Verhaltensübung. Er steht nun da wie ein Schauspieler auf der Bühne ohne Drehbuch. Er weiß nicht, was er tun soll.

Solche Erfahrungen sind natürlich nicht besonders geeignet, unser Selbstbewusstsein und die Motivation für weitere Übungen zu stärken. Nach einigen solcher Flops würden wir womöglich aufgeben und die Flinte ins Korn werfen. So ein Frust!

Damit *uns* das nicht so leicht widerfährt, werden wir eigene Übungen besser vorbereiten. Wir werden die Verhaltensübungen so gut durchdenken und planen, bis wir eine klare Vorstellung von ihnen besitzen, bis wir einen klaren Ablauf, ein *inneres Drehbuch* vor Augen haben.

Unser Handeln wird durch das innere Drehbuch bestimmt: Wir können uns allenfalls so verhalten, wie wir es uns in der Fantasie vorzustellen vermögen.

Besitzen wir keine Vorstellung von einer Handlung, können wir sie auch nicht durchführen.

Wir werden daher vor jeder Verhaltensübung damit beginnen, uns ein inneres Drehbuch zu erstellen. Darin sind für die realen Übungssituationen klare Verhaltensanweisungen enthalten.

Betrachten wir nun dieses Vorgehen für die erstellten Übungs-leitern aus dem Kapitel 9.1 (vgl. S. 250–257):

Herr Anmach überlegt sich *vorher*, wie er die Frau ansprechen, welche Worte er wählen und worüber er reden möchte. Er hat sich auf einige allgemeine Gesprächsthemen vorbereitet und weiß, was er dazu sagen kann.

Frau Igitt hat zunächst darüber nachgedacht, wie sie an die unterschiedlichen Spinnen für ihre Übungen kommt. Sie kann sich vorstellen, wie sie sie anfasst, aufnimmt und sich auf den Arm, den Körper oder das Gesicht legt. Sie hat in ihrer Phanta-sie das Kribbeln auf der Haut gespürt und dabei anstelle der al-ten Panikgedanken mit ihrem B^{neu} reagiert, bevor sie ihr neues Denken auf der Verhaltensebene übt.

Und Herr Trugschluss wird sich nicht nur überlegen, welches Lied er denn überhaupt kennt, um es im Bus zu summen. Er wird sich auch ausmalen, wie er sich verhält und wie andere darauf reagieren. Er wird sich dabei immer wieder sein B^{neu} in Erinnerung rufen und er wird sich vorstellen, was er macht und was er denken will, wenn er mit der Übung fertig ist.

Und für unser eigenes Übungsprogramm merken wir uns:

 Wir trainieren das neue, angestrebte Denken und Verhal-ten so lange auf der Vorstellungsebene, bis wir dort die Si-tuation oder Aufgabe zu unserer Zufriedenheit meistern. Erst danach gehen wir auf die Verhaltensebene über.

Es ist sehr wichtig, dass wir die Verhaltensübungen bis zum En-de, bis zum erfolgreichen Abschluss durchdenken. Und wir werden uns auch ausmalen, wie wir uns nach dem Abschluss der Übung angemessen fühlen und verhalten.

Denn welchen Sinn hätte beispielsweise die Übung von Herrn Trugschluss, wenn er zwar laut eine U-Bahn-Station ausgerufen hätte, danach aber in Panik den Zug verließe oder vor Scham am liebsten im Boden versänke?

Dies wäre keine sinnvolle, zielführende Verhaltensübung. Das B^{neu} soll ja auch noch nach Abschluss der Übung präsent sein, sonst hätten wir lediglich eine „Augen-zu-und-durch"-Übung absolviert. Und solche Erfahrungen lassen uns eher vor weiteren Übungen zurückschrecken. Wir hätten die Aufgabe dann zwar brav erledigt, dabei aber leider nur die alten, unangemessenen Gedanken und Gefühle wiederbelebt.

Selbst wenn wir dabei das angestrebte Verhalten zeigen konnten, wäre die Übung *so* nicht erfolgreich, denn es geht uns doch in erster Linie darum, die neuen Bewertungen anwenden und glauben zu lernen. Und die sind hier gar nicht erst zum Zuge gekommen. Das neu gezeigte Verhalten allein werden wir dann kaum als Erfolg oder als neue Fähigkeit verbuchen, denn wir haben ja trotzdem unsere alte Gefühlsreaktion als Ernte eingefahren.

Eher meinen wir, glücklicherweise noch einmal zufällig ohne großen Schaden davongekommen zu sein. Das machen wir ja nie wieder! Oder wir denken: „Gott sei Dank, die Übung ist abgehakt!"

Das wäre ein folgenschwerer Irrtum. Denn es ist uns ja noch nicht gelungen, die neuen Denkweisen auch in dieser Situation anzuwenden und uns den alten Gefühlsdschungel zu ersparen. Leider hatten wir im inneren Drehbuch die neue, sinnvolle Denkweise nicht ausreichend berücksichtigt und es nicht bis zum erfolgreichen Ende geschrieben.

Wir merken uns:

 Das innere Drehbuch beschreibt nicht nur das Zielverhalten einer Übung vom Auftritt bis zum Abgang, es bezieht auch die Anwendung der neuen, sinnvollen Denkmuster in dieser Übungssituation ein.

Wir sahen schon, dass wir allenfalls die Verhaltensweisen ausführen können, die wir uns zumindest vorzustellen vermögen. Sie müssen in unserem inneren Drehbuch enthalten sein.

Es bedarf darüber hinaus keiner großartigen Begründung, um festzuhalten:

 Im inneren Drehbuch erreichen wir das erwünschte Ziel.

Denn innere Katastrophen- oder Misserfolgsdrehbücher haben wir bereits genug. Da besteht kein weiterer Bedarf.

Betrachten wir nun am Beispiel von Herrn Trugschluss, wie eine erfolgreiche Übung auf der Vorstellungsebene aussehen kann:

FALLBEISPIEL (Fortsetzung): Herr Trugschluss übt sein inneres Drehbuch

Herr Trugschluss hat nun schon fast alle Aufgaben seiner Übungsleiter erfolgreich bearbeitet und die Schwierigkeitsstufen 1–9 bewältigt. Heute plant er eine Vorstellungsübung auf der Stufe 10 zu seiner Aufgabe: „Ich rufe die Stationen in der U-Bahn aus."

Noch vor wenigen Wochen hätte er allein beim Gedanken daran mit Panik reagiert. Inzwischen hat er hierzu ein SAE-Modell aufgestellt und sich vergegenwärtigt, was genau an seinem alten Denken unangemessen und schädlich ist. Er hat neue, sinnvolle Bewertungen erarbeitet und sich wiederholt plausibel begründet, warum diese angemessen und realitätsgerecht sind.

Herr Trugschluss hat nun auf der Vorstellungsebene sein inneres Drehbuch für diese Übung erstellt:

„Ich werde am Hauptbahnhof in die U-Bahn steigen und die nächsten vier Stationen so laut ausrufen, dass es jeder im Wagen hören kann. Ich werde mich nicht davon irritieren lassen, ob andere lachen, etwas sagen oder tun. Nach der Übung steige ich aus und fahre zurück."

▶

Er beginnt nun mit der Vorstellungsübung und malt sich die Situation folgendermaßen aus:

„Ich fahre zum Hauptbahnhof, gehe auf den U-Bahnsteig und warte auf den nächsten Zug. Ich werde immer aufgeregter ... *Halt! Stopp!*"

Trugschluss bemerkt, dass er in seiner Vorstellung in die alten Angstgedanken abgleitet und wie seine Erregung steigt. Er macht daher einen *Gedankenstopp* (zur Wiederholung siehe Kapitel 5.2), um den alten, automatischen Gedankenfluss zu unterbrechen, und wiederholt sein B^{neu}:

„Ich habe nichts zu befürchten. Vielleicht werden viele mein Verhalten merkwürdig finden, mit Erstaunen, Widerwillen oder Gelächter reagieren. Mein Verhalten ist ja auch sehr ungewöhnlich. Aber ich schädige niemanden. Vielleicht finden es ja einige auch ganz lustig oder sogar gut, wenn jemand die Stationen ansagt. Hätte ich eine Schaffneruniform an, würde sich wohl niemand wundern. Ich darf das auch. Ich will meinen Selbstwert nicht davon abhängig machen, ob jemand mein Verhalten oder mich ablehnt oder nicht ..."

Herr Trugschluss beruhigt sich und fährt mit der Vorstellungsübung fort:

„Der Zug fährt ein. Ich steige ein und stelle mich an eine Haltestange. Der Zug fährt an. Ich muss schlucken und spüre, wie mein Herz bis zum Halse schlägt ... *Halt! Stopp!*"

Herr Trugschluss macht einen erneuten Gedankenstopp und wiederholt sein B^{neu} wie oben. Nachdem er sich beruhigt hat, greift er wieder sein Drehbuch auf:

„... Ich bin wieder ruhig. Ich sehe, dass der Zug gleich in den nächsten Bahnhof einfährt. Ich gebe mir einen Ruck und sage halblaut: ‚Nächste Station: Rathausmarkt.' Einige blicken mich verwundert an, andere sehen betont auffällig weg. Einige lächeln, einer schüttelt fassungslos den Kopf.... Ich spüre, wie mir heiß wird. Ich werde rot... *Halt! Stopp!*"

Trugschluss benötigt einen weiteren Gedankenstopp, wiederholt sein B^{neu} und macht nach kurzer Beruhigungspause mit seiner Vorstellungsübung weiter:

„Der Zug hält. Am liebsten würde ich aussteigen ... Neue Fahrgäste betreten den Wagen. Ich beruhige mich langsam wieder und traue mich, die anderen anzusehen. Die meisten sehen mich nicht an. Einige sehen schnell weg, als ich sie ansehe, zwei lächeln mich an, einer guckt böse und abweisend. Aber sieh mal an: Keiner hat die Polizei oder den Notarzt gerufen! Einige scheinen mehr Angst vor mir zu haben, als ich vor ihnen. Sie befürchten wohl, dass ich sie anspreche oder sonst irgendwie mit in den Mittelpunkt ziehe. Sie scheinen die gleiche Angst zu haben wie ich ...!
Ich werde mutiger. Kurz vor dem nächsten Bahnhof rufe ich die Station schon etwas lauter aus ... Ich bin nicht mehr ganz so aufgeregt wie beim ersten Mal, spüre aber, wie ich schwitze... *Halt! Stopp!*"

Herr Trugschluss wiederholt nach einem erneuten Gedankenstopp sein B^{neu}. Als er sich beruhigt hat, fährt er fort:

„Die meisten Leute reagieren wie vorher. Einer sieht seine Frau vielsagend an und tippt sich an die Stirn. Zwei Jugendliche lachen und rufen johlend: ‚Nächste Station: Piccadilly Circus!'
Ich bin froh, dass sie nun die Aufmerksamkeit einiger auf sich ziehen und werde ruhiger. Die nächste Station kommt. Ich rufe sie aus ... Meine Stimme klingt schon etwas fester ... Die Leute scheinen sich inzwischen mit mir abgefunden zu haben ... Die meisten reagieren kaum noch. Der eine Jugendliche meint: ‚Der hat sie nich' alle!' Darauf der andere: ‚Wieso, find' ich echt geil den Typen!' Kurz vor der nächsten Station ruft er mir zu: ‚Achtung! Einsatz!'
Ich muss schmunzeln. Fast automatisch rufe ich die Station aus und grinse ihn an.

> Auf einmal merke ich, dass auch ich mein Verhalten nicht
> ernst zu nehmen brauche. Ich kann nun selbst darüber lachen
> ...
> Schön, dass ich das kann, ohne *mich* dabei auszulachen, ohne
> mich abzuwerten.
> Der Zug hält, ich steige aus und klopfe mir innerlich zufrie-
> den auf die Schulter."

UND JETZT SIE:

Üben nun auch Sie jeden Tag Ihr inneres Drehbuch für Ihre
Übungsleiter-Aufgaben so lange, bis es „sitzt".

9.4 Die praktische Umsetzung: Verhaltensübungen

Bevor wir Verhaltensübungen „live" durchführen, haben wir zu
jeder Aufgabe ein SAE-Modell erstellt, die Denkweisen auf Angemessenheit und Zielgerichtetheit geprüft, unangemessene
Denkmuster eindeutig widerlegt, neue, plausible, zielführende
B^{neu} erarbeitet und anschließend jede Übung anhand unseres
inneren Drehbuchs mehrfach auf der Vorstellungsebene trainiert.

Wir sind also schon recht gut vorbereitet, wenn wir jetzt darangehen, unser inneres Drehbuch auf der Verhaltensebene einzusetzen.

Der Kontrolleur. Es ist sehr hilfreich, wenn wir für unsere Verhaltensübungen einen „Kontrolleur" gewinnen können, jemanden, der unser Handwerkszeug, das ABC- und SAE-Modell und
unsere B^{neu} kennt und mit uns die Übungssituationen aufsucht.
Das könnte beispielsweise ein Mitglied der Therapiegruppe, ein
guter Freund oder der Partner sein.

Dieser Kontrolleur begleitet uns zu den Übungen, ohne von außen erkennbar dazuzugehören. Er beobachtet uns unauffällig aus der Distanz und hat folgende Aufgaben:

➤ Er dient als *Rettungsanker*: Wir wissen, dass jemand da ist, an den wir uns wenden können, wenn wir uns einmal nicht von den alten Bewertungen befreien können und in die damit verbundenen emotionalen Probleme geraten.

➤ Er hilft meist schon allein durch seine Anwesenheit, den *inneren Schweinehund* zu überwinden, die nötige Selbstüberwindung aufzubringen und nicht zu kneifen.

➤ Da wir uns in den Übungen schlecht selbst beobachten können, dient er als *Spiegel*: Er soll uns rückmelden, wie er unser Übungsverhalten beurteilt, wie wir auf ihn wirkten, welche Verhaltensweisen er als zielführend einschätzt und welche nicht.

Betrachten wir nun ein Beispiel für eine Verhaltensübung:

FALLBEISPIEL (Fortsetzung): Herr Anmach in seiner Verhaltensübung

Herr Anmach hat sich vorgenommen, eine Aufgabe mit der Schwierigkeitsstufe 7 auf seiner Übungsleiter durchzuführen: „Ich frage eine Frau in der Disko, ob sie mit mir tanzen möchte." Er hat bereits die vorbereitenden Übungen auf der theoretischen und auf der Vorstellungsebene erfolgreich abgeschlossen.

Gestern bat er Frau Igitt aus seiner Therapiegruppe, ihn als Kontrolleurin zu begleiten. Beide sind jetzt unterwegs in die Disko. Im Auto fragt sie nach seinem B^{neu} und seinem inneren Drehbuch zu dieser Übung.

Anmach hat folgende neue Gedanken erarbeitet:

„Mein persönlicher Wert ist unabhängig von der Akzeptanz oder Ablehnung durch andere. Ich kann ihn daher auch dann nicht verlieren, wenn ich zurückgewiesen werde. Das wäre zwar schade. Ich wäre enttäuscht.

▶

Ich habe nichts zu verlieren und kann nur gewinnen. Aber dazu muss ich bereit sein, aktiv zu werden und vielleicht auch viele Körbe einzustecken."

Sein inneres Drehbuch sieht so aus:

„Ich gehe in die Disko und sehe mich erst mal um. Dann gehe ich auf die Frau zu, die mir am besten gefällt, und frage sie: ‚Woll'n wir tanzen?' Sagt sie ‚ja', gehen wir tanzen. Wenn sie ablehnt, fände ich das schade und sage das auch.
Ich gehe danach auf meinen alten Platz zurück und werde mich für meine Übung loben. Ich werde sie dann später noch mal bei einer anderen Frau wiederholen."

Frau Igitt überdenkt das Drehbuch und fragt schließlich:

„Also, das mit dem Auf-die-Frau-Zugehen ..., wie stellst du dir das vor?"

„Na, ich tipp ihr halt auf die Schulter und frag sie", meint Herr Anmach.

„Das fänd ich nicht so günstig. Sie wird wohl nicht darauf vorbereitet sein und vor Überraschung lieber erst mal ‚nein' sagen. Also, ich persönlich fänd's besser, du würdest erst mal Blickkontakt zu ihr aufnehmen, sie anlächeln und abwarten, wie sie darauf reagiert."

„Hmm."

„Wenn sie Gelegenheit hat, dich und dein Interesse vorher wahrzunehmen, wird sie nicht überrascht sein, wenn du sie ansprichst. Möchte sie das nicht, wird sie dir das vielleicht schon durch ihr Verhalten andeuten. Wenn sie zurücklächelt oder von sich aus weiter Blickkontakt aufnimmt, fragst du sie."

„Sie könnte mir aber immer noch einen Korb geben."

„Das schon. Aber die Wahrscheinlichkeit ist nicht so hoch. Auf diese Weise ersparst du dir unnötige Körbe, die du durch ihr ablehnendes Verhalten beim Blickkontakt hättest vorhersehen können."

▶

„Das stimmt. Ich werd also ein ‚Vorchecking' machen."

„Genau."

Am Ziel angekommen, betreten beide kurz nacheinander die Disko. Frau Igitt stellt sich so, dass sie Herrn Anmach gut unauffällig beobachten kann. Der sieht sich um und orientiert sich. Schließlich hat er sich für eine Frau entschieden und stellt sich so, dass er sie ansehen kann. Als es ihm gelingt, Blickkontakt aufzunehmen, sieht sie ihn gelangweilt an, ohne das Gesicht zu verziehen. Jetzt versucht er – noch etwas verzagt – zu lächeln. Sie zieht eine Augenbraue hoch und wendet sich ab. Anmach muss schlucken. Er lässt die Schultern hängen und sieht verschämt lächelnd zu Frau Igitt hinüber. Die gibt ihm durch Lippenbewegungen zu verstehen: B^{neu}!
Er wiederholt sein B^{neu} mehrfach und beruhigt sich nach einiger Zeit. Dann sucht er sich einen anderen Platz und hält Ausschau nach einer weiteren Übungsmöglichkeit. Schließlich nimmt er zu einer Frau Blickkontakt auf: Einmal, zweimal ... Beim dritten Mal lächelt die Frau. Erst jetzt merkt Anmach, dass *er* das völlig vergessen hat. Es fällt ihm leichter, nun zurückzulächeln. Nach wenigen Sekunden bricht er aber den Blickkontakt wieder ab.
Nach einiger Zeit sieht er erneut hinüber. Die Frau sieht ihn an. Er lächelt. Sie lächelt. Er sieht schnell wieder weg und denkt: „Ich müsste jetzt was tun, sonst wirkt das blöd." Er spürt, wie seine Erregung steigt, macht einen Gedankenstopp und wiederholt sein B^{neu}.
Schließlich überwindet er sich, geht auf die Frau zu und sagt:

„Hallo. Woll'n wir tanzen?"

Sie sieht ihn an, lächelt und meint: „Nee, lass man. Das ist mir zu voll. Aber nett, dass du gefragt hast."

Dabei blickt sie Herrn Anmach weiter freundlich an, aber der weiß nicht so recht, wie er sich jetzt verhalten soll: Einerseits hat sie seinen Wunsch abgelehnt, andererseits scheint sie ihm wohl gesonnen. Diese Alternative war in seinem Drehbuch nicht vorgesehen, diese Möglichkeit hatte er nicht bedacht.

Herr Anmach merkt, wie seine Spannung steigt und dass er nervös wird. So entschließt er sich lieber für die Ablehnungsvariante seines Drehbuchs und sagt: „Schade. Na dann vielleicht später."

Er dreht sich um und geht zurück an seinen Platz.
Sein Eigenlob fällt noch etwas kläglich aus, obwohl die Übung, gemessen an seiner Zielsetzung, ein voller Erfolg war. Später, im Gespräch mit Frau Igitt, wirft er sich vor, dass er nicht auch auf diese Reaktion vorbereitet war und dass er eine Chance verpasst habe.

Sie meint daraufhin: „Du wirst nie alle Möglichkeiten vorhersehen, aber diese könntest du schon in dein Drehbuch einplanen. Dann wärst du künftig auch auf ein Gespräch vorbereitet. Ansonsten fand ich dein Vorgehen schon sehr zielstrebig. Als ungünstige Verhaltensweise fiel mir lediglich auf, dass du sie nicht angesehen hast, als du sie ansprachst. Das solltest du ändern. Sieh sie offener an, lach sie an und versuch, lockerer zu wirken."

Für dieses Mal ist die Verhaltensübung beendet.

Und nun noch ein Hinweis für diejenigen, die noch immer dazu neigen, auf das Lob ihrer Mitmenschen zu schielen:

Eigenlob stinkt nicht! Erwarten Sie nicht, dass *andere* Sie für *Ihre* Fortschritte loben!

Für Herrn Jedermann oder Frau Irgendwer gibt es selten einen Grund zur Freude, wenn Sie durch Ihre erfolgreiche Arbeit an Selbstvertrauen, Durchsetzungsfähigkeit und Selbstsicherheit gewinnen, wenn Sie Ihre Ängste, Niedergeschlagenheit oder Minderwertigkeitsgedanken abbauen.

Sie werden daher schon lernen müssen, sich selbst innerlich auf die Schulter zu klopfen, wenn Sie etwas Zielführendes getan oder erreicht haben. Eigenlob stinkt überhaupt nicht! Im Gegenteil: Es ist eine notwendige Voraussetzung, um mit sich selbst zufrieden zu sein, um unabhängig von der Meinung anderer und selbstsicher zu werden.

Vergessen Sie also bitte nicht, sich nach jeder erfolgreichen Übung selbst dafür zu loben, dass Sie sich dazu überwunden haben, denn:

> **!** Übungen sind bereits erfolgreich, wenn wir uns überwinden, sie durchzuführen, und das neue Denken trainieren. Das ist ein Eigenlob wert!
>
> Der Erfolg einer Übung hängt nicht von der Reaktion der Umwelt ab, denn wie die reagiert, steht nicht in unserer Macht. Nur vermiedene Aufgaben oder Augen-zu-und-durch-Übungen sind Misserfolge im Sinne unseres Ziels.

UND JETZT SIE:

In den nächsten Wochen und Monaten üben Sie bitte jeden 2. Tag eine Ihrer Übungsleiter Aufgaben auf der Verhaltensebene.

Wiederholen Sie vor jeder Verhaltensübung das dazugehörende innere Drehbuch und Ihr B^{neu}!

Wir haben nun die letzte Stufe im Veränderungsprozess erreicht. In der Regel werden wir einige Wochen oder Monate brauchen, um alle Aufgaben unserer Übungsleiter erfolgreich zu bearbeiten.

Wir werden dadurch nach und nach unseren Glauben an B^{neu} vertiefen, bis wir dann ebenso automatisch darauf zurückgreifen wie zuvor auf die alten Muster.

Auf diese Weise werden wir unsere alten Denkweisen zwar ablegen, wir werden sie aber wohl nie vergessen. Aber das macht auch nichts, solange wir nicht mehr an sie glauben. Ebenso wie der *Weihnachtsmann* oder der *Osterhase* bleiben sie Teil unserer (Denk-)Geschichte. Sie werden jedoch nicht mehr aus dem Verborgenen, dem Unbewussten wirken, sobald wir von unseren neuen Denkweisen überzeugt sind und sie glauben.

 Für diesen letzten, schwierigen Teil Ihres Veränderungsprozesses wünsche ich Ihnen die nötige Kraft zur Selbstüberwindung und viel Erfolg!

Damit Sie bei Ihren Bemühungen nicht an einigen typischen Veränderungs-Stolpersteinen hängen bleiben, beleuchten wir im folgenden Kapitel die häufigsten Übungsfallen.

10. Achtung: Stolpersteine und Fallstricke!

Um unnötige Frustration und vermeidbaren Misserfolg zu minimieren, beschäftigen wir uns abschließend mit den häufigsten typischen Übungsfallen im Veränderungsprozess, um sensibler zu werden für diese überall herumliegenden Stolpersteine und heimtückischen Fallgruben auf dem Weg zu unserem Veränderungsziel. Denn je leichter wir sie erkennen, desto besser können wir diese Klippen umschiffen.

Wenn wir unser Veränderungsziel aufgeben oder unsere Therapie abbrechen, dann meist deswegen, weil wir in eine der folgenden Fallen gestolpert sind:

➤ Wir haben unrealistische Zielsetzungen.
➤ Wir verfolgen Könnerziele.
➤ Wir übersehen übergeordnete Probleme und akzeptieren den Ist-Zustand nicht.
➤ Wir konzentrieren uns auf körperliche Begleitsymptome von Gefühlen und bewerten sie unsinnig oder unangemessen.
➤ Wir wollen nicht auf den Symptomgewinn verzichten.
➤ Wir wollen die Nachteile des Veränderungsziels nicht akzeptieren.
➤ Wir geben dem „inneren Schweinehund" nach.

Was dies im Einzelnen bedeutet und wie wir diesen Fallstricken begegnen können, werden wir nun genauer betrachten.

10.1 „Ich will fehlerfrei sein!" und andere unrealistische Zielsetzungen

Das sicherste Rezept für unnötige Frustration ist, unrealistische, unerreichbare Ziele zu verfolgen. Wir stellten ja bereits in Kapitel 7.2 bei der Bestimmung unseres Zielgefühls und Zielverhaltens fest, dass unsinnige oder unrealistische Ziele zu überflüssigen emotionalen Problemen führen. Und das wird bei den übergeordneten Lebenszielen noch viel ausgeprägter.

Einige besonders beliebte Möglichkeiten, sich solche Frustrationserlebnisse zu verschaffen, werden wir nun in verschiedenen Varianten betrachten und dabei beleuchten, weshalb sie unangemessen sind.

„Ich möchte es allen recht machen, und alle sollen mich mögen." Wir sahen schon in einigen Fallbeispielen, warum dieses Ziel unerreichbar ist:

Um es allen recht zu machen, um von allen gemocht zu werden, müssten alle Menschen den gleichen Geschmack, die gleichen Vorlieben und Ziele besitzen. Wir brauchen uns nicht groß umzusehen, um festzustellen: Das ist nicht so.

Im Gegenteil: Ich kann tun und sagen, was ich will, oder aussehen, wie ich möchte: Es wird immer Leute geben, die daran etwas auszusetzen haben, die das nicht mögen oder gar bekämpfen.

Genau so, wie wir es normal finden, dass wir selbst nicht alle Menschen gleich gern haben, dass wir einige wenige lieben, den meisten gleichgültig gegenüberstehen und einige überhaupt nicht mögen, so sollten wir auch akzeptieren, dass das bei anderen ebenso ist. Auch, wenn *wir* mal abgelehnt werden und *uns* Antipathie entgegenschlägt.

Es wäre ja auch wohl vermessen zu erwarten, dass die, die wir verabscheuen, *uns* toll finden müssten, *uns* gern haben sollten. Meistens beruht das auf Gegenseitigkeit.

Aber selbst wenn es so wäre, gefiele uns das auch nicht immer. Stellen Sie sich vor, auf einem Empfang würde Sie jemand besonders herzlich begrüßen, umarmen, mit Aufmerksamkeit und Zuneigungsbeweisen bedenken, den Sie und der Rest der Anwesenden total unsympathisch finden … Nett, nicht wahr?

Unser Fazit heißt:

> Da Menschen unterschiedliche Ziele, Meinungen und Moralvorstellungen besitzen, gibt es keine Chance, es allen recht zu machen.
> Es werden mich nie alle mögen. Und das ist auch okay.

„Ich darf keine Fehler machen und muss immer die richtige, perfekte Lösung finden." Wer solche Forderungen aufstellt, verlangt absolutes, gottähnliches Wissen, und zwar immer, dauerhaft und stets verfügbar, dazu die Fähigkeit, nie unkonzentriert oder abgelenkt zu sein. Kennen Sie so einen Menschen? Und *Sie* wollen der Erste sein?

Daraus wird wohl nichts. Unser Gehirn ist kein Computer. Es tut nicht allein das, was es soll. Es konzentriert sich nicht nur auf eine Tätigkeit, sondern nimmt gleichzeitig alles Mögliche wahr. Es hat die Eigenschaft und die Tendenz abzuschweifen, anderen Gedanken, Erinnerungen oder Fantasien nachzuhängen und Vergleiche zu bilden. So sind wir mehr oder weniger konzentriert oder abgelenkt.

Aber selbst, wenn es uns gelänge, das komplette derzeitige Wissen parat zu haben und uns voll auf eine Sache zu konzentrieren: Es wird alles nichts nutzen, wenn wir es mit einer oder mehreren unbekannten Variablen zu tun haben, wenn zum Beispiel ein Ergebnis von zukünftigen Entwicklungen oder von den Verhaltensweisen anderer abhinge. Wir bräuchten dann die Fähigkeit, in die Zukunft zu schauen, denn wir müssten auch das gesicherte zukünftige Wissen besitzen, um fehlerfreie, optimale Lösungen zu finden.

Unrealistische Zielsetzungen

Wir können daher allenfalls versuchen, bei unseren Tätigkeiten und Entscheidungen möglichst konzentriert bei der Sache zu sein, uns nicht so oft ablenken zu lassen, und uns bemühen, alle verfügbaren relevanten Fakten zu berücksichtigen. Immer wird uns das leider nicht gelingen. Daher halten wir fest:

> Irren ist menschlich. Fehler – egal, ob große oder kleine – kann man nicht grundsätzlich vermeiden. Wir können allenfalls versuchen, sie durch Konzentration, Übung und Lernen zu minimieren. Aber auch das ist nicht immer möglich.

„Ich brauche Sicherheit und muss den richtigen Weg durchs Leben finden!" Und: „Ich darf (oder will jetzt) nicht sterben!"

Na, das wär' was! ... Aber warum gerade Sie?

Auch wer Sicherheit fordert, *den* richtigen Weg durchs Leben finden oder *nicht* sterben will, beansprucht etwas, was es nicht gibt.

Jemand, der meint, Unsicherheit nicht ertragen zu können, übersieht zudem, dass er genau dies in seinem bisherigen Leben offenbar recht gut geschafft hat.

Abgesehen von der Gegenwart und der Vergangenheit gibt es nichts, was wirklich sicher wäre. Sicher ist, was bereits eingetreten ist, mehr nicht. Alles, was sich mit nachher, mit morgen oder der weiteren Zukunft beschäftigt, ist unsicher und allenfalls mit einer bestimmten Wahrscheinlichkeit vorhersagbar.

Auch Menschen, die *den* richtigen Weg durchs Leben suchen, wollen Sicherheit. Sie wollen wissen, was richtig und was falsch, was gut und was böse ist, damit sie es ja recht machen und mit Sicherheit ein gutes Leben führen. Sie möchten garantiert nicht für Irrwege bestraft werden, sondern z.B. direkt ins Paradies kommen.

Diese Leute fürchten sich, selbst Verantwortung für ihr Leben, ihre Lebensziele und ihre Lebensmoral zu übernehmen. Eine ihrer Entscheidungen könnte ja womöglich falsch sein.

Wir haben schon in Kapitel 4.8 über Meinungen und Tatsachen nachgedacht und festgestellt, dass es bei diesen Themen um persönliche Ansichten geht, also um etwas, was nicht allgemein gültig zu bewerten ist, nicht mit „richtig" oder „falsch" beantwortet werden kann. Die Verantwortung für den eigenen Weg durchs Leben werden wir daher schon selbst tragen müssen.

Vor diesem Hintergrund ist auch verständlich, warum besonders diejenigen Angst vor dem Tod haben, die glauben, ihre Zeit vertan, sie nicht sinnvoll genutzt zu haben und ihren Lebenszielen nicht nahe genug gekommen zu sein. Sie wollen dann unbedingt noch mehr Zeit haben, um das nun alles nachzuholen. Sie denken dann: „Ja, wenn ich das gewusst hätte, dann hätte ich ja ganz anders gelebt, hätte mein Leben ganz anders geführt."

Damit wir nicht in solche Torschlusspanik verfallen, achten wir besser darauf, wie wir mit unserer Zeit umgehen.

Ein altes Sprichwort macht hierzu deutlich, dass es zwar unendlich viel Zeit gibt, unser Leben aber doch arg begrenzt ist:

Der Mensch sagt: „Die Zeit vergeht."
Die Zeit sagt: „Der Mensch vergeht."

Nutzen wir daher unsere Zeit. Nutzen wir sie in unserem Sinne, gemäß unseren Lebenszielen, solange wir das können. Denn wir wissen ja:

> Es gibt keine Sicherheit, wenn es um künftige Ereignisse, Zustände, Gefühle oder Verhalten geht. Aber wir selbst sind ja das lebende Beispiel dafür, dass man auch ganz gut in Unsicherheit überleben kann.
> Jeder trägt selbst die Verantwortung für seine Lebensgestaltung, für seine Lebensziele und deren Umsetzung.
> Das Leben endet für alle mit dem Tode. Früher oder später, aber mit Sicherheit.

10.2 Könnerziele

Erinnern Sie sich noch an Herrn Anmach? Er bearbeitete ein Selbstwertproblem, das sich typischerweise in seiner Angst vor Ablehnung und Nähe zeigte. Bisher hatte er jeden Annäherungsversuch ängstlich vermieden. Doch nun hat er endlich seine Angst langsam in den Griff bekommen und begonnen, sie abzubauen.

Herr Anmach glaubte, sich angeregt mit einer Frau unterhalten zu können, wenn er endlich seine Angst vor Ablehnung bearbeitet hat. Die Diskussion seines Verhaltensziels in Kapitel 7.2 ergab aber, dass er anstelle eines angemessenen Lernziels ein unsinniges *Könnerziel* verfolgt: Wo er doch nun schon seine Ängste so mühsam bearbeitet hat, da möchte er doch gefälligst die bisher vermiedenen Verhaltensweisen und Fertigkeiten auch *sofort* können.

In seiner ersten Vorstellungs- oder Verhaltensübung hat er dann verblüfft und frustriert festgestellt, dass solche Erwartungen in die Schublade „Wunschdenken" gehören. Und er merkte, dass er zu seinem Zielverhalten noch nicht einmal ein Drehbuch besitzt. Ganz zu schweigen davon, dass er gelernt hätte, es umzusetzen.

Wenn er irgendwann einmal in der Lage sein möchte, sich gut und angeregt zu unterhalten, dann wird er das, wie alle anderen Menschen auch, zusätzlich zu seinem Angstabbau mehr oder weniger mühsam erlernen müssen, denn:

 Wer Könnerziele verfolgt, erwartet unsinnigerweise, wegen einer Gefühlsänderung neue Kenntnisse oder Fähigkeiten zu besitzen.

So zum Beispiel:
➤ „Wenn ich erst angstfrei bin, kann ich das auch sofort genauso gut."
➤ „Ich würd's gern lernen, wenn ich wüsste, dass ich's könnte."
➤ „Weil ich mich jetzt endlich überwunden habe, muss das auch gleich richtig klappen."

Nun, Verhaltensdefizite werden natürlich nicht deswegen verschwinden, nur weil wir endlich die emotionalen Blockaden beiseite geräumt haben, die uns bisher davon abgehalten haben,

Könnerziele

notwendige Verhaltensweisen zu üben und zu erlernen. Wenn wir uns nun endlich überwinden, unsere Handlungsmöglichkeiten zu erweitern, werden wir natürlich dort beginnen müssen, wo wir stehen: am Ausgangspunkt.

Neue Fähigkeiten können nur vom gegenwärtigen Ist-Zustand ausgehend erweitert werden. Selbst wenn wir unseren Altersgenossen dabei leider um Jahre oder Jahrzehnte hinterherhinken und auch, wenn es uns noch so schwer fällt, dies zu zeigen oder zuzugeben.

Wenn wir Könnerziele aufstellen und erwarten, dass wir den mühsamen Weg des Erlernens überspringen könnten, *weil* wir uns doch nun endlich überwunden haben oder *weil* wir doch schon so alt sind, dann zementieren wir damit den alten Zustand des Nicht-Könnens. Unsere Erwartungen werden sich nicht erfüllen, und wir werden frustriert sein.

Um beim Beispiel von Herrn Anmach zu bleiben: Wenn der sein Könnerziel weiter verfolgt, hätte er künftig nur eines verändert: Er hätte seine Angst vor Zurückweisung abgebaut.

Anstatt dann, wie bisher, vor einer Frau stehend aus Angst vor Ablehnung zu schweigen, wird er künftig angstfrei vor ihr stehen und aus Mangel an kommunikativen Fähigkeiten schweigen. Denn auch für ihn gilt:

> Egal, ob mit oder ohne Angst, ob mit oder ohne Selbstüberwindung, und egal, wie alt jemand ist: Neue Fähigkeiten muss man erlernen, um sie zu können.
> Wer dazu nicht bereit ist, wird weiterhin auf sie verzichten müssen.

10.3 Probleme mit dem Problem: übergeordnete Probleme

Eine der häufigsten Ursachen für Therapieabbrüche besteht darin, dass jemand ein Problem mit seinem ursprünglichen Problem entwickelt hat, d.h., dass ein *neues* emotionales Problem *wegen* der alten psychischen Belastung entstanden ist.

In der Praxis kann dies in verschiedenen Varianten auftreten. Betrachten wir daher einige Möglichkeiten, wie man sich wegen alter, unangemessener Gefühle in neue emotionale Turbulenzen stürzen kann.

FALLBEISPIEL: Denkspezialisten mit übergeordneten Problemen

Selbstärger oder Scham wegen Angst
Wie wir aus dem Fallbeispiel in Kapitel 3.2 (vgl. S. 64) wissen, hat Benjamin ein Selbstwertproblem. Seit seiner Jugend reagiert er ängstlich-vermeidend in der Öffentlichkeit. Seine sozialen Fertigkeiten sind dadurch kaum entwickelt.
Heute, als 35-Jähriger, wertet er sich wegen seiner Schwächen und Ängste ab und reagiert mit Selbstärger oder Scham, wenn er sich wieder einmal vor anderen unsicher und furchtsam verhält oder eine Situation lieber gleich ganz vermeidet. So hat er nun ein neues, weiteres Selbstwertproblem wegen seines alten Selbstwertproblems.

▶

Angst vor der Angst

Frau Fürchtefurcht leidet unter einer generalisierten Angst-störung mit Panikattacken. Sie fürchtet sich inzwischen vor allem und jedem, wagt sich kaum noch vor die Haustür, es sei denn, in Begleitung anderer. Am ruhigsten ist sie, wenn ein Arzt oder ein Krankenhaus in der Nähe ist.

In den letzten Wochen hat Frau Fürchtefurcht mehrfach den Notarzt gerufen, weil sie jedes Mal glaubte, vor Angst durch-zudrehen.

Inzwischen gibt es immer mehr Situationen, in denen sie sich schon einmal in Panik versetzt hat: in Bussen, U-Bahnen, beim Einkaufen, in Fahrstühlen, auf der Autobahn, vor frem-den Menschen, in engen Räumen, auf weiten Plätzen, im Stau und jetzt sogar auch schon zu Hause, wenn sie abends allein ist.

Sie braucht nur an so eine Situation zu *denken*, um sofort mit starker Angst zu reagieren. Sie fürchtet sich dann vor ihrem unangenehmen Panikgefühl.

Sie hat Angst vor der Angst.

Angst vor körperlichen Begleitsymptomen einer Emotion

Herr Anmach (Fallbeispiel von S. 168) ist ja sehr selbstunsi-cher und leidet unter sozialen Ängsten. Er hat ebenfalls ein Selbstwertproblem. In die Behandlung ist er aber ursprüng-lich wegen seines übergeordneten Problems gekommen: Er möchte in der Öffentlichkeit nicht mehr erröten. In seinem Alter fände er das unmöglich! Jeder könne ja daran erkennen, wie unsicher, ängstlich und verlegen er noch sei. Wie pein-lich!

Sein Grundgedanke lautet: „Ich darf nicht rot werden! Sonst werden mich alle auslachen, verachten oder mitleidig auf mich herabsehen."

Herr Anmach hat dermaßen große Angst, als Mensch mit einem Selbstwertproblem erkannt zu werden, dass er an diesem, seinem ursprünglichen Problem zunächst gar nicht

▶

mehr arbeiten kann. Denn er verschwendet seine Gedanken und seine Energie nur noch damit, es zu vertuschen.

Er hat Angst vor den körperlichen Begleitsymptomen seiner Angst.

Angst vor Ärger oder Aufregung

Herrn Mussmann kennen wir bereits als ausgebufften Muss-Denker (vgl. Fallbeispiel in Kapitel 4.3, S. 89). Er hatte einen Herzinfarkt. Wegen seiner rigiden Denkweisen hat er sich häufig und intensiv über alles Mögliche aufgeregt und geärgert. *Er* weiß ja, was richtig und was falsch, was gut und was schlecht ist und wie andere sich gefälligst zu verhalten haben. In der Reha-Klinik hat er leider nicht gelernt, diese krank machenden Denkmuster abzulegen. Jetzt, wieder zurück im Alltagsleben, will Herr Mussmann sich *unter gar keinen Umständen* mehr aufregen. Das wäre ja gefährlich! Wenn er nun mit Leuten zusammentrifft oder zur Arbeit geht, ist er in ständiger Besorgnis, sich über irgendetwas aufregen oder ärgern zu *müssen*. Und wehe, „wenn ihn einer aufregt"!

Herr Mussmann fürchtet sich vor den negativen Folgen seines Erregungsanstiegs.

Deprimiertheit wegen Deprimiertheit

Frau Schwarzblick (vgl. Fallbeispiel in Kapitel 4.1, S. 75) leidet seit Jahren unter depressiver Verstimmung. Die Phasen, in denen sie sich deprimiert fühlt, wurden immer länger und häufiger. Jetzt hat sie sich zu einer Therapie entschlossen. Bereits im Vorgespräch wird deutlich, dass sie sich in letzter Zeit gedanklich hauptsächlich mit ihrer psychischen Situation beschäftigt. Sie denkt immer wieder daran, wann wohl die nächste Depression kommen könnte, dass es ihr nie besser gehen werde, dass alles gar keinen Sinn mehr habe ... Alles erscheint ihr so hoffnungslos und furchtbar, weil sie so oft so sehr deprimiert ist. Das wird wohl nie aufhören ...

Frau Schwarzblick ist deprimiert, weil sie so häufig deprimiert ist.

Deprimiertheit wegen Angst

Solange Frau Keimfrei zurückdenken kann, hatte sie stets große Angst vor Krankheiten, Bakterien, Viren und Schmutz. Daher wäscht sie sich mehrfach stündlich die Hände und verbringt den Hauptteil des Tages damit, ihre Wohnung zu putzen.

Doch je mehr sie unternimmt, je häufiger sie über mögliche Gefahren nachdenkt, umso mehr kann sie davon entdecken. Ihre Angst vor den vermeintlich lebensbedrohlichen Situationen wird immer intensiver. In letzter Zeit reagiert sie immer öfter deprimiert, wenn sie an die Aussichtslosigkeit denkt, diesen Bedrohungen und Gefahren begegnen zu können.

Sie ist deprimiert, weil sie so große Angst hat, und glaubt, nichts dagegen tun zu können, ihrer Angst völlig ausgeliefert zu sein.

Ärger wegen Ärger

Herr Doppelzorn hat in seinem Veränderungsprozess schon einiges gelernt:

Er weiß, dass es unsinnig ist, sich über Meinungen zu streiten, richtige oder falsche Ansichten unterscheiden zu wollen, er ist sich bewusst, dass auch er Fehler machen darf und dass es unangemessen wäre, sich selbst herunterzuputzen, sich mit Selbsterniedrigung zu bestrafen.

Wohl gemerkt: Er *weiß* das schon. Und er kann auch schon immer häufiger erkennen, wenn er dagegen verstößt, wenn er sich mal wieder unnötig aufregt und ärgert. Das findet er dann allerdings völlig beknackt von sich, wo er es doch schon besser weiß! So was Blödes!

Doppelzorn ärgert sich, dass er sich schon wieder unnötig geärgert hat.

Schon an diesen kurzen Fallbeispielen sehen wir, wie übergeordnete Probleme die Bearbeitung der ursprünglichen Problematik behindern oder gar völlig blockieren können. Sie beinhalten meist eine extrem negative Sicht der alten Störung: Deren

Probleme mit dem Problem

Existenz wird nicht akzeptiert, sie *sollte* oder *dürfte* aus unterschiedlichen Gründen nicht da sein!

Das wäre so, als wenn wir einen Fleck auf der Hose haben und fordern: „Flecken gehören nicht auf Hosen! Also soll er nicht da sein!" Und wir verwenden dann unsere ganze Energie darauf, uns so hinzustellen, die Hände so zu halten, dass wir und andere nicht sehen, was unserer Meinung nach nicht sein darf.

Solange wir nicht akzeptieren, dass es so ist, wie es ist, und dass wir nun leider einen Fleck auf der Hose haben, sind wir auch nicht in der Lage, etwas dagegen zu unternehmen. Denn wie könnten wir etwas beseitigen oder bearbeiten, dessen Existenz wir verleugnen, weil es doch gar nicht da sein darf?

Sobald wir eine Reinigung beträten, wissen doch gleich alle, dass wir etwas zu reinigen haben. Und auch um den Fleck heimlich zu entfernen, müssten wir uns selbst gegenüber erst einmal zugeben und akzeptieren, dass er leider existiert.

 Nur wer den Ist-Zustand akzeptiert, hat die Möglichkeit, ihn zu verändern.

Auch die Beispielpersonen von Seite 281–284 müssten zunächst die Realität anerkennen lernen:

> Wenn Benjamin irgendwann einmal sein Problem bewältigen will, sollte er zunächst sich selbst und anderen zugestehen, dass er leider wegen seines alten Selbstwertproblems immer noch unangemessen ängstlich reagiert und kaum soziale Fertigkeiten besitzt.

Selbstsicheres Auftreten vor Fremden kann er ja schlecht in der Besenkammer üben. Er wird schon unter Leute gehen müssen, wenn er das lernen will.

Lernen bedeutet, etwas noch nicht zu können. Wenn er aber in der Öffentlichkeit übt, werden andere erkennen, dass er es offensichtlich noch nicht beherrscht. Benjamin wird das zu akzeptieren haben, bevor er mit dem Lernen beginnen kann.

> Frau Fürchtefurcht wird erst dann in der Lage sein, an ihren alten, inzwischen generalisierten unangemessenen Angstgedanken zu arbeiten, wenn sie akzeptiert hat, dass sie das leider nicht ohne Angst kann. Sie wird sich überwinden müssen, etwas *mit* Angst oder *trotz* Angst zu tun. Sie müsste bereit sein, sich mit ihrer Angst auseinanderzusetzen und sich auf sie einzulassen. Solange sie weiter aus Angst Dinge oder Situationen vermeidet, die sie noch nicht beherrscht, wird sie die auch nie erlernen.

> Herr Anmach wird sich zunächst eingestehen müssen, dass er leider in bestimmten Situationen noch sehr ängstlich reagiert und dass dann die körperlichen Begleitsymptome seines Erregungsanstiegs für andere sichtbar sind. Ist er dazu nicht bereit, ist er nicht willens, *mit* der Angst und ihren Begleitsymptomen, *mit* Erröten, seine alten Befürchtungen in sozialen Situationen zu bearbeiten, wird er nichts daran verändern können.

> Herr Mussmann und Herr Doppelzorn werden lernen, dass sie sich aufregen dürfen, und zwar auch völlig unsinnigerweise, obwohl es überflüssig und vielleicht sogar schädlich ist. Sie werden sich aber bemühen, dies möglichst selten zu tun.

Sie werden einsehen, dass auch dieser Ärger weder lebensbedrohlich noch selbstabwertungswürdig ist. Sobald sie es nur noch bedauern, wenn sie sich mal wieder unnötig aufgeregt haben, können sie mit der Arbeit am ursprünglichen Problem beginnen: an ihren rigiden Normen und Denkweisen.

> Bevor Frau Schwarzblick an ihrer ursprünglichen Deprimiertheit und Frau Keimfrei an ihren alten Ängsten arbeiten können, werden beide erst die Vorstellung von der Aussichtslosigkeit eines solchen Unterfangens aufgeben müssen. Denn wenn sie tatsächlich wüssten, dass es hoffnungslos und unveränderbar ist, warum sollten sie dann aktiv werden? Wozu sollten sie sich die Mühe machen? Damit bliebe alles beim Alten.

Das wäre dann eine „Sich-selbst-erfüllende-Prophezeiung": Es bliebe so lange hoffnungslos, wie sie es als hoffnungslos ansehen.

Fassen wir zusammen:

> **!** Im Veränderungsprozess beginnen wir immer mit dem neueren, dem übergeordneten Problem. Erst danach, erst nach der Akzeptanz der alten Problematik, können wir dann auch diese selbst bearbeiten.

Betrachten wir zur Verdeutlichung zwei der obigen Beispiele genauer, um zu sehen, inwieweit und wodurch übergeordnete Probleme die Bearbeitung der ursprünglichen Beschwerden behindern können. Hierzu stellen wir jeweils ein ABC-Modell für das Problem erster und zweiter Ordnung auf:

FALLBEISPIEL: Frau Fürchtefurcht und ihr Problem zweiter Ordnung

ABC-Modell erster Ordnung. Frau Fürchtefurcht hat zu ihrem Problem erster Ordnung (generalisierte Angststörung mit Panikattacken) ein typisches ABC-Modell aufgestellt:

A Augenblickliche Situation	Ich stehe mit Elli im Kaufhaus-Fahrstuhl. Die Türen schließen sich.
B Bewertungssystem	1. Hier sind ja 12 Leute drin! Jetzt kann ich nicht mehr raus. Fahrstühle können stecken bleiben. 2. Er ist bestimmt überladen und könnte stecken bleiben. Es gibt dann nicht genug Sauerstoff für alle, wir müssten alle ersticken! 3. Das wäre entsetzlich!
C Konsequenzen	1. Panik (Herzrasen, Schwitzen, Atemnot, Schwindel). 2. Ich umklammere Ellis Arm und ächze: „Ich muss hier *sofort* raus!"

Nach einigen Jahren hat Frau Fürchtefurcht etliche Situationen mit Panik durchlebt, ... und es werden immer mehr.

ABC-Modell zweiter Ordnung. Heute ist sie zu Ellis Geburtstag eingeladen. Elli wohnt am anderen Ende der Stadt. Ihr ABC hierzu ist ein ABC zweiter Ordnung, denn es beschreibt ein typisches Denkmuster des übergeordneten Problems:

▶

A Augen- blickliche Situation	Ich laufe in der Wohnung umher.
B Bewertungs- system	1. Heute wird Elli 40. Ich bin eingeladen. Es wäre unhöf- lich, nicht hinzugehen. Elli hat mir noch extra gesagt, wie sehr sie sich auf mich freut. 2. Aber vielleicht gerate ich unterwegs in einen Stau oder in eine andere Situation, aus der ich nicht sofort weg kann. Ich könnte wieder Panik bekommen! 3. Das wäre entsetzlich!
C Konse- quenzen	1. Angst (8), Herzklopfen, Erregungsanstieg. 2. Ich rufe Elli an und sage: „Du, sei mir nicht böse, aber mir geht's überhaupt nicht gut. Ich kann beim besten Willen nicht kommen."

Eigentlich erstaunlich, dass Frau Fürchtefurcht bei ihrer redu-
zierten Lebensweise überhaupt noch eine Freundin hat. Aber irgendwann wird sie die auf diese Art und Weise auch noch los:
Sie wird in Gegenwart ihrer Freundin Panik empfinden, ohne
eine spezielle Situation dafür verantwortlich machen zu können.
Sie wird Elli dann „sicherheitshalber" künftig meiden.

FALLBEISPIEL: Herr Anmach kapituliert vor seinem Problem 2. Ordnung

ABC-Modell erster Ordnung. Herr Anmach ist schon seit der
Pubertät sehr selbstunsicher und mit sozialen Ängsten behaftet. Aus seiner Lehrzeit ist ihm besonders eine Situation zu
diesem *Problem erster Ordnung* in schlechter Erinnerung:

A Augen- blickliche Situation	Ich stehe in der Werkhalle neben dem Meister vor einem Kfz. Ein Kollege ruft quer durch die Halle: „Na, ... schon ver- liebt?"

▶

B Bewertungssystem	1. Alle wissen, dass ich noch nie eine Freundin hatte, obwohl ich schon 18 bin. Die waren in meinem Alter längst viel weiter. 2. Sie nehmen mich nicht für voll. Ich bin auch echt ein Versager! 3. Wie peinlich!
C Konsequenzen	1. Scham (7), Erröten. 2. Ich schweige und stecke den Kopf unter die Motorhaube.

ABC-Modell zweiter Ordnung. Jahre später (und immer noch ohne Freundin) sitzt Herr Anmach abends auf dem Nachhauseweg in der U-Bahn. Da steigen drei Frauen ein. Sie sind offensichtlich guter Laune, lachen und reden miteinander. Jetzt greift Anmachs Problem zweiter Ordnung. Sein ABC hierzu lautet:

A Augenblickliche Situation	Drei Frauen setzen sich in meine Nähe, lachen und reden.
B Bewertungssystem	1. Die sind ja gut drauf! Die eine find ich super! 2. Hoffentlich sprechen sie mich nicht an. Womöglich werd ich ganz aufgeregt und erröte. Und das in meinem Alter! Sie würden mich auslachen. 3. Das wär zu peinlich!
C Konsequenzen	1. Angst (8), Erregungsanstieg, Erröten. 2. Ich stehe auf und stelle mich an die Tür.

An der nächsten Station steigt Herr Anmach in einen anderen Wagen.

So lernt er natürlich nie jemanden kennen und so wird er nie seine alten Befürchtungen abbauen und neue soziale Fertigkeiten trainieren.

Ähnlich wie bei den Könnerzielen kommt es also auch bei den übergeordneten Problemen darauf an, dass wir erst einmal den Ist-Zustand als gegeben akzeptieren müssen, bevor wir versuchen können, ihn zu verändern.

Daher merken wir uns:

Wenn wir uns wegen unseres Problems oder eines seiner Begleitsymptome ängstigen, schämen, ärgern oder deprimiert sind, prüfen wir, ob wir inzwischen schon ein Problem mit unserem Problem haben.

Wenn ein übergeordnetes Problem vorliegt, bearbeiten wir dieses zuerst: Wir lernen, den Ist-Zustand inklusive unseres Problems und seiner Auswirkungen zu akzeptieren, und versuchen dann, ihn zu ändern.

10.4 Die Bewertung körperlicher Begleitsymptome von Emotionen

Am Beispiel von Herrn Anmach sahen wir, dass es zu neuen Problemen führt, wenn jemand seine Gefühlsreaktion oder deren körperliche Begleitsymptome nicht akzeptiert, sich deswegen abwertet, schämt oder damit verbundene Situationen ängstlich meidet. Die Bewertungen dieser körperlichen Symptome führen aber nicht nur zu übergeordneten Problemen. Häufig verarbeiten wir sie auch innerhalb der Denkmuster unseres ursprünglichen Problems dahin gehend, dass sie schließlich in einer *Angstspirale* (s. Abbildung auf S. 300) enden. Frau Fürchtefurcht, Herr Mussmann und Herr Trugschluss sind darin Spezialisten. (Mehr dazu weiter unten in diesem Kapitel.)

In der Regel sind es die *körperlichen Anzeichen eines Erregungsanstiegs*, die wir zu erklären suchen, sobald wir sie wahrnehmen: Herzklopfen, -druck, -stiche oder -rasen, Schwitzen, Schwindel, Erröten, Magendruck, Zittern, Luftnot, Ohrensausen etc.

Wären wir gerade 10 Etagen hinaufgestürmt oder hätten wir schwere Koffer auf den Kleiderschrank gewuppt, so wüssten wir schon: Das liegt am Treppensteigen oder Kofferstemmen. Kein Problem. Zumindest kein psychisches. Wenn solche äußeren Erklärungsmöglichkeiten fehlen, sieht das schon anders aus. Bei der Zuschreibung von Ursache und Wirkung scheiden sich jetzt die Geister: Die einen werden ihren Erregungsanstieg mit einem Gefühl zu erklären suchen, in der Regel mit Angst, Freude, Ärger, Scham oder Verliebtheit. Andere werden ihre Körperreaktionen als Hinweise deuten, zum Beispiel als ein Indiz dafür, dass hier etwas gefährlich sein muss, *weil* sie so erregt sind.

Inzwischen brauchen wir nicht mehr lange zu überlegen, um solche Deutungen zu widerlegen. Denn wir wissen ja, dass Situationen keine Angst machen, es sei denn, wir schätzten sie bewusst oder unbewusst als gefährlich ein. Diese Gefahrenzuschreibung führt dann zu Angst und zu dem damit verbundenen Erregungsanstieg.

Besonders Menschen, die sich extrem um ihre Gesundheit sorgen, die befürchten, einen Herzinfarkt zu erleiden oder vor Angst durchzudrehen, können sehr sensibel Erregungsanstiege wahrnehmen. Sie kennen ihre Körpersignale aus dem „Effeff" und reagieren auf jede Veränderung sofort mit einem inneren Alarmzustand. Betrachten wir hierzu zwei Beispiele:

FALLBEISPIEL: Herr Mussmann und der innere Alarmschrei

Herr Mussmann ist körperlich wieder völlig gesund. Dennoch fürchtet er sich sehr vor dem Tod. Besondere Angst hat er vor einem plötzlichen Infarkt. Er glaubt, dass Angst oder Aufregung gefährlich seien. Wenn er sie wahrnimmt, reagiert er daher sofort mit seinem inneren Notruf: „ALARM! Herzinfarkt!"

▶

Heute, am Sonntagmorgen, liegt Herr Mussmann noch mit seiner Zeitung im Bett, liest gerade die Seite *Medizin & Gesundheit*, als er plötzlich spürt, wie sein Herz schlägt.

Und was glauben Sie, was jetzt passiert?

Na klar: „ALARM! Herzinfarkt!" Er ist schlagartig hellwach und spürt kalten Schweiß auf der Stirn. Nun rast sein Herz. Er denkt: „Ich hatte Recht, das wird ein Infarkt!" Seine Erregung steigt dadurch noch weiter.

In Mussmann kreist schließlich nur noch ein Gedanke: „Oh Gott, ich muss sterben."

Nun, endgültig in Panik, ruft er den Notarzt. Der spritzt ihm erst mal ein Beruhigungsmittel.

Die Bewertung körperlicher Begleitsymptome

Auch Herr Trugschluss, der Verrenkungsdeuter und Spezialist für willkürliche und unlogische Ableitungen, gerät aufgrund seines Denkstils schnell in Angstspiralen. Zur heutigen Therapiesitzung hat er dazu drei miteinander verwobene ABC-Modelle mitgebracht:

A Augen- blickliche Situation	Ich sitze auf dem Sofa und lese eine Todesanzeige in der Zeitung.
B Bewertungs- system	1. Immer mehr Menschen sterben an Stress, Herzinfarkt oder Krebs. 2. Ich muss sehr aufpassen, sonst blüht mir das auch! 3. Das wäre furchtbar!
C Konse- quenzen	1. Angst (3), (Herzklopfen, Erregungsanstieg). 2. Ich sitze auf dem Sofa und lege die Zeitung weg.

$$\Downarrow$$

A Augen- blickliche Situation	Ich sitze auf dem Sofa und lege die Zeitung weg.
B Bewertungs- system	1. Ich habe Herzklopfen und bin erregt. 2. Da ist bestimmt was mit meinem Herzen nicht in Ordnung! Ich könnte auch einen Infarkt bekommen! 3. Das wäre entsetzlich!
C Konse- quenzen	1. Angst (6), (starkes Herzklopfen, weiterer Erregungsanstieg). 2. Ich prüfe meinen Blutdruck.

$$\Downarrow$$

A Augen- blickliche Situation	Ich prüfe meinen Blutdruck.
B Bewertungs- system	1. Ich bin stark erregt und habe starkes Herzklopfen. 2. Ob ich jetzt einen Infarkt bekomme und sterben muss? 3. Das wäre furchtbar!
C Konse- quenzen	1. Angst (9), (Herzrasen, schnelle Atmung, Schwitzen). 2. Ich rufe den Notarzt an. ⇓
	usw. usw.

Der Therapeut macht nun Herrn Trugschluss deutlich, dass dessen Körper angemessen und völlig gesund auf die inneren Alarmschreie reagiert und dass die körperlichen Begleitsymptome von Angst eher notwendig als gefährlich sind. Verfolgen wir das Gespräch:

„Herr Trugschluss, was bedeuten Herzrasen und schnelle At-mung?"

„Dass ich womöglich einen Infarkt bekomme!"

„Kann es auch etwas anderes bedeuten? Auch was Positives?"

„Das kann ich mir nicht vorstellen."

„Nun gut, dann probieren wir das jetzt mal. Stellen Sie sich vor, Sie stehen mitten auf einer sechsspurigen Straße. Plötzlich sehen Sie auf allen Spuren Lkws auf sich zu rasen. Wie fänden Sie das?"

„Gefährlich!"

„Ja. Sie haben 4 Sekunden, bevor die Wagen Sie erreichen. Gehen Sie ruhig weiter oder versuchen Sie, schleunigst wegzukommen?"

„Ich seh zu, dass ich wegkomme."

„Ist das anstrengend?"

„Schon."

„Was tut Ihr Körper, um sich darauf einzustellen, um auf einmal Energie für diese Anstrengung zur Verfügung zu haben?"

„Nun, er wird alle Kräfte mobilisieren."

„Wie macht er das?"

„Keine Ahnung."

„Wodurch entsteht Energie? Denken Sie an Heizkraftwerke."

„Durch Verbrennung?"

„Richtig. Was könnte Ihr Körper verbrennen?"

„Energie? ... Ach, Quatsch. Fett?"

„Ja, zum Beispiel Fett. Was ist nötig, damit etwas brennen kann?"

„Feuer."

„Wenn Sie ein Glas über eine brennende Kerze stülpen, geht die bald aus. Wieso?"

„Sauerstoff fehlt. Ach so: Zur Verbrennung gehört Sauerstoff."

„Woher bekommt Ihr Körper den?"

„Aus der Luft, über die Lungen."

„Und wie kommt er dahin, wo die Verbrennung stattfindet?"

„Über das Blut. Das Herz pumpt das Blut dorthin."

„Genau. Und wenn viel Energie benötigt wird, wenn viel Sauerstoff ganz schnell zur Verbrennung gebraucht wird, was macht das Herz dann?"

„Es pumpt schneller."

„*Und wenn Sie ganz, ganz viel Energie brauchen?*"

„Noch schneller."

„*Ist das gut oder schlecht vom Herzen?*"

„Gut."

„*Genau. Sonst wären Sie wohl schon tot. Ihr Herz verhält sich lebenserhaltend, wenn es in Gefahrensituationen ganz schnell ganz viel Sauerstoff zur Verbrennung bereitstellt, um möglichst viel Energie zur Verfügung zu haben. Richtig?*"

„Richtig."

„*Woher weiß Ihr Herz, dass es schneller arbeiten muss? Woher weiß es, dass eine Gefahr besteht?*"

„Vermutlich über das Gehirn."

„*Wer entscheidet, ob er eine Situation gefährlich findet?*"

„Ach so, ich. Meine Bewertungen."

„*Richtig. Wenn Sie eine objektiv gefährliche Situation zu Unrecht ungefährlich finden, wird Ihr Herz schneller schlagen?*"

„Nein."

„*Und wenn Sie zu Unrecht eine Situation gefährlich finden?*"

„Dann wird es schneller schlagen."

„*Was können Sie daran erkennen?*"

„Mein Herz kann nichts dafür, ob es rast oder nicht. Es verhält sich meinen Einschätzungen entsprechend."

„*Exakt. Und wenn Ihr Herz rast, dann sagt das was aus?*"

„Zum Beispiel, dass ich etwas für gefährlich halte."

„*Richtig, aber das zu Recht?*"

„Das müsste ich überprüfen."

„Genau. Sehen wir uns noch an einem anderen Beispiel an, wie unterschiedlich Signale zu deuten sind. Stellen Sie sich vor: Sie leben in einem Hochhaus mit einer Sirene auf dem Dach. In jedem Stockwerk ist ein Alarmknopf, den man bei Feuer drücken soll. Eines Nachts heult die Sirene. Was hat das zu bedeuten?"

„Es brennt."

„Woher weiß die Sirene das?"

„Jemand hat auf den Knopf gedrückt."

„Kann man das nur, wenn's brennt, oder auch sonst?"

„Nun, ... auch sonst."

„Was hat es also zu bedeuten, wenn die Sirene heult?"

„Dass jemand auf den Knopf gedrückt hat."

„Zu Recht?"

„Keine Ahnung. Ich müsste nachsehen."

„Genau. Und was könnten Sie tun, wenn bei Ihnen mal wieder die Sirene heult, wenn Sie mal wieder Herzrasen haben?"

„Nachsehen, ob das zu Recht so ist."

„Bitte?"

„Überprüfen, ob wirklich eine Gefahr vorliegt."

„Genau. Und wenn Sie an Ihren inneren Alarmknopf denken, worauf könnten Sie noch achten?"

„Dass ich ihn nicht ohne sinnvollen Grund drücke."

Beide Beispiele zeigen, wie leicht man sich in den Teufelskreis einer Angstspirale begibt, wenn man Körpersignale als Gefahrenhinweise deutet.

Angstspirale. Die Angstspirale (s. Abbildung auf S. 300) beschreibt in allgemeiner Form, was auch bei Herrn Mussmann und Herrn Trugschluss abgelaufen ist:

Wenn wir Erregungszustände für Gefahrenhinweise halten, geraten wir natürlich wegen der damit verbundenen Befürchtungen in Angst und spüren dann deren körperliche Begleitsymptome.

Nehmen wir diese dann als „Beweis" für unsere Deutung und interpretieren die Angstsymptome erneut als Gefahrenhinweis, haben wir einen Teufelskreis betreten:

1. Ein Erregungsanstieg wird wahrgenommen. Dieser kann durch Gedanken oder andere Ursachen entstanden sein.
2. Die Erregung wird als Hinweis für Gefahr gedeutet.
3. Durch die Befürchtung entsteht Angst und weiterer Erregungsanstieg.
4. Der erneute Erregungsanstieg wird als zunehmende Gefahr interpretiert und als Beweis für die erste Deutung angesehen.
5. Wegen der steigenden Befürchtungen entsteht verstärkte Angst und damit noch stärkerer Erregungsanstieg.
6. Der erneute Erregungsanstieg wird als weiterhin zunehmende Gefahr interpretiert und als Bestätigung der vorherigen Deutung angesehen.

usw., usw.

Irgendwann ist der Zustand der Panik erreicht. Das Verhalten ist dann entsprechend ...

Damit wir nicht unnötig in Angstspiralen rutschen, merken wir uns:

> **!** Erkennen wir keine äußeren oder körperlichen Gründe für einen Erregungsanstieg, suchen wir die Ursache in unseren Bewertungen:
> Gibt es etwas, was ich gerade ganz toll, fürchterlich, gefährlich oder gemein gefunden habe? Habe ich innerlich ALARM geschrien?

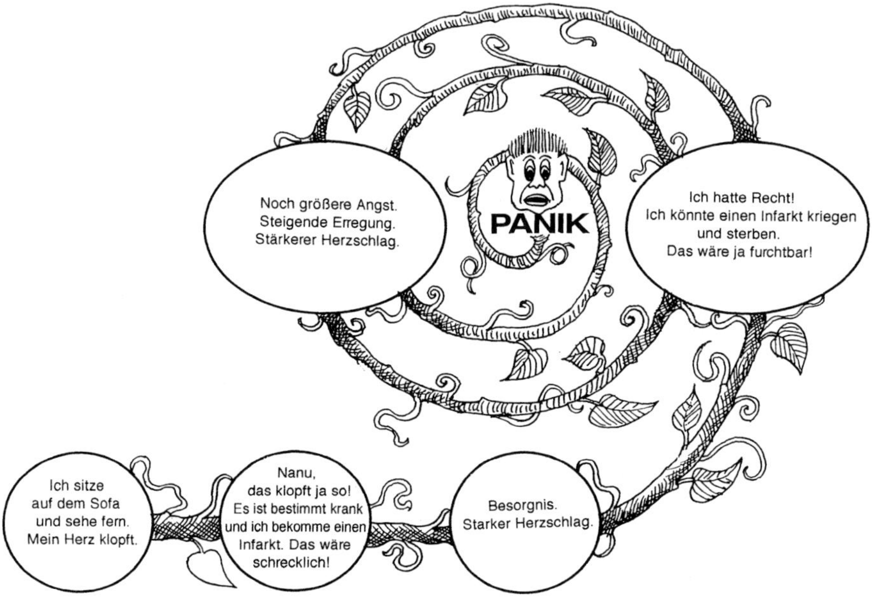

Die Angstspirale

☞ **UND JETZT SIE:**

Und wie ist das bei Ihnen? Haben Sie inzwischen auch schon ein Problem mit Ihrem Problem oder mit dessen körperlichen Begleitsymptomen? Falls ja, suchen Sie Beispiele und erstellen Sie SAEs zu dem übergeordneten Problem.

10.5 Der Symptomgewinn geht flöten

Wir haben an verschiedenen Beispielen betrachtet, wie emotionale Probleme zu vermeiden oder abzubauen sind. Dennoch gibt es Menschen, die sich nur schwer dazu durchringen können, obwohl sie ihre Belastung doch gern los wären. Das liegt daran, dass jede Sache immer mindestens zwei Seiten hat: Eine Vorder- und eine Rückseite.

Auch psychische Erkrankungen haben Vor- und Nachteile. Letztere sind meist offensichtlich. Ihretwegen versuchen wir, etwas zu ändern, gehen zur Beratung oder Therapie. Die Vorteile sind in der Regel kurzfristiger Natur und nicht für jeden gleich erkennbar, am wenigsten für die, die das Problem haben. Und doch gibt es sie immer. Sie sind letztlich dafür verantwortlich, dass ein Problem überhaupt entsteht, dass es besteht und womöglich bestehen bleibt.

Dieser oft nur sehr kurzfristige, momentane Nutzen eines Problems oder seiner Symptome ist der *Symptomgewinn*.

 Als Symptomgewinn bezeichnet man die momentanen kurzfristigen Vorteile eines Problems oder dessen Symptome. Seinetwegen werden schwerwiegende, langfristige Nachteile später in Kauf genommen.

Prüfen wir nun, wo sich der Symptomgewinn der Personen aus dem Fallbeispiel in Kapitel 10.3 (vgl. S. 281–291) verbirgt:

Das typische Problemverhalten von Herrn Anmach ist das ängstliche Vermeiden von Situationen, die er nicht ohne Gefühlsaufruhr und ohne Erröten beherrscht. Sein Symptomgewinn besteht darin, dass seine Angst und der damit verbundene Erregungsanstieg wegfallen, sobald er die Situation meidet und aus der U-Bahn steigt. Er hat damit einen Weg gefunden, wie er Angst und Erregung kurzfristig bekämpfen kann: Er verlässt oder meidet bestimmte Situationen. Diese „Lösung" hat er inzwischen gut verinnerlicht. Nur gefallen ihm deren Konsequenzen nicht: schrumpfende Selbstsicherheit und wachsende Selbstwertprobleme.

Wenn wir genau hinsehen, gibt es auch für die deprimierten Frauen Schwarzblick und Keimfrei Symptomgewinne. Ihr problemtypisches Denkmuster besteht aus Schwarzmalerei und pessimistischen Einschätzungen. Wir stellten ja bereits fest, dass es für beide keinen Sinn ergäbe, etwas zu tun, solange sie keine Möglichkeit sehen, ihre Situation zu verändern. Sobald sie aber beginnen, diese Aussichtslosigkeit anzuzweifeln, müssten sie aktiv werden. Ihr Pessimismus und ihre Schwarzmalerei „schützt" sie davor, *jetzt* notwendige Veränderungen mühsam anpacken zu müssen. Der langfristige Preis dafür ist für beide hoch: Deprimiertheit.

Wir hatten ja schon bei der Betrachtung der typischen Bewertungsfallen festgestellt, dass auch andere Denkmuster Symptomgewinne mit sich bringen (vgl. Kapitel 4).

Ähnlich wie der Deprimierte muss auch der, der wütend andere oder die Umwelt für sein Leid verantwortlich macht, nicht selbst aktiv werden, um sein Problem zu lösen. Das haben ja *andere* verursacht. Er wird daher von ihnen oder der Umwelt fordern, es oder sich zu ändern.

Niedliche „erwachsene Küken" bekommen (genau wie „Applausfetischisten") mehr Aufmerksamkeit und Zuneigung als andere. Ihr zusätzlicher Symptomgewinn besteht darin, dass man sie nicht angreift oder verantwortlich macht. Dafür sind sie doch noch viel zu klein und noch nicht so ernst zu nehmen.

Der Symptomgewinn von „verantwortungslosen Untertanen" bezieht sich hauptsächlich darauf, dass sie wegen ihrer Verweigerung, Verantwortung zu übernehmen, bei Misserfolgen anderen die Schuld geben können und selbst keine Angst vor Kritik oder Schuldzuweisung zu haben brauchen.

Wie tückisch sich Symptomgewinne auch hinter belastenden, gefährlichen körperlichen Beschwerden verbergen können, zeigt folgendes Beispiel:

FALLBEISPIEL: Frau Leiderkrank und ihr Symptomgewinn

Frau Leiderkrank leidet seit Jahren unter schweren Asthmaanfällen. Ihr Arzt meint, das sei wohl psychosomatisch, denn sie treten immer dann besonders stark auf, wenn Frau Leiderkrank unter emotionalem Stress steht.

Seit der Pubertät pflegt sie ein ausgeprägtes Minderwertigkeitsdenken und sie meidet deswegen bis heute alle Situationen, die mit Öffentlichkeit, fremden Personen oder Prüfungen verbunden sind. Die letzten Jahre hat sie daher vorwiegend im Hause zugebracht und sich um die beiden Kinder und den Haushalt gekümmert.

▶

Heute Abend sind ihr Mann und sie zu einem Empfang geladen. Er bat sie, sich sorgfältig zurechtzumachen, da für ihn geschäftlich viel auf dem Spiel stehe. Die örtlichen Honoratioren und die wichtigsten Geschäftsleute des Kreises würden anwesend sein. Seit zwei Stunden ist sie nun bei ihrer Abendtoilette und ihr Mann geht schon ungeduldig auf und ab.

Jetzt ist sie endlich fertig, beide könnten eigentlich losgehen, ... da, plötzlich: ein schwerer Asthmaanfall! Seine arme Frau quält sich fürchterlich. So mag ihr Mann nichts weiter sagen, als ihr anzubieten, mit ihr im Hause zu bleiben.

Das lehnt Frau Leiderkrank vehement ab. Unter gar keinen Umständen solle er das tun! Es täte ihr ja so Leid. Gerade heute, zu so einem wichtigen Ereignis. Das sei auch zu blöd! Sie macht sich heftige Vorwürfe.

Schließlich geht er doch allein zum Empfang und entschuldigt seine Frau. Alle reagieren verständnisvoll und bedauernd: Asthma sei wirklich fürchterlich.

Und seine bemitleidenswerte Frau erholt sich zu Hause langsam wieder.

Auch Frau Leiderkrank hatte einen Symptomgewinn. Er ist nur nicht so leicht auszumachen, denn wer vermutet schon Vorteile hinter so schweren Nachteilen, wie sie heftige Asthmaanfälle mit sich bringen?!

Natürlich macht niemand so etwas bewusst oder gezielt. Auch Frau Leiderkrank nicht. Trotz ihrer entsetzlichen Angst vor diesen Leuten: Dieser Preis wäre selbst ihr zu hoch.

Dennoch: Ihr Symptomgewinn ist, dass sie da nicht hin muss.

So weit einige Beispiele für Symptomgewinne. Die Symptomkosten, also die Nachteile der einzelnen problemtypischen Verhaltens- und Denkweisen, haben wir ja schon zur Genüge betrachtet. Wir sehen, dass die Bearbeitung psychischer Probleme nur dann Sinn macht und nur dann Aussicht auf Erfolg hat, wenn wir bereit sind, auf den kurzfristigen Symptomgewinn zu verzichten. Nur dann haben wir eine gute Chance, unser Problem erfolgreich zu bearbeiten und dadurch die viel intensiveren, langfristigen Nachteile loszuwerden.

Damit kommen wir zu folgendem Fazit:

 Problemtypische Verhaltens- und Denkweisen haben neben langfristigen Nachteilen immer auch kurzfristige Vorteile.
Wer ein Problem loswerden möchte, muss auf diese Vorteile, den Symptomgewinn verzichten. Wer das nicht möchte, behält sein Problem.

UND JETZT SIE:

Was sind die kurzfristigen Vorteile Ihres Problems oder Problemverhaltens? Und darauf wollen Sie nun verzichten?
Damit Ihnen der Verzicht leichter fällt: Was sind denn die Nachteile, die Sie behalten, wenn Sie den Symptomgewinn nicht aufgeben wollen?

10.6 Auf dem Sockel weht eine steife Brise

Wir mussten leider feststellen, dass wir nicht „mal eben so" emotionale Probleme loswerden: Es kostet neben all der damit verbundenen Mühe auch noch den Symptomgewinn. Und leider ist auch das meist noch nicht alles: Dazu kommen oft noch Konsequenzen, die unsere Veränderung bei Partnern, Freunden, Bekannten, Kollegen, Nachbarn usw. bewirkt. Denn je stärker wir unsere Gefühls- und Verhaltensreaktionen verändern, umso intensiver wird auch die Umwelt auf uns anders reagieren.

Wenn jemand sein Selbstbewusstsein oder Selbstwertempfinden steigert, wenn er sich plötzlich selbstsicher und zielgerichtet verhält, wird das Veränderungen im Beziehungsgefüge mit sich bringen. Nicht jede Beziehung hält das aus ...

Möglicherweise akzeptieren Partner oder Freunde unsere Veränderungen nicht oder versuchen sogar, sie zu torpedieren, sie aus den unterschiedlichsten Gründen zu sabotieren. Oder sie wenden sich ganz von uns ab, wenn es ihnen nicht gelingt, unsere neuen Ziele zu verhindern.

Häufige, meist verschwiegene Gründe für Sabotage oder Rückzug sind dabei:

> „Die ist mir zu stark geworden. Da komm ich mir ganz klein vor."
> „Ich wäre auch gern so, aber ich trau mich nicht."
> „Der hat mir vorgemacht, was ich schon lange hätte tun sollen."
> „Die ist richtig egoistisch und unbequem geworden."
> „Mit der kann man ja überhaupt nichts mehr machen."
> „Unsere Ziele sind zu verschieden, wir blockieren einander."

Die Beweggründe auf der Gefühlsebene sind meist Angst, Scham, Ärger oder Trauer und auf der Einstellungsebene Neid und Missgunst. Jemand gönnt uns dann den Aufstieg auf unserer persönlichen Erfolgsleiter nicht.

Betrachten wir solche möglichen Reaktionen der Umwelt an zwei Beispielen:

FALLBEISPIEL (Fortsetzung): Frau Leiderkrank wird „aufsässig"

Besonders auf das Drängen ihres Mannes eingehend, hat sich Frau Leiderkrank entschieden, etwas gegen ihre Ängste und ihr Selbstwertproblem zu unternehmen. Sie hat eine Therapie begonnen, dabei ihren Symptomgewinn erkannt und sie ist bereit, auf diesen künftig zu verzichten. Sie macht schnell Fortschritte, da sie hoch motiviert mitarbeitet, auch, um schnell ihre schwere psychosomatische Erkrankung loszuwerden.

▶

Sie hat nun ihre Lebensziele neu erarbeitet und lernt, ihr Verhalten daran auszurichten. So wird sie nach und nach selbstbewusster, sicher im Auftreten und zielstrebig im Handeln.

Ihr Mann beobachtet diese Veränderung zunächst mit Wohlgefallen. Auch für ihn bedeutet es enorme Entlastung, dass ihre Asthmaanfälle seltener und schwächer werden, und er ist stolz, dass seine Frau vor anderen nun so selbstsicher und kompetent auftreten kann.

Bis heute. Vorhin teilte sie ihm mit, dass sie in 14 Tagen mit Bowling-Freunden für ein Wochenende nach London möchte. Dass seine Frau dem Bowling-Club beitritt, hat er ja noch geschluckt. Solche Beziehungen können ja auch nicht schaden. Aber in zwei Wochen hat *er* bereits Geschäftsfreunde eingeladen. Seine Frau hätte sie bewirten sollen.

Als er versuchte, sie dazu zu bewegen, auf den Ausflug zu verzichten, meinte sie doch glatt, er hätte das früher mit ihr besprechen sollen! Sie möchte künftig gefragt werden. Aber *er* könne ja den Termin verlegen. Dann würde sie das mit der Bewirtung schon machen.

Er findet, dass seine Frau in letzter Zeit richtig aufsässig geworden ist. Neulich erst hat sie sich bei den Nachbarn über deren freche Kinder beschwert. Seitdem grüßen die auch nicht mehr so freundlich.

Immer häufiger hat sie eigene Vorstellungen und mag auch nicht mehr so leicht nachgeben. Er findet das unpartnerschaftlich!

So hat er sich das nicht vorgestellt ...

FALLBEISPIEL: Frau Gutemiene wird unbequem

Frau Gutemiene lernten wir (in Kapitel 4.10, vgl. S. 122) als „Applausfetischistin" kennen. Auch sie hat durch eine Therapie ihr Selbstwertproblem, ihre Angst vor Ablehnung und Kritik in den Griff bekommen. Mit ihrem neu erarbeiteten Selbstbewusstsein trifft sie nun auf ihre alte Umgebung:

▶

Über ihr selbstsicheres, zielstrebiges Auftreten ist auch ihr Chef verblüfft. Er ist anfänglich noch begeistert, wie freundlich und gleichzeitig resolut sie nun mit schwierigsten Kunden fertig wird. Seine Freude erhält jedoch einen gewaltigen Dämpfer, als Frau Gutemiene ihm genauso freundlich und bestimmt erklärt, dass sie außerhalb ihrer Arbeitszeiten nicht mehr unentgeltlich und uneingeschränkt zur Verfügung steht.

Seit sie auch noch ihre Mittagspause einhält und nicht mehr vorzeitig im Büro erscheint, beginnt er, sich über sie zu ärgern. Dabei hat sie sich doch noch nicht mal durch seine indirekte Drohung beeindrucken lassen, als er ihr heute sagte: „Frau Gutemiene, ich weiß ja nicht, ob Sie noch die richtige Arbeitseinstellung haben. Ich erwarte da etwas mehr Einsatz!"

Sie hat da doch glatt freundlich lächelnd entgegnet: „Sie haben meinen hundertprozentigen Einsatz, Chef. Für Sie tue ich mein Allerbestes, sieben Stunden am Tag." Was hätte er da schon sagen können? So hat er säuerlich lächelnd geschwiegen.

Auch Gutemienes Freundin hat Schwierigkeiten mit den Veränderungen und kann sich nur schwer an das neue, selbstbewusste Auftreten gewöhnen. Neulich erst war sie unangenehm überrascht, als Frau Gutemiene ihr zu verstehen gab, dass sie im nächsten Urlaub in jedem Fall nach Spanien fahren werde, mit oder ohne Freundin, notfalls eben auch allein. Die Freundin wird sich nun entscheiden müssen ...

Auch der Freund findet Gutemienes Selbstsicherheit und Stärke zunächst ganz toll und bewundernswert. Er ist stolz auf sie. Und wie schön, dass sie nun pünktlich aus dem Büro kommt und sich gut gegen überzogene Erwartungen ihres Chefs wehren kann!

Aber auch er muss erkennen, dass Selbstbewusstsein und Durchsetzungsfähigkeit nicht vor der Gartenpforte halt machen. Auch er wird sich erst daran gewöhnen müssen, dass

> seine Partnerin nun weniger pflegeleicht ist, eigene Interessen zielstrebig verfolgt und nicht mehr versucht, ihm um jeden Preis alles recht zu machen.
>
> Schafft oder will er das nicht, bleibt ihm wohl nichts anderes übrig, als sich aufzuraffen und eine neue Beziehung zu suchen.

Wir sehen, wir können nicht davon ausgehen, dass die Umwelt unseren Veränderungsprozess durchweg begrüßt. Dort, wo andere es nun unbequemer haben, werden wir mit zeitweise heftigem Gegenwind rechnen müssen. Einige werden versuchen, uns in die alten Schranken zu weisen. Andere werden danach trachten, unsere Fortschritte zu sabotieren, um den „Status quo" mit allen Mitteln und manchmal um jeden Preis zu erhalten. Gelingt ihnen das nicht, werden sie sich möglicherweise von uns zurückziehen, uns schneiden oder versuchen, uns oder unsere Veränderungen bei anderen schlechtzumachen.

Stellen wir uns also besser darauf ein:

 Wenn wir Glück haben, werden einige unseren Veränderungsprozess begrüßen und unterstützen. Andere könnten ihn ablehnen, sabotieren und mit allen Mitteln danach trachten, den Status quo zu erhalten.
Schaffen sie das nicht, beenden sie die Beziehung möglicherweise.

Im Alltag können wir häufig beobachten, dass Menschen umso trennschärfer werden, je interessanter sie für ihre Umgebung sind. Je deutlicher sie aus der Masse herausragen, desto stärker trennen sie die Betrachter in Befürworter und Ablehner. Je höher jemand auf dem Sockel steht, desto weniger Personen stehen ihm gleichgültig gegenüber.

Wenn jemand aus der Menge aufsteigt und auffällig wird, werden ihm einige zustimmen, ihn bewundern, anerkennen oder respektieren. Andere werden ihn, sein Verhalten oder seine Eigenschaften ablehnen und sie werden vielleicht versuchen, ihn vom Sockel zu stürzen. Die treibenden Kräfte dabei sind meist Ärger oder Wut, Angst, Minderwertigkeitskomplexe, Neid oder Missgunst.

Wieder andere werden diesem Menschen und seinen Veränderungen weiterhin gleichgültig gegenüberstehen.

Wichtig ist für uns die Erkenntnis, dass da oben auf dem Sockel eine steife Brise wehen kann. Damit wir davon nicht überrascht und sofort wieder hinuntergeblasen werden, sind wir lieber darauf vorbereitet:

Auf dem Sockel weht eine steife Brise

> **!** Wenn andere unser Bestreben und Bemühen um Veränderung ablehnen oder bekämpfen: schade! Das würde unseren Änderungsprozess erschweren, ihn aber nicht verhindern, solange wir das nicht zulassen.

UND JETZT SIE:

Welche Konsequenzen kann der Veränderungsprozess bei Ihnen im privaten und beruflichen Umfeld haben? Weshalb könnten andere versuchen, Ihre Veränderung und Ihre Ziele zu behindern? Wer würde sich eventuell von Ihnen nach einer erfolgreichen Änderung zurückziehen?

10.7 Der innere Schweinehund macht mobil

Herzlichen Glückwunsch! Sie haben nach den letzten Kapiteln immer noch nicht aufgegeben, das Buch nicht frustriert in die Ecke gefeuert. Dies zeigt, dass Sie tatsächlich wild entschlossen sind, etwas zu tun, und nicht nur auf bessere, leichtere Zeiten hoffen. Das ist eine sehr günstige Voraussetzung, nun auch noch die letzte Barriere zu überwinden: den gemeinen Kampf mit dem „inneren Schweinehund".

Sie werden auch das noch schaffen.

Und damit Sie nicht zu zaghaft mit Ihrem letzten Gegner umgehen, betrachten wir doch einmal, was er Ihnen schon alles eingebrockt hat:

Er ist meist für die heutigen Minderwertigkeitskomplexe, Ängste, Depressionen und Selbstwertprobleme verantwortlich.

Er hat uns all die emotionalen Konsequenzen eingebrockt, die wir *heute* auszulöffeln haben, weil wir *früher* die nun schmerzlich vermissten Dinge oder Fähigkeiten aus Angst oder Bequemlichkeit nicht erlernt haben.

Und Sie wollen das nun ändern?

Nun, Ihr innerer Schweinehund weiß das bereits und hat schon zum Widerstand mobil gemacht. Und er ist mit allen zur Verfügung stehenden Vermeidungs- oder Verdrängungstricks und den abgefeimtesten Widerständen gerüstet, um Sie von diesem Vorhaben abzubringen.

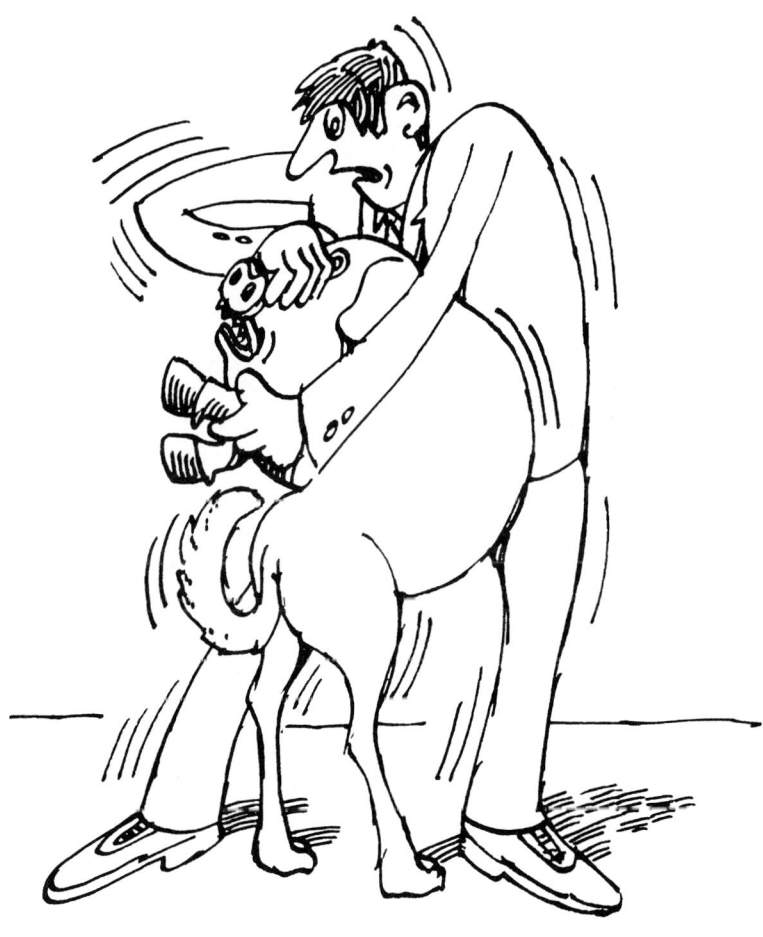

Der innere Schweinehund macht mobil

Innere Schweinehunde sind äußerst zähe, langlebige Gegner. Man kann sie nicht ausmerzen, denn sie sind ein Teil von uns selbst. Allenfalls können sie in ihre Schranken verwiesen und unterdrückt werden. Sie werden aber die nächste Gelegenheit, das kleinste Hintertürchen, die geringste Unaufmerksamkeit nutzen, um wieder hervorzudrängen, und versuchen, die Oberhand über uns zu gewinnen. Die inneren Widerstände, die sie dabei mobilisieren, sind gemeinerweise vom Betroffenen oft kaum erkennbar. Dann hilft nur noch das dafür geschulte Auge eines Außenstehenden.

Der Kampf mit dem inneren Schweinehund tobt seit Menschengedenken. Auch wir werden ihn nicht endgültig beenden. Aber wir können auf Erfahrungswerte aus dieser endlosen Schlacht zurückgreifen und vier erfolgreiche Strategien anwenden, um ihm nicht zu unterliegen und die Zeche dafür in Form emotionaler Probleme zu zahlen:

Wir lassen bei Entscheidungen keine Hintertürchen offen. Innere Schweinehunde haben ein sicheres Gespür für Hintertürchen. Sie versuchen ständig, solche Notausgänge in unsere Vorsätze, Planungen und Ziele einzubauen, um uns in einem unaufmerksamen Moment dort hindurchzuschleusen. Wir werden daher Entscheidungen nur noch ohne Hintertürchen fällen, denn sonst hätten wir unseren Rückfall bereits vorprogrammiert. Wir werden ohne Wenn und Aber festlegen, wann wir was wollen, wohin wir wollen und wie wir das in welcher Zeit zu erreichen gedenken.

Wir lernen, uns konkret und präzise auszudrücken. Auch in unserer Alltagssprache werden wir künftig unsere Ziele, Vorstellungen und Wünsche konkret und präzise formulieren. Das reduziert nicht nur Missverständnisse mit unserer Umwelt, sondern auch die Wahrscheinlichkeit, dass andere versuchen, unser Vorhaben zu unterlaufen oder zu manipulieren, denn wir hinterlassen nun einen entschlossenen Eindruck. Wir wissen genau, was wir wollen, und sagen das auch.

Wir werden darauf achten, nicht die schwammigen Worthülsen der ewig zaudernden, unentschlossenen „verantwortungslosen Untertanen" zu verwenden.

Wir planen unser Vorhaben sinnvoll. Wenn wir vorhätten, von Hamburg nach Rom zu marschieren, würden wir uns sinnvollerweise nicht nur das Wort Rom auf den Marschzettel schreiben. Günstiger wäre, dieses Vorhaben zu planen, es in sinnvolle *Etappenziele* aufzuteilen. Wenn wir die Strecke in 100 Tagen schafften, wären wir sonst 99-mal unnötig frustriert, da wir das Ziel wieder nicht erreicht haben.

Solange wir aber unsere Etappenziele bewältigen, sieht das anders aus. Zudem ermöglichen sie uns jederzeit eine Standortbestimmung und die Kontrolle, ob wir uns innerhalb des selbst vorgegebenen Zeitplans befinden.

Ebenso verhält es sich bei der Festlegung von Veränderungszielen. Auch hier legen wir sinnvollerweise Etappenziele fest. Dabei werden wir darauf achten, dass diese realistisch und in der geplanten Zeit erreichbar sind, ohne dabei von optimalen Bedingungen auszugehen. Denn die wird es selten geben.

Um nicht unnötig wegen unrealistischer Zielplanung unter hausgemachten Stress zu geraten, werden wir daher Pufferzeiten einbauen. Diese Reservezeiten sind für unvorhergesehene, unplanbare Ereignisse oder für Situationen gedacht, in denen wir mal unterdurchschnittlich leistungsfähig oder erfolgreich sind. Sie verhindern, dass uns das dann gleich völlig aus dem Zeitplan wirft und dass wir entsprechend frustriert reagieren.

Wir verhalten uns zielbewusst. Gerade zu Beginn eines Änderungsprogramms ist es leicht, den roten Faden zu unseren Zielen aus den Augen zu verlieren. Wir wollen aber dem inneren Schweinehund keine Gelegenheit geben, uns Sand in die Augen zu streuen, wenn wir wieder einmal orientierungslos unnötige Ehrenrunden drehen. Deshalb werden wir *schriftlich* festhalten, wie und wann wir unsere Ziele und Unterziele erreichen möchten. So können wir ständig prüfen, ob wir noch auf dem richtigen Weg sind, ob wir nichts von unserem Vorhaben übersehen oder vergessen haben und ob wir den selbst gewählten Zeitrahmen einhalten.

Wir werden unser Veränderungsprogramm wie einen *Fahrplan* aufstellen, und wir werden die festgelegten Etappen im gewählten Tempo durcharbeiten, bis wir unser Ziel erreichen, ohne die geplante Route verlassen zu haben.

Nachdem wir nun auch wissen, wie wir den inneren Schweinehund unter Kontrolle halten können, steht unserer Veränderungsarbeit nichts weiter im Wege.
Packen wir's an!

 Viel Erfolg! *Sie* schaffen das.

UND JETZT SIE:

Formulieren Sie nun schriftlich Ihren Veränderungsfahrplan. Legen Sie dabei Ihre Etappenziele fest und planen Sie Pufferzeiten ein.

11. Übungsaufgaben

Wenn Sie selbst intensiver an einem eigenen emotionalen Problem verändernd arbeiten und Ihre neu gewonnenen Erkenntnisse und Einsichten in den eigenen Lebensalltag einarbeiten wollen, finden Sie nachfolgend Übungsmöglichkeiten, um Ihnen diese Umsetzung zu erleichtern.

Falls Sie einmal nicht ganz sicher sind, ob Sie Aufgaben richtig gelöst haben, können Sie die Antworten leicht im jeweiligen Kapitel nachschlagen. In der Regel stehen Sie dort in einem der herausgehobenen Merksätze.

Beantworten Sie die Fragen bzw. kreuzen Sie die richtige(n) Antwort(en) an.

Übungsaufgaben zu Kapitel 1

1. Weshalb sind psychische Probleme auch immer emotionale Probleme?
2. Weshalb reichen neue Einsichten in ein Problem meist nicht aus, um es auch erfolgreich und dauerhaft zu verändern?
3. Die Kognitive Verhaltenstherapie will
   a: ( ) alle negativen Gefühle beseitigen
   b: ( ) emotionale Hindernisse für Lernerfahrungen abbauen
   c: ( ) Verhaltensdefizite verändern
   d: ( ) krankmachende emotionale Belastungen abbauen.
4. Was heißt „kognitiv"?
5. Wie unterscheidet sich die Kognitive Verhaltenstherapie von anderen psychotherapeutischen Verfahren?

Übungsaufgaben zu Kapitel 2

1. Wodurch wird die Art und Stärke von Gefühlen bestimmt und gesteuert?

2. Ziel der Kognitiven Verhaltenstherapie ist es,
   a: ( ) die Umwelt zu verändern
   b: ( ) sich besser zusammenreißen zu lernen
   c: ( ) Denkmuster auf ihre Angemessenheit zu überprüfen
   d: ( ) Denkmuster bewusst zu machen
   e: ( ) Gefühle durch logisches Denken zu ersetzen
   f: ( ) Gründe und Schuldige für meine Probleme zu suchen
   g: ( ) negative Gefühle nach und nach abzuschaffen
   h: ( ) unangemessene Denkmuster durch angemessene zu ersetzen.

3. Was ist bei der Beschreibung der *augenblicklichen Situation A* wichtig?

4. Wenn ein erwachsener Mensch emotional beeinträchtigt ist und bleibt, dann ist die Verantwortung dafür zu suchen
   a: ( ) in der Natur oder dem persönlichen Schicksal
   b: ( ) bei den Eltern und der Erziehung
   c: ( ) bei ihm selbst und seiner Art des Denkens und Bewertens
   d: ( ) in der belastenden Situation oder bei anderen Personen
   e: ( ) in den gesellschaftlichen Rahmenbedingungen.

5. Beschreiben Sie andere Möglichkeiten als *Bewertungen*, durch die Emotionen entstehen oder gesteuert werden können. Begründen Sie, warum wir uns aber nur auf diejenigen konzentrieren, die durch Lernprozesse veränderbar sind.

6. Weshalb ist es für uns so schwierig, Realität zu beschreiben?

7. Was beschreibt das *Bewertungssystem B*? Wie kann es unterteilt werden?

8. Wenn ich ein belastendes, krankmachendes Gefühl dauerhaft loswerden möchte, dann kann ich dies erreichen, indem ich
   a: ( ) nicht mehr daran denke
   b: ( ) meine Bewertung verändere

c: ( ) das Gefühl nicht zeige, es unterdrücke

d: ( ) mir darüber Klarheit verschaffe, warum das so ist.

9. Wieso ist es nicht sinnvoll, gleich alle negativen Gefühle abzubauen?

Übungsaufgaben zu Kapitel 3

1. Was ist ein *Bewertungssystem*?

2. Wie entstehen Denkmuster? Wie können sie verändert werden?

3. Unter welchen Umständen können unangemessene, unsinnige Denkweisen zu psychischen Störungen führen?

4. Weshalb sind Denkmuster bei der Behandlung emotionaler Probleme so wichtig?

5. Woran kann man erkennen, ob eine Denkweise angemessen oder unangemessen ist? Bitte nennen Sie die Beurteilungsmaßstäbe.

6. Bitte beschreiben Sie die unterschiedlichen Teile von B und begründen Sie, wozu diese Unterteilung hilfreich ist.

7. Bitte kreuzen Sie die richtigen Lösungsmöglichkeiten an:

a: ( ) Unangemessene Gefühle können psychische Störungen verursachen.

b: ( ) Die Art der Bewertung bestimmt die Art und Intensität des daraus hervorgehenden Gefühls.

c: ( ) Alle Bewertungen stützen sich auf Erfahrungen und Tatsachen.

d: ( ) Unsinnige Bewertungen führen immer zu psychischen Problemen.

e: ( ) Um neurotische Störungen zu beheben, muss man immer erst die Normen und Bewertungen aufdecken, die man als Kind gelernt hat.

f: ( ) Unbewusste oder verdeckte Denkmuster haben keine konkrete Auswirkung mehr auf das heutige Fühlen und Verhalten.

8. Bitte erklären Sie den Ausdruck *Bewertungs-Gefühl-Logik*.

Übungsaufgaben zu Kapitel 4

1. Woran liegt es meist, wenn jemand unter emotionalen Problemen leidet?
2. Was steht inhaltlich hinter Worten wie *muss, sollte, verlangen, darf nicht, bestehen auf, fordern ... usw.*? Was sind in der Regel die Gefühls- und Verhaltenskonsequenzen von absoluten Forderungen und Muss-Gedanken?
3. Was steht inhaltlich hinter Worten wie *entsetzlich, schrecklich, furchtbar, unerträglich, katastrophal* usw.? Was sind in der Regel die Konsequenzen von Katastrophendenken?
4. Weshalb ist es unsinnig, Menschen insgesamt zu bewerten?
5. Was sind in der Regel die Konsequenzen von generalisierendem Denken und *Schwarz-Weiß-Malerei*? Bilden Sie bitte 6 Beispiele für generalisierende Aussagen aus Ihrem eigenen Alltagsleben.
6. Bitte beschreiben Sie die häufigsten, typischen Gefühls- und Verhaltenskonsequenzen von *Null-Verzicht Denkern*.
7. Was ist das Kennzeichnende an *Versicherungsdenkern*? Beschreiben Sie die typischen Gedankenmuster dieser Bewertungsfalle. Was sind in der Regel ihre Konsequenzen?
8. Weshalb taugt die Strategie der *Selbstschutzexperten* nichts?
9. Wie lassen sich Meinungen von Tatsachenaussagen unterscheiden? Welche Konsequenzen hat es in der Regel, wenn uns dies nicht gelingt?
10. Nennen Sie aus Ihrem Alltag 6 Beispiele für unlogische oder unsinnige Schlussfolgerungen und begründen Sie, warum es sich dabei um unsinnige oder unlogische Interpretationen handelt.
11. Bitte beschreiben Sie die Begriffe *Gerechtigkeit* und *Ungerechtigkeit*.
12. Beschreiben Sie die typischen Konsequenzen von *Gerechtigkeitsdenken* und
13. von unlogischen oder unsinnigen Schlussfolgerungen.
14. Bitte beschreiben Sie die typischen Gefühls- und Verhaltenskonsequenzen von *Applausfetischisten* und die Gründe für deren Verhaltensweisen.

Übungsaufgaben zu Kapitel 5

1. Erklären Sie die Technik des Gedankenstopps und machen Sie sich mit seiner Hilfe einige Ihrer bislang unklaren Denkweisen bewusst. Wählen Sie Beispiele aus dem eigenen Problembereich. Halten Sie die herausgefundenen Gedanken in ABC-Modellen fest.
2. Wieso ist es wichtig, vor Beginn der Veränderungsphase auch unbewusste, verdeckte Gedanken herauszuarbeiten und in das Bewusstsein zurückzuholen?

Übungsaufgaben zu Kapitel 6

1. Wie lassen sich Denkmuster verändern?
2. Welche Voraussetzungen müssen für B-Änderungen erfüllt sein?
3. Was sind notwendige Voraussetzungen für einen erfolgreichen Veränderungsprozess?

Übungsaufgaben zu Kapitel 7

1. Wieso ist die Zielsetzung für den Veränderungsprozess so wichtig?
2. Was beschreiben die Punkte *Zielgefühl* und *Zielverhalten*? Wozu dienen sie?
3. Begründen Sie, weshalb es nicht sinnvoll ist, Angst mit Wut zu überdecken. Beschreiben Sie mögliche Konsequenzen solcher Verhaltensweisen. Was wäre sinnvoller?
4. Was sind und woran erkennt man unangemessene, unrealistische oder unsinnige Zielsetzungen?
5. Weshalb handelt es sich nicht um ein Problem-ABC, wenn die *Gefühlsreaktion* mit dem *Zielgefühl* übereinstimmt (egal, ob die *Verhaltensreaktion* dem *Zielverhalten* entspricht)?
6. Woran erkennt man bei der *Gefühlsreaktion* und dem *Zielgefühl* typische Problem-ABCs?

Übungsaufgaben zu Kapitel 8

1. Welche Kontrollfragen stellen wir bei der Diskussion der persönlichen Sichtweise von A, der Schlussfolgerungen und vermuteten Konsequenzen und der Bewertung?

2. Welche zusätzlichen Kontrollfragen gibt es zur Diskussion der *Schlussfolgerungen und vermuteten Konsequenzen* bei einem Angst-, Scham-, Deprimiertheits-, Ärger-, oder Trauer-ABC?

3. Bitte erarbeiten Sie die für Ihre Problematik wichtigen Kontrollfragen für die Diskussion der *persönlichen Sichtweise*, der *Schlussfolgerungen und vermuteten Konsequenzen* und der *Bewertungen* und lernen Sie diese auswendig.

4. Was beschreibt B^{neu}? Wozu dient es?

5. Weshalb reichen Einsichten in der Regel nicht, um Probleme zu lösen?

6. Wie kann man theoretische Einsichten und Erkenntnisse lernen und dann ebenso spontan parat haben, wie zuvor die alten Denkweisen? Woran liegt es, dass es häufig so schwer ist, theoretisches Wissen und Erkenntnisse in neues Denken und Verhalten umzusetzen?

Übungsaufgaben zu Kapitel 9

1. Wozu dienen Verhaltensübungen? Welche Bedingungen sollen sie erfüllen?

2. Unter welchen Voraussetzungen werden neue Denkweisen leichter gelernt? Bitte nennen Sie 3 verschiedene Möglichkeiten, um neue Denkmuster zu üben.

3. Was muss geschehen, damit wir neue Gedanken *generalisieren*?

4. Was versteht man unter *problemtypischen Übungen*?

5. Was sind *Übungsleitern*? Wozu dienen sie? Wie erstellt man Übungsleitern?

6. Bitte erstellen Sie eine *Übungsleiter* für Ihren Problembereich. (Bei mehreren Problemen für jeden Problembereich eine eigene.)

7. Beschreiben Sie das Vorgehen, wenn wir neue Denkmuster auf der theoretischen Ebene trainieren. Schreiben Sie dann Ihre B^{neu} zu einer Verhaltensübung auf und trainieren Sie sie auf der theoretischen Ebene.
8. Beschreiben Sie, was Übungen auf der Vorstellungsebene sind und wie man dabei vorgeht.
9. Was ist ein *inneres Drehbuch*? Wozu dient es? Worauf ist beim Erstellen eines inneren Drehbuchs zu achten?
10. Was sind Verhaltensübungen? Wozu dienen sie?
11. Was ist ein *Kontrolleur*? Wobei kann er hilfreich sein?
12. Wann sind Übungen als erfolgreich anzusehen und wann nicht?

Übungsaufgaben zu Kapitel 10

1. Bitte nennen Sie typische Beispiele für unrealistische Zielsetzungen und begründen Sie, weshalb sie unangemessen sind.
2. Beschreiben Sie, was *Könnerziele* sind. Geben Sie 4 Beispiele dafür. Wodurch sabotieren *Könnerziele* den therapeutischen Prozess?
3. Was ist ein *übergeordnetes Problem*? Bitte nennen Sie 4 Beispiele für *übergeordnete Probleme* und erklären Sie, woran es liegt, wenn *übergeordnete Probleme* die Bearbeitung der ursprünglichen Problematik blockieren? Geben Sie Beispiele hierfür.
4. Wie geht man im Veränderungsprozess vor, wenn ein *übergeordnetes Problem* oder ein *Problem zweiter Ordnung* vorliegt? Warum?
5. Welche Fehlinterpretationen bei der Bewertung körperlicher Begleitsymptome können den Veränderungsprozess behindern? Bitte geben Sie zwei Beispiele.
6. Was ist eine *Angstspirale*? Beschreiben Sie den Prozess, der dazu führt.
7. Was ist ein *Symptomgewinn*? Nennen Sie 4 Beispiele für *Symptomgewinne*.
8. Nennen Sie 4 Möglichkeiten, um den *inneren Schweinehund* besser unter Kontrolle zu bringen.

12. Literaturhinweise

Und nun für die Leser, die noch tiefer in dieses Arbeitsfeld einsteigen möchten, hier die Titel einiger Bücher, die, für psychologische Laien verständlich geschrieben, mit Methoden der Kognitiven Verhaltenstherapie bei der Bearbeitung eigener seelischer Probleme hilfreich sein können.

Ellis, A.: *Training der Gefühle. Wie Sie sich hartnäckig weigern, unglücklich zu sein.* München 1996 ISBN 3478085381

Lazarus, A. & Fay, A.: *Ich kann, wenn ich will. Anleitung zur psychischen Selbsthilfe.* München 1998 ISBN 3423361093

Schwartz, D.: *Vernunft und Emotion.* Dortmund 1998 ISBN 3861451654

Wolf. D. & Merkle, R.: *Gefühle verstehen, Probleme bewältigen.* Mannheim 1998 ISBN 3923614187

Lebensfragen
sokratisch lösen

Wie bestimmt man eigentlich seinen "Selbstwert"? Was ist der "wahre" Sinn des Lebens? Wie löst man Lebenskrisen und Zielkonflikte? Diese Grundsatzfragen, stellen sich in Psychotherapie und Beratung immer wieder und können besonders überzeugend mit Hilfe der Sokratischen Gesprächsführung geklärt werden.
Stavemann gibt eine konkrete Anleitung mit vielen Dialog-Beispielen.

Der Sokratische Dialog ist eine ursprünglich philosophische Unterrichtsmethode, die zu eigenverantwortlichem Denken, Reflexion und Selbstbesinnung anleitet. Heute bedienen sich Psychotherapeuten, Lebensberater und Seelsorger dieser Fragetechnik, wenn es im therapeutischberatenden Gespräch um lebensphilosophische Fragen und Entscheidungsfindung geht.
Aber – worin besteht denn nun genau die Sokratische Methode und wie kann man sie konkret umsetzen?
Harlich H. Stavemann, Lehrtherapeut und Ausbilder für KVT, beschreibt die Methode explizit und ausführlich, Schritt für Schritt in ihren verschiedenen Varianten. Anhand zahlreicher Gesprächsbeispiele macht er das Wesen des sokratischen Dialogs nachvollziehbar und leitet mit praktischen Hinweisen zum Training der Technik an.

Harlich H. Stavemann
Sokratische Gesprächsführung
in Therapie und Beratung
2002. VIII, 288 Seiten. Gebunden.
ISBN 3-621-27496-0

Verlagsgruppe Beltz • Postfach 100154 • 69441 Weinheim • www.beltz.de

Das Spektrum der Psycho-
therapie in einem Buch

Worin unterscheidet sich die klassische Psychoanalyse
Sigmund Freuds von der Analytischen Psychologie
C.G. Jungs? Wie funktioniert Verhaltenstherapie?
Jürgen Kriz hat die wichtigsten Konzepte der Psychothera-
pie zusammengestellt und anschaulich erklärt.
Die „Grundkonzepte der Psychotherapie" wurden so zum
beliebten Standardwerk.
Durch die kurz gehaltenen, handbuchartig gegliederten
Kapitel und ein detailliertes Sachverzeichnis eignet sich das
Buch vorzüglich zum gezielten Nachlesen und Nachschla-
gen; Schaubilder verdeutlichen historische Entwicklung
und Zusammenhänge von verschiedenen Psychotherapie-
Verfahren: Wer hat bei wem gelernt?
Was wurde übernommen? Wo „trennen sich die Geister"?
Nicht nur Studierende der Psychologie, sondern alle, die
sich einen Überblick über psychotherapeutische Verfahren
verschaffen wollen, werden dieses Buch schätzen.

Jürgen Kriz
**Grundkonzepte der
Psychotherapie**
5., vollständig überar-
beitete Auflage 2001.
360 Seiten. Gebunden.
ISBN 3-621-27451-0

BELTZPVU
WWW.beltz.de

Der Schlüssel zur kompetenten Gruppenentwicklung und Gruppenführung

Das Leben in Gruppen gehört zu unserer menschlichen Existenz selbstverständlich und unausweichlich dazu. Wir brauchen andere, um uns sicher zu fühlen, um produktiv arbeiten zu können und um zu wissen, wer wir selbst sind.

Unsere Fähigkeit und Bereitschaft, uns in immer neue Gruppenzusammenhänge einzufügen und sie ertragreich zu gestalten, wird heute stärker gefordert denn je. Wo es immer weniger einengende und verlässliche Schablonen für das Miteinander gibt, müssen Gruppen sich weitgehend selbst erfinden.

Vor dem Hintergrund dieser Entwicklungen hat die Frage nach dem Wesen und Funktionieren von Gruppen an Aktualität gewonnen – vor allem für jene von uns, die als Vorgesetzte, Lehrer oder in der Rolle des Supervisors und Coaches Leitungsfunktionen in Gruppen wahrnehmen.

Ihnen bietet das Buch eine schlüssige theoretische Grundlage und ein darauf abgestimmtes Repertoire an Interventionen zur Entstörung und Entwicklung von Gruppen. Eine verständliche, lebendige Sprache erleichtert den Zugang zu den Grundgedanken, die konkret und praxisnah, auch anhand vieler Praxisbeispiele dargestellt werden.

Eberhard Stahl
Dynamik in Gruppen
Handbuch der Gruppenleitung
Mit einem Geleitwort
von Friedemann Schulz von Thun
1. Auflage 2002
Gebunden. 400 S.
ISBN 3-621-27515-0

Verlagsgruppe Beltz • Postfach 100154 • 69441 Weinheim • www.beltz.de

Sozialangst: neben Depression und Alkoholismus häufigste Störung – oft unerkannt

Soziale Phobien sind sehr verbreitet. Sie stellen die häufigste Angststörung und (neben Depression und Alkoholabhängigkeit) die dritthäufigste psychische Störung dar. In der Praxis werden sie allerdings noch selten erkannt und hinsichtlich der oft gravierenden Beeinträchtigungen unterschätzt.

Sie erleben sich als in ihrem Schneckenhaus eingeschlossen, gehen nur zögerlich nach draußen, haben Angst vor ungefährlichen Situationen und vermeiden sie. Ihr Bewegungsradius ist begrenzt. Obwohl in den letzten Jahren wirksame Methoden der Psychotherapie entwickelt wurden, finden nur wenige Betroffene gezielte Hilfe.

Darum wird im vorliegenden Behandlungsmanual viel Gewicht auf die Diagnostik gelegt: Woran erkennt man, dass Sozialangst vorliegt? Ist sie mit depressiver Verstimmung gepaart?

Das Manual bietet ein Basiskonzept kognitiver Verhaltenstherapie, das individuell angepasst werden kann. Konkret und praxisnah werden die aufeinander aufbauenden Behandlungsschritte beschrieben und mit Hilfe von Fallbeispielen illustriert. Zusätzlich erleichtern Arbeitsmaterialien und eine klare Struktur des Trainings die praktische Umsetzung.

U. Stangier • Th. Heidenreich • M. Peitz
Soziale Phobien
Ein kognitiv-verhaltenstherapeutisches
Behandlungsmanual
Materialien für die klinische Praxis
2003. Gebunden. X, 202 S.
ISBN 3-621-27541-X

Verlagsgruppe Beltz • Postfach 100154 • 69441 Weinheim • www.beltz.de

Selbstbewusst = unverschämt?
Jetzt neu: Das Patientenbuch
zum Fachbuch

Sozial kompetent sind wir, wenn wir unsere Rechte durchsetzen, soziale Beziehungen aktiv gestalten, eigene Gefühle und Bedürfnisse sympathisch äußern – die meisten von uns haben allerdings an irgendeiner Stelle Schwierigkeiten, die uns deutlich im Miteinander oder im "Ganz-Ich-Sein" hemmen. An dieser Stelle setzt das Buch an.

Hilflose Wut, hilflose Zärtlichkeit – wer kennt das nicht? Wer hat noch nicht erfahren, wie schwer es sein kann, auf andere zuzugehen oder sich von ihnen abzugrenzen?

Das Zauberwort "Kommunikation" hat in der psychologischen Forschung zu einer Flut von Veröffentlichungen geführt, deren Ergebnisse in diesem Buch verständlich und leicht umsetzbar aufbereitet werden.

- In einem 3-Schritt-Programm üben Sie zunächst, Ihre Rechte durchzusetzen und zu reklamieren.
- Die zweite Stufe bildet die bessere Kommunikation in der Partnerschaft und bei bestehenden Kontakten.
- Zuletzt wird die Kontaktaufnahme und -vertiefung mit Unbekannten trainiert, um auf andere zugehen zu können, ohne sich selbst aufzugeben.

Das Buch ist zum Selbststudium geeignet. Für Trainer und Therapeuten dürfte es interessant sein, da sie es ihren Klienten begleitend zum Gruppentraining empfehlen können.

Rüdiger Hinsch • Simone Wittmann
Soziale Kompetenz kann man lernen
Gebunden. VIII, 175 S.
ISBN 3-621-27529-0

Verlagsgruppe Beltz • Postfach 100154 • 69441 Weinheim • www.beltz.de